101 NON-FICTION TEST-ORIENTED PASSAGES
WITH GUIDED SUMMARIZATION

CEDU 쎄듀는 A **C**omprehensive **E**nglish e**DU**cation(종합적 영어교육)의 약자입니다.

저자

김기훈 現 ㈜쎄듀 대표이사

現 메가스터디 영어영역 대표강사

前 서울특별시 교육청 외국어 교육정책자문위원회 위원

저서 천일문 〈입문편 · 기본편 · 핵심편 · 완성편〉 / 어법끝 / 문법의 골든룰 101

첫단추 시리즈 〈독해유형편 · 듣기유형편 · 문법어법편〉 / 쎄듀 종합영어 / 절대평가 PLAN A

구문현답 / 유형즉답 / The 리딩플레이어 / 빈칸백서 / 오답백서

어휘끝 / 수고들: 수능날 고사장에 들고가는 단어장

Sense Up! 모의고사 / Power Up! 모의고사

수능실감 EBS 변형 모의고사 등

오혜정 쎄듀 영어교육연구센터장

저서 The 리딩플레이어 〈개념편〉 / 천일문 〈핵심편〉 / 빈칸백서 / 오답백서

수능실감 EBS 변형 모의고사 / 절대평가 PLAN A 〈독해〉 등

디렉팅 천일문 〈입문편 · 기본편 · 완성편〉 / 어휘끝 시리즈 / 어법끝 시리즈

첫단추 모의고사 / Sense Up! 모의고사 / Power Up! 모의고사

쎄듀 종합영어 / 구문현답 / 유형즉답 등

박정애 쎄듀 영어교육연구센터 선임연구원

저서 천일문 〈완성편〉 / 쎄듀 종합영어 / 구문현답 / 어휘끝 5.0

절대평가 PLAN A 〈구문어법〉 / 첫단추 〈듣기유형편〉 / Power Up! 〈듣기〉 등

정희정 쎄듀 영어교육연구센터 연구원

저서 리딩 플랫폼

마케팅	민혜정 · 문병철 · 전유진
영업	공우진 · 문병구
제작	정승호
디자인	윤혜영 · 이연수
삽화	그림숲
영문교열	Eric Scheusner

READING PLATFORM

101 NON-FICTION TEST-ORIENTED PASSAGES
WITH GUIDED SUMMARIZATION

3 / 테마편

선생님, 학부모님께
드리는 글

** 중등 영어독해 시작을 위한 논픽션 읽기에 대하여

한때 우리는 우리 아이들의 '읽는 양'에 주로 포커스를 둔 적이 있습니다. 많이 읽으면 어휘를 많이 알게 되고 유능한 reader가 되며 이는 선순환을 일으켜 읽기를 더 즐기게 되고 더 많이 읽게 될 것이라는 생각이었지요. 그러다 차츰, **'무엇을' 읽혀야 하는가**에 관심이 옮아가게 되었습니다.

우선 어린 학생들에게는 영어에 친숙해지도록 하는 것이 최우선 과제이기 때문에 흔히 부담 없고 재미있는 동화나 짧은 이야기, 즉 '픽션' 위주로 읽기가 진행됩니다. 이런 글들은 흐름이 복잡하지 않고 대부분 일상생활에 관련된 쉬운 개념의 어휘들이 등장하므로 빠르고 쉽게 읽을 수 있는 장점이 있습니다. 아이들의 호기심과 창의력, 상상력을 키워주는 데에도 도움이 되지요. 문제는, 학년이 높아짐에 따라 **상급 학교 진학이나 학업성취도에 직결되는 읽기로의 변화가 필요**한데, 여전히 '픽션' 위주로만 읽기를 하는 경우입니다.

우리 아이들이 앞으로 가장 많이 접하고 읽어야 하는 것은 이러한 픽션류가 아닙니다. 교과서나 문제집에 등장하고 각종 시험에 출제되는 거의 대부분의 것은 유익한 정보나 지식, 교훈을 주고 나아가 사고와 통찰의 기회를 제공해주는 '논픽션'류입니다. 성인이 되어서도 접하게 되는 읽기 자료의 90% 이상이 논픽션이라는 조사가 있지요. 논픽션은 정보를 주는 모든 읽기 자료, 즉 신문기사, 뉴스, 안내문, 메뉴판, 위인전, 에세이, 일기, 보고서 등등을 모두 일컫는 말이지만, 이 중에서 특히 학생들이 중점을 두어야 할 논픽션류는 **기초 학문에 속하는 비문학**(e.g. 인물, 사건, 언어, 의사소통, 역사, 심리, 과학, 환경 등)류입니다.

이러한 비문학 영문은 픽션에 비해 상대적으로 흐름과 구조가 어렵고 쓰이는 어휘가 달라서, 픽션 읽기를 통해 쌓인 실력이 그대로 반영되기 힘듭니다. 서로 간에 차이가 명백히 있기 때문에, 지금까지 픽션 읽기에 치중하였다면 논픽션 읽기를 위한 체계적이고 특별한 학습이 필요합니다. 이러한 준비를 통해서 논픽션 읽기에 자신감을 얻고 읽기 경험을 늘리면 장차 학업에 도움이 되는 배경지식의 확장과 더불어, 학교 쓰기 수행 과제에 요구되는 좋은 글을 구성하는 능력을 키울 수 있습니다.

이를 위하여 본 시리즈는 다음과 같은 특장점을 가지고 구성하였습니다.

1 논픽션을 처음 접하는 아이들을 위하여, 지금까지 접한 **픽션과 논픽션의 차이점**부터 알기 쉽게 소개합니다.

2 세상에는 **꾸며낸 이야기보다 더 놀랍고 신기한 실제 일**들이 얼마든지 있을 수 있습니다. 논픽션을 대하는 초기에는 이렇게 재미나 흥미가 있는 내용을 읽을 수 있도록 하였습니다.

3 논픽션 읽기에 필수적인 기초 어휘력을 기르기 위해, 어휘에 대한 우리말 뜻을 제공하는 것 외에도 **문맥 안에서 이를 이해하는 것을 돕는 구체적인 방법**을 담았습니다.

4 논픽션 학습의 핵심은 무엇보다도 몇 가지 정형화된 글의 구조를 알고 글의 가장 중심이 되는 내용을 빠르고 정확하게 파악하는 것입니다. 이를 효과적으로 학습하기 위해 **가장 많이 쓰이면서 단순한 구조부터 조금씩 복잡해지도록 단계적으로 구성**하였습니다. 또한 모든 지문에 대한 요약 정리와 중심 내용에 대한 문제로 구성하여, 자연스럽게 글의 구조에 대한 학습이 이루어지도록 하였습니다.

이 외에도, 다양한 서술형 문제와 문법 및 어법 문제 코너를 함께 구성하여 중학교 때부터 본격화될 내신, 수험 영어에 적응할 수 있는 힘을 길러줍니다.

아이들은 원래 픽션에만 관심을 보이는 것이 아니라 과학, 자연, 실제 인물, 신기한 사건을 읽는 것도 좋아합니다. 단, 이를 영문으로 좀 더 수월하게 잘 읽을 수 있도록 하는 데는 체계적인 도움이 필요하지요. 본 시리즈를 통해, 아이들이 논픽션이 제공해주는 정보나 지식을 늘리는 동시에, 놀랍고도 신기한 흥미로운 '현실' 세계를 들여다보는 즐거움을 느끼는 좋은 기회가 되기를 바라 마지않습니다.

저자

이 책의 구성과 특징

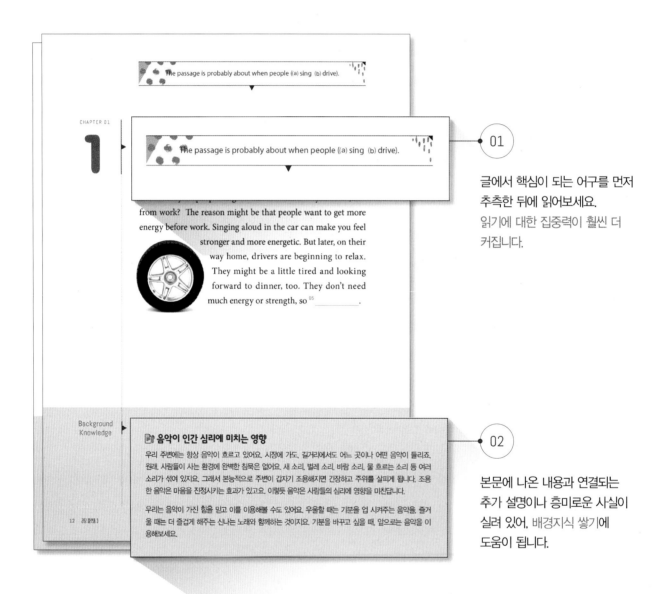

The passage is probably about when people ((a) sing (b) drive).

CHAPTER 01

1

The passage is probably about when people ((a) sing (b) drive).

from work? The reason might be that people want to get more energy before work. Singing aloud in the car can make you feel stronger and more energetic. But later, on their way home, drivers are beginning to relax. They might be a little tired and looking forward to dinner, too. They don't need much energy or strength, so 05 _____.

Background Knowledge

음악이 인간 심리에 미치는 영향

우리 주변에는 항상 음악이 흐르고 있어요. 시장에 가도, 길거리에서도 어느 곳이나 어떤 음악이 들리죠. 원래, 사람들이 사는 환경에 완벽한 침묵은 없어요. 새 소리, 벌레 소리, 바람 소리, 물 흐르는 소리 등 여러 소리가 섞여 있지요. 그래서 본능적으로 주변이 갑자기 조용해지면 긴장하고 주위를 살피게 됩니다. 조용한 음악은 마음을 진정시키는 효과가 있고요. 이렇듯 음악은 사람들의 심리에 영향을 미친답니다.

우리는 음악이 가진 힘을 믿고 이를 이용해볼 수도 있어요. 우울할 때는 기분을 업 시켜주는 음악을, 즐거울 때는 더 즐겁게 해주는 신나는 노래와 함께하는 것이지요. 기분을 바꾸고 싶을 때, 앞으로는 음악을 이용해보세요.

12 리딩튜브 3

01

글에서 핵심이 되는 어구를 먼저 추측한 뒤에 읽어보세요.
읽기에 대한 집중력이 훨씬 더 커집니다.

02

본문에 나온 내용과 연결되는 추가 설명이나 흥미로운 사실이 실려 있어, 배경지식 쌓기에 도움이 됩니다.

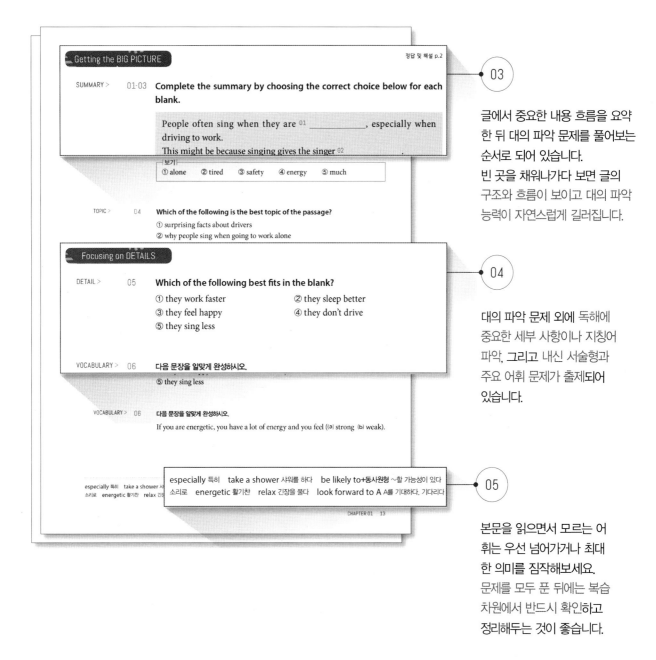

Contents ✖ ✖

논픽션의
this and that

논픽션은 아래와 같이 여러 가지 기준으로 나눠볼 수 있어요. 기준에 따라 다르게 구분이 되지만,
논픽션을 좀 더 잘 이해할 수 있게 해주므로 살펴보는 것이 좋습니다.

01 논픽션에서 설명하고자 하는 '무엇'

| 사람 | 사물 | 장소 | 생각 | 경험 |

➡ 이 중 어느 하나에 대해 '어떠하다'고 말하고 있는 글인지를 파악하면 됩니다.

02 논픽션 글의 형식

편지와 일기 | 전기와 자서전 | 신문이나 잡지의 기사: 사실 정보 |
전달수필, 에세이: inspiration | 안내문, 광고 등

➡ 어떤 형식이든지 '사실'에 대해 말하고 있는 것이면 논픽션이에요.

03 논픽션 글의 목적

설명하려고 | 재미를 주려고 | 정보를 주려고 | 설득하려고

➡ '설득하려고'는 글쓴이가 자신의 생각이나 의견은 주장하고 있는 글의 목적이라고 할 수 있어요.

04 주요 논픽션 분야

앞에서 설명한 것처럼, 논픽션에서 설명하는 것과 글의 형식, 목적은 다양하지만, 앞으로 학생 여러분이 가장 많이 접하고 익숙해져야 할 것은 바로 아래와 같은 내용으로서, 교과서나 시험, 그리고 여러 문제집 등에 나오는 내용의 대부분을 차지하는 것들이에요.

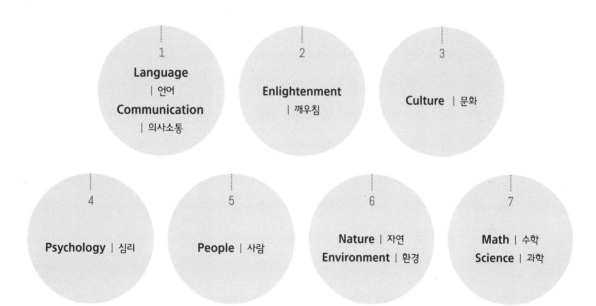

이제 위의 내용들을 분야별로 모아 읽어보도록 합시다.
문제 풀이도 중요하지만 어떤 내용을 더 흥미 있게 읽게 되는지에 대해서도 생각해보세요.
읽기를 통해 자신이 흥미를 가지는 분야에 대해 알게 되고 그것을 계속해서
탐색해나가는 것 또한 학생 여러분에게 많은 도움을 줄 수 있습니다.

Quick Check

Match each word in bold with its meaning.

1

01 take a shower	**a.** 활기찬
02 be likely to+동사원형	**b.** A를 기대하다, 기다리다
03 energetic	**c.** ~할 가능성이 있다
04 relax	**d.** 긴장을 풀다
05 look forward to A	**e.** 힘
06 strength	**f.** 샤워를 하다

2

01 envy	**a.** 칭찬하다
02 talent	**b.** 질투; 부러워하다
03 praise	**c.** B뿐만 아니라 A도
04 A as well as B	**d.** (타고난) 재능

3

01 skill	**a.** 솜씨, 기술
02 have an idea of	**b.** ~인 것 같다; 나타나다
03 correct	**c.** ~하는 경향이 있다
04 tend to+동사원형	**d.** 알고 있다
05 appear	**e.** 정확한

4

01 exercise	**a.** 극복하다
02 re-create	**b.** (권리 등을) 행사하다, 발휘하다; 운동하다
03 situation	**c.** 재현하다
04 fear	**d.** 상황
05 overcome	**e.** 두려움, 공포

5

01 lie	**a.** 움직임
02 view	**b.** 바라봄; 관점
03 invent	**c.** 거짓말하다
04 movement	**d.** 진실
05 freeze	**e.** 꼼짝 못하다, 얼어붙다
06 truth	**f.** 지어내다, 꾸며내다; 발명하다

Chapter 01

Psychology

심리란 말 그대로 '마음(心)에 대한 이해(理)'를 말해요.
어떤 행동을 하는 이유에서부터 의사소통, 리더십,
부정적 심리의 극복, 기억과 학습 등등에 이르기까지,
인간 심리는 매우 폭넓은 것이고, 알면 알수록 유용한 것이에요.
이번 챕터의 내용을 통해 자신과 타인에 대한
심리를 이해해보는 기회로 삼아봅시다.

CHAPTER 01

1

Many people like to sing when they know nobody can hear them. Especially, people sing while driving or taking a shower. This is because when you are in a car or a bathroom, you feel safe and alone. But did you know that drivers are four times more likely to sing on their way to work than on their way home? Why do people sing more often on the way to work, not from work? The reason might be that people want to get more energy before work. Singing aloud in the car can make you feel

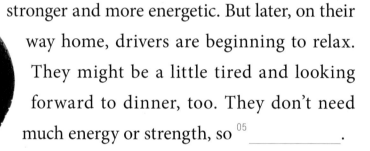

stronger and more energetic. But later, on their way home, drivers are beginning to relax. They might be a little tired and looking forward to dinner, too. They don't need much energy or strength, so ⁰⁵_____.

Background
Knowledge

▶ 📄 음악이 인간 심리에 미치는 영향

우리 주변에는 항상 음악이 흐르고 있어요. 시장에 가도, 길거리에서도 어느 곳이나 어떤 음악이 들리죠. 원래, 사람들이 사는 환경에 완벽한 침묵은 없어요. 새 소리, 벌레 소리, 바람 소리, 물 흐르는 소리 등 여러 소리가 섞여 있지요. 그래서 본능적으로 주변이 갑자기 조용해지면 긴장하고 주위를 살피게 됩니다. 조용한 음악은 마음을 진정시키는 효과가 있고요. 이렇듯 음악은 사람들의 심리에 영향을 미친답니다.

우리는 음악이 가진 힘을 믿고 이를 이용해볼 수도 있어요. 우울할 때는 기분을 업 시켜주는 음악을, 즐거울 때는 더 즐겁게 해주는 신나는 노래와 함께하는 것이지요. 기분을 바꾸고 싶을 때, 앞으로는 음악을 이용해보세요.

SUMMARY >   01-03   **Complete the summary by choosing the correct choice below for each blank.**

> People often sing when they are 01 _____, especially when driving to work.
> This might be because singing gives the singer 02 _____.
> After work, people don't need energy, so they don't sing as 03 _____.

┤보기├
① alone   ② tired   ③ safety   ④ energy   ⑤ much

TOPIC >   04   **Which of the following is the best topic of the passage?**

① surprising facts about drivers
② why people sing when going to work alone
③ why our singing sounds better in a car
④ ways to give yourself energy in the morning
⑤ things we only do when we're alone

Focusing on DETAILS

DETAIL >   05   **Which of the following best fits in the blank?**

① they work faster   ② they sleep better
③ they feel happy   ④ they don't drive
⑤ they sing less

VOCABULARY >   06   **다음 문장을 알맞게 완성하시오.**

If you are energetic, you have a lot of energy and you feel ((a) strong (b) weak).

especially 특히   take a shower 샤워를 하다   be likely to+동사원형 ~할 가능성이 있다   on one's way to A A로 가는 길에[도중에]   aloud 큰 소리로   energetic 활기찬   relax 긴장을 풀다   look forward to A A를 기대하다, 기다리다   strength 힘

CHAPTER 01

2

Envy is wanting something that somebody else has. You may have envied your friend because of her talent for math. Maybe your friendship with her was hurt because you felt unhappy about a talent you don't have. There are two kinds of envy. Nice envy is when you praise the friend you envy and think, "Wow, what a great friend I have!" This kind of envy doesn't ⁰⁶ _____(a)_____ anyone, and it helps you to move forward in life. The other kind of envy is ugly envy. You feel angry toward the other person and bad about yourself because of the other person's good ⁰⁶ _____(b)_____. To stop ugly envy from happening, remember to ⁰⁶ _____(c)_____ yourself. Tell yourself how lucky and special you are, too. You should fight ugly envy because it can stop you from getting what you really want. But nice envy can make you feel good for others as well as for yourself. So, think, "If she can do that, so can I!"

SUMMARY >   01-04   **Complete the summary by choosing the correct choice below for each blank.**

> Envy is when you 01 _____ what others have.
> There are two kinds, nice and ugly.
> The good kind helps you see how 02 _____ other people are.
> The bad kind makes you feel 03 _____ about yourself.
> Remember to 04 _____ the good in yourself as well as the good in others.

┌─| 보기 |──
① see   ② want   ③ great   ④ bad   ⑤ lucky
└──

MAIN IDEA >   05   **이 글에서 필자가 말하고자 하는 바로 가장 적절한 것은?**

① 원하는 것을 모두 가질 수는 없다.
② 세상 모든 일에는 장단점이 있다.
③ 남에게 상처 주는 말과 행동을 하지 않아야 한다.
④ 부러운 감정을 자기 발전의 기회로 삼아야 한다.
⑤ 이룰 수 없는 것을 빨리 포기하는 결단력도 필요하다.

DETAIL >   06   **Which of the following best fits in the blanks?**

	(a)		(b)		(c)
①	hurt	······	luck	······	criticize
②	hurt	······	work	······	praise
③	hurt	······	luck	······	praise
④	mind	······	work	······	criticize
⑤	mind	······	luck	······	praise

envy 질투; 부러워하다   talent (타고난) 재능   praise 칭찬하다   forward 앞으로   A as well as B B뿐만 아니라 A도

3

Have you ever tried to draw a map of the world by memory? When people draw a map of the world without any help, the results can be very interesting. It's very hard to draw every country right, because that needs good drawing skills and an excellent memory. But many people do not even have a clear idea of the correct size of the continents. We draw continents bigger or smaller according to our point of view. Our own continent tends to [05] appear very big. [06] _____, people from Brazil often draw South America much bigger than North America, and people from China tend to draw Asia two or three times bigger than it should be.

* continent 대륙

Background
Knowledge

📑 두뇌 건강법: 기억을 되살려 지도 그리기

두뇌 건강을 유지하거나 개발하기 위해서는 균형 잡힌 식사와 규칙적인 운동이 도움 된답니다. 두뇌 세포를 보호하는 혈관이 건강해질 수 있거든요. 판에 박힌 생활이나 지루함을 피하는 것도 역시 중요해요. 두뇌는 항상 새로운 것을 배우고 싶어 하기 때문이에요.

이 외에 두뇌가 직접 운동하게 할 수도 있는데, 그 방법 중의 하나가 바로 '기억을 되살려 지도 그리기'예요. 새로운 장소를 방문할 때마다 집에 돌아온 뒤에 그 지역의 지도를 그려보세요. 앞으로는 신체의 건강만큼이나 두뇌의 건강을 유지하는 것이 매우 중요하다고 하니까요.

SUMMARY > 01-03 **Complete the summary by choosing the correct choice below for each blank.**

> Drawing a map of the world from memory gives 01 _____ results.
>
> A good map takes drawing skill and a great memory.
>
> Sizes of countries and continents are often 02 _____.
>
> People draw their home areas much too 03 _____.

┌─ 보기 ───┐
① large　　② interesting　　③ small　　④ wrong　　⑤ correct
└───┘

PROVERB > 04 **이 글의 내용과 가장 관계가 깊은 속담은?**

① 남의 떡이 커 보인다.

② 등잔 밑이 어둡다.

③ 팔은 안으로 굽는다.

④ 백지장도 맞들면 낫다.

⑤ 윗물이 맑아야 아랫물이 맑다.

Focusing on DETAILS

VOCABULARY > 05 **Which of the following has the same meaning as "appear" in the paragraph?**

(a) She didn't appear at all surprised at the news.

(b) A woman appeared at the far end of the street.

DETAIL > 06 **빈칸에 들어갈 연결어로 가장 적절한 것은?**

① But　　　　　　　　② Also

③ Besides　　　　　　④ Otherwise

⑤ For example

---

skill 솜씨, 기술　have an idea of 알고 있다　correct 정확한　according to A A에 따라서　point of view 관점　tend to+동사원형 ~하는 경향이 있다　appear ~인 것 같다; 나타나다　[문제&선택지 어휘] area 지역　besides 게다가　otherwise 그렇지 않으면

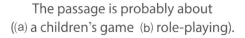
CHAPTER 01

Most children use role-playing in their games. For example, when they act like a doctor, mother, store owner, or soldier, children copy the things adults do and say. In this way, they [05] <u>exercise</u> their memories to re-create events, experiences, and situations. While they are playing, children can express their fears and worries. They can also learn how to control their bad feelings. In this way, role-playing helps to overcome problems. It can help children to feel better if they have had a very bad experience. [06] ____(a)____ , there is a child who has experienced terrible fights and unkindness at home. He can feel better after he 'acts out' the bad events during a role play. [06] ____(b)____ , children are great inventors and actors in role-playing. They often make life better by inventing perfect worlds in their minds.

Getting the BIG PICTURE

SUMMARY >   01-03   **Complete the summary by choosing the correct choice below for each blank.**

Most children use role-playing when they play.
With their imaginations, they pretend to do 01 _____ things.
It's a good way for them to deal with 02 _____ feelings.
They can improve their lives by imagining 03 _____ worlds.

┤보기├
① difficult   ② kind   ③ adult   ④ young   ⑤ better

TOPIC >   04   **Which of the following is the best topic of the passage?**
① 아동의 모방 심리
② 연극 관람의 필요성
③ 아동 심리의 연구 방법
④ 역할 놀이의 긍정적 효과
⑤ 창의력을 키우는 놀이

Focusing on DETAILS

VOCABULARY >   05   **Which of the following has the same meaning as "exercise" in the paragraph?**
(a) They are merely exercising their right to free speech.
(b) Exercising the body does a great deal to improve one's health.

DETAIL >   06   **빈칸 (a), (b)에 들어갈 말로 바르게 짝지어진 것은?**

	(a)		(b)
①	However	······	Also
②	For example	······	However
③	For example	······	Also
④	In addition	······	Therefore
⑤	Therefore	······	In addition

---

role-playing 역할 놀이   store owner 상점 주인   exercise (권리 등을) 행사하다, 발휘하다; 운동하다   re-create 재현하다   situation 상황   fear 두려움, 공포   overcome 극복하다   unkindness 매정함, 불친절   act out 실제처럼 연기하다   inventor 발명가 cf. invent 만들다; 꾸며내다

The passage is probably about telling ((a) the truth (b) lies).

5

How can you know when somebody is lying to you? You just need to know two signs. First, watch the eyes. When people are remembering events, their eyes usually go up and to the right (from your point of view). However, when people are [09]inventing things (or lying), their eyes usually go down and to the left. Next, watch the body movements. ① When telling a lie, people usually become either much more or much less active. ② Some people freeze as they try to hide their thoughts. ③ They may hide their hands in their pockets, cross their arms or legs tightly, or turn away from you a little. ④ Still, there's a big difference between lying and telling a story. ⑤ Others start making many small, fast movements. Especially, a person telling a lie will cover his mouth with his hand, touch his face, and rub his eyes. If a person does these things when talking with you, it could be a sign that you aren't being told the truth.

Background
Knowledge

📑 거짓말 알아내기

상대방이 거짓말을 하는지 안 하는지 정확히 잡아내는 방법은 없어요. 하지만 사람들은 대부분 거짓말을 맘 편하게 하지는 못하기 때문에, 본문에 소개된 것 이외에도 특정한 행동을 한다면 거짓말을 하고 있다고 추측할 수 있습니다.

우리는 살면서 거짓말을 자주 하지만, 동시에 다른 사람을 의심하기보다는 믿으려고 해요. 평소에 사람들을 만나면서 그 사람이 나한테 거짓말을 하고 있는지 아닌지 확인하려 하는 사람은 없답니다. 이러한 우리의 성향처럼, 거짓말을 알아내려고 노력하기보다는 평소에 거짓말을 안 하려고 노력해야겠죠?

SUMMARY > 01-05 **Complete the summary by choosing the correct choice below for each blank.**

> There are a few common signs someone isn't telling you the
> 01 _____.
> Watch any changes in 02 _____ focus and 03 _____
> expression.
> The eyes of a liar usually go down and to the left.
> Liars become more or less 04 _____ than usual.
> They also tend to cover their 05 _____ and touch their face.

> ┤보기├
> ① active   ② body   ③ truth   ④ mouth   ⑤ eye

TITLE > 06 **Which of the following is the best title of the passage?**

① How to Become a Really Good Liar
② Signs of Lying: How to Catch a Liar
③ Why Lying Is Hard to Spot
④ The Most Common Lies We Tell
⑤ One Lie Can Ruin a Friendship

Focusing on DETAILS

DETAIL > 07 **What does NOT necessarily indicate that a person is lying?**

① moving the eyes to look down
② putting the hands into pockets
③ moving the body away from you
④ frequent blinking of the eyes
⑤ covering the mouth with a hand

DETAIL > 08 본문의 ①~⑤ 중에서 글의 흐름과 관계 없는 문장은?

VOCABULARY > 09 **Which of the following has the same meaning as "inventing" in the paragraph?**

(a) He invented the first electric clock.
(b) Many children invent an imaginary friend.

---

lie 거짓말하다 cf. liar 거짓말쟁이   sign 신호; 징후   view 바라봄; 관점   invent 지어내다, 꾸며내다; 발명하다 cf. invention 발명   movement 움직임
freeze 꼼짝 못하다, 얼어붙다   thought 생각   cross 교차시키다   tightly 단단히, 팽팽하게   rub 비비다, 문지르다   truth 진실
[문제&선택지 어휘] focus 초점   frequent 빈번한, 자주 일어나는   blink 눈을 깜박이다

▶ Grammar & Usage

| 01-05 | 다음 각 네모 안에서 어법에 맞는 표현으로 가장 적절한 것을 고르시오.

01 Envy is wanting something that somebody else has. You may have envied your friend because / because of her talent for math.

02 Nice envy doesn't hurt anyone, and it helps you to move / moving forward in life.

03 A person telling / told a lie will cover his mouth with his hand, touch his face, and rub his eyes.

04 Many people like to sing when they know nobody can hear them. Especially, people sing until / while driving or taking a shower.

05 To stop ugly envy from happening, remember to praise / praising yourself.

| 06-08 | 다음 밑줄 친 부분이 어법상 올바르면 ○, 어색하면 ×로 표시하고 바르게 고치시오.

06 We draw continents bigger or smaller according to our point of view. For example, people from Brazil often draw South America <u>much</u> bigger than North America.

07 Nice envy is when you praise the friend you envy and think, "Wow, what a great friend <u>have I</u>!"

08 Singing aloud in the car can make you <u>to feel</u> stronger and more energetic.

| 09-10 | 다음 중 빈칸에 들어갈 말이 순서대로 바르게 짝지어진 것을 고르시오.

09

- You should fight ugly envy because it can stop you from getting _____ you really want.
- When people draw a map of the world without _____ help, the results can be very interesting.

① that – some   ② that – any   ③ what – some   ④ what – any   ⑤ which – any

10

- Nice envy can make you feel good for others as well as for _____.
- Children are great inventors and actors in role-playing. They often make life better by _____ perfect worlds in their minds.

① you – invent   ② you – inventing   ③ you – to invent
④ yourself – to invent   ⑤ yourself – inventing

Real ENGLISH

저의 생일파티에 초대합니다!

- ◆ ◆ ◆ -

RSVP
답장바람

Répondez s'il vous plaît이라는 불어의
줄임말로 영어로 옮기면 Replay, if you please.
라고 할 수 있어요.
ASAP(가능한 한 빨리, as soon as possible)처럼
편지나 초대장에서 많이 쓰이는 용어예요.

Henry is turning 2 and you
are invited to his Robot
Picnic Birthday Party!

April 5, 2008
3:00 PM

Houston, Texas

RSVP by April 1 to
or
h com

If weather permits we will
have sprinklers so bring
your suits!

If Weather Permits
날씨가 좋다면

permit은 '~을 허락하다'란 뜻이에요.
If weather permits는 '날씨가 허락한다면'
즉, '날씨가 좋다면'이란 뜻이에요.
내일 날씨가 좋다면, 친구들과 함께 놀이공원
(amusement park)에 가보는 건 어떨까요?

Quick Check

Match each word in bold with its meaning.

1
01 keep A in mind	**a.** 잠을 자지 않다
02 stay up	**b.** A를 B로 바꾸다
03 steal	**c.** 훔치다
04 turn A into B	**d.** A를 명심하다

2
01 admire	**a.** 방법
02 role model	**b.** 존경하다
03 method	**c.** 등장인물; 성격
04 character	**d.** 역할 모델

3
01 nowhere in sight	**a.** 계속 ~하다
02 switch off	**b.** 불안한
03 anxious	**c.** 비록 ~일지라도
04 keep+-ing	**d.** 보이지 않는
05 even if	**e.** (~의 전원을) 끄다

4
01 general	**a.** ~에 초점을 맞추다
02 literature	**b.** 보편적인, 일반적인
03 focus on	**c.** 요구하다
04 suit	**d.** 찾다, 알아내다
05 find out	**e.** 문학
06 require	**f.** 잘 맞다

5
01 give up	**a.** 자기 통제
02 friendless	**b.** B에서 A를 버리다, 없애다
03 self-control	**c.** 동시에
04 at the same time	**d.** 포기하다
05 leave A out of B	**e.** 친구가 없는

Chapter
02

Enlightenment

enlightenment란 '깨달음, 깨우침'을 뜻해요. 다양한 계기로 인해,
몰랐던 것을 알게 되거나 과거의 생각과는 다른 생각을 갖게 되는 것,
미처 생각지 못했던 것을 깊이 생각하게 됨으로써 새롭고 다른 시각에서
바라보게 되는 것 등이 모두 깨달음이라고 할 수 있지요.
공부하는 학생들에게 주어지는 지문 내용은 바로 이러한
깨달음을 주기 위한 것들이 많을 수밖에 없답니다.
이번 챕터를 통해, 이러한 지문에 익숙해지고 더 나아가
좀 더 깊은 사고를 할 수 있는 기회가 되길 바랍니다.

The passage is probably about ((a) small things (b) a long life).

CHAPTER 02

1

One hundred years isn't all that long a time. But one thing's for sure: after 100 years, most of us will already be dead. Keep this fact in mind and you may think very differently about bad times and stress. [05]_____(a)_____, if you [06]<u>miss</u> the bus and are late for school, what's it going to mean 100 years from now? How about if a friend is unkind to you, or you have to stay up all night tonight studying, or your computer gets stolen, or you lose your cell phone? Any of these things can make you stressed or sad or angry. [05]_____(b)_____, they are nothing if you take a hundred-year view. One hundred years from today, no one will remember this moment. Especially, you won't remember it! You don't have to turn 'small things' into 'big things.'

Background Knowledge

📄 small things & big things

'사소한 일'에 대해서는 참 다양한 의견이 있어요.

Don't sweat the small stuff. (사소한 일에 땀 흘리지[신경 쓰지] 마라.)라는 말처럼 본문과 같은 생각이 있을 수도 있고, 반대로 아래처럼 '사소한 일에 관심을 기울이면 '큰일'은 자연히 처리되므로 사소한 일을 중요하게 여겨야 한다고 생각할 수도 있죠.

If you take care of the little things, the big things take care of themselves. – R. Reese (사소한 일에 신경을 쓰면 큰일은 스스로 해결된다.)

어떤 일이든 걱정하지 말라는 의미에서 "Don't worry, be happy."란 노래도 있네요. 여러분은 어떤 말이 가장 마음에 드나요?

SUMMARY >   01-03   **Complete the summary by choosing the correct choice below for each blank.**

> Thinking about 01 _____ time periods can change how you feel about 02 _____ experiences.
>
> In 100 years, we'll all be dead.
>
> So, the bad things today don't really 03 _____.

보기
① negative   ② other   ③ longer   ④ happen   ⑤ matter

MAIN IDEA >   04   **이 글이 시사하는 바로 가장 적절한 것은?**

① Habit is second nature.

② There is no place like home.

③ Teach a fish how to swim.

④ Don't do tomorrow what you can finish today.

⑤ Don't make something little into something big.

DETAIL >   05   **Choose the best word in (a) and (b).**

	(a)		(b)
①	For example	······	However
②	For example	······	Also
③	For example	······	Therefore
④	In addition	······	However
⑤	In addition	······	Therefore

VOCABULARY >   06   **Which of the following has the same meaning as "miss" in the paragraph?**

(a) She will be greatly missed when she leaves.

(b) If I don't leave now I'll miss my plane.

---

all that ((구어)) 그다지   for sure 확실한, 분명한   keep A in mind A를 명심하다   stay up 잠을 자지 않다   steal ((과거형 stole 과거분사형 stolen))
훔치다   stressed 스트레스를 받는   view 관점   turn A into B A를 B로 바꾸다   **[선택지 어휘]** nature 천성

CHAPTER 02

2

Who do you admire? Who's your role model? Here's a method for choosing a role model. Take a sheet of paper and draw a table with four sections. Label the first section, "People I Admire." In this section, write a list of great people. These can be real people who are alive today, people from history, and even characters from stories, movies, games, or TV. Then, label the second section, "What I Admire." Think about each person you listed in section 1, and then write down what you admire about each of them. Now, label the next section, "Is It Also True for Me?", and read over the things you wrote in section 2. Ask yourself if you could say the same thing about you. Write your answers. Finally, label the last section, "How Can I Become Better at This?", and answer the question for each thing you wrote in section 2. In this way, you will get a good idea of the person you want to be.

Background
Knowledge

📖 롤 모델 찾기

누구나 한 번쯤 ○○○와 같은 사람이 되고 싶다고 생각을 하죠. 하지만 그저 멋지고 좋아 보여서 그 사람이 되고 싶다고 생각한다면 '롤 모델'을 찾은 것이라 할 수는 없어요. 우선 '내'가 좋아하고 잘하는 것이 무엇인지 곰곰이 돌아보는 과정이 꼭 필요합니다. 그런 뒤에야 나에게 딱 맞는 롤 모델을 찾을 수 있고, 그 사람처럼 될 가능성을 훨씬 높일 수 있거든요.

SUMMARY >

01-03 **Complete the summary by choosing the correct choice below for each blank.**

> There's an easy way to choose a role model.
> First, write down some people you 01 _____.
> Then write down why you respect them.
> Next, write down how you 02 _____ those people.
> Finally, 03 _____ ways you can become more like what you respect.

┤보기├
① respect ② compare to ③ label ④ choose ⑤ list

TOPIC >

04 **Which of the following is the best topic of the passage?**

① why it's important to respect yourself
② the danger of comparing yourself to others
③ ways to be a good role model
④ how to pick a role model and improve yourself
⑤ why you should share your goals with someone else

Focusing on DETAILS

DETAIL >

05-06 **다음은 John의 롤 모델을 찾는 과정이다. 다음 물음에 답하시오.**

① _____ > Park Ji-Sung
② _____ > He trains very hard to be the best player.
③ _____ > No, I don't work hard to get good grades.
④ _____ > _____ (a)

05 **위의 각 section의 빈칸에 적절한 문장을 본문에서 찾아 쓰시오.**

06 **다음 중 (a)에 들어갈 적절한 말을 고르시오.**

① I can be strong if I work out hard.
② I can be famous if I play soccer very hard.
③ I can raise my grades if I study harder.

---

admire 존경하다 role model 역할 모델 method 방법 sheet (종이) 한 장 section 칸, 구역 label 이름[라벨]을 붙이다 list 목록; ~의 목록을 만들다, 열거하다 character 등장인물; 성격 [선택지 어휘] grade 성적 work out 운동하다 raise 올리다

The passage is probably about
((a) meeting manners (b) free time).

CHAPTER 02

3

You're standing on a busy street corner, waiting for your friend. You are sure that you agreed to meet at six o'clock, but it is already 6:20 and he's nowhere in sight. You call his cell phone. It's switched off. Now, you get anxious. You don't know what to do. But you can't go home or do anything else! You have to stay there and keep waiting! Your friend should have called you. It is bad ⁰⁶ <u>manners</u> to be late, even if it's just to meet with you. (①) Don't be like that friend. (②) Is there a chance that you'll be more than 10 minutes late? (③) Call straight away, to show that you care. (④) Then, the waiting friend can use the extra time to do anything she likes. (⑤) And anything would be better than standing in one place waiting for you!

Background
Knowledge

📑 시간 약속

많은 사람들이 시간 약속을 잘 지키지 않는데도, 사실은 자신이 잘 지킨다고 생각해요. 본문에서 언급된 행동처럼 늦는다고 미리 연락만 하면 괜찮을까요? 연락을 받았더라도 상대방은 그 시간 동안 마땅히 할 일을 찾을 수 없는 경우가 많을 거예요. 5분, 10분 늦는 것도 약속을 지키지 못한 것임을 잊지 않도록 해야 해요. 시간 약속에 충실한 사람은 모든 사람에게 신뢰감을 준답니다

Getting the BIG PICTURE

SUMMARY > 01-03 **Complete the summary by choosing the correct choice below for each blank.**

> Nobody likes to 01 _____ another person.
> So, if you're going to be late, 02 _____ the person you are meeting.
> Then they can 03 _____ their free time.
> It's the polite thing to do.

┤보기├
① warn　　② enjoy　　③ agree to　　④ wait for　　⑤ meet with

MAIN IDEA > 04 **Which of the following is the writer's main point?**

① 시간을 아껴 쓰라.
② 화를 다스리는 법을 배우라.
③ 친구들에게 신뢰를 얻으라.
④ 다른 사람의 시간을 존중하라.
⑤ 항상 약속 시간보다 먼저 도착하라.

Focusing on DETAILS

DETAIL > 05 **다음 주어진 문장이 들어갈 곳으로 가장 알맞은 곳은?**

> Just say, "Sorry, but I'm going to be a little late. Is it okay if we meet at about 6:30 p.m. instead of 6?"

①　　　　　②　　　　　③　　　　　④　　　　　⑤

VOCABULARY > 06 **Which of the following has the same meaning as "manner(s)" in the paragraph?**

(a) Every country has its own table manners.
(b) A leader must communicate in an honest manner.

---

nowhere in sight 보이지 않는　switch off (~의 전원을) 끄다　anxious 불안한　keep+-ing 계속 ~하다　even if 비록 ~일지라도　a chance that ~할 가능성　straight away 곧장, 당장　extra 여분의

The passage is probably about ((a) business (b) education).

4

Should I go to university — or not? The question isn't as easy as it sounds. Not everybody needs a university [05] <u>degree</u>. To plan your working future, it's important to know [06] _____ _____ . Most universities teach you a wide range of subjects and general thinking skills. To get a law degree, you don't just take classes about law. You have to take other classes, too. Anything from history and literature to politics or economics. However, a training college is different because it focuses on just one thing: the job you want. Classes in training colleges teach you the special skills you need in your career. For example, classes may focus on becoming a food stylist, a baker, or a fashion designer. And they usually give you real work experience in real businesses as part of your training. Universities rarely do that. So, before you do anything else, you need to decide what kind of job would suit you the best. Then find out what that job requires. Then you will know where to go: a university for a general education, a training college for that one special job.

Background Knowledge

📖 진로의 선택

여러분은 아직 어려서 대학이나 직업에 대해서는 잘 와 닿지 않을 거예요. 하지만 직업은 인생을 살아가는 데 있어서 무척 중요해서 초등학교 때부터 진로 결정에 도움을 주는 여러 교육이 알게 모르게 이루어지고 있답니다.

다양한 교육 방법이 있겠지만, 우선 다른 사람과 비교하지 않고 여러분만이 가진 개성을 알고 인정하는 것이 가장 중요해요. 어떤 문제가 닥쳐도 혼자 당당히 해결할 수 있도록 하는 자신감은 이러한 과정에서 생기거든요! 어린 시절을 그다지 성공적으로 보내지 않았어도 나중에 커서 인류에 공헌하는 위대한 인물로 성장하는 사람이 셀 수 없이 많다는 것도 명심하세요.

SUMMARY > 01-03 **Complete the summary by choosing the correct choice below for each blank.**

> Universities teach a 01 ＿＿＿＿＿＿ variety of things but give little work experience.
> Training colleges are 02 ＿＿＿＿＿＿ for people who want a specific job.
> They offer useful training but 03 ＿＿＿＿＿＿ overall knowledge.

┌─보기├─
① less　　② wide　　③ much　　④ real　　⑤ better

TOPIC > 04 **Which of the following is the best topic of the passage?**

① why training colleges are better for most jobs
② choosing between a university and a training college
③ the reason you must pick a career before university
④ how to get work experience before graduation
⑤ why universities are starting to focus on job training

Focusing on DETAILS

VOCABULARY > 05 **Which of the following has the same meaning as "degree" in the paragraph?**

(a) What he says is right to some degree.
(b) Her degree in education helped her to get the job.

DETAIL > 06 **Which of the following best fits in the blank?**

① the required subjects to study
② what you can do better than others
③ what the highest-paying jobs are
④ how hard you have to study at school
⑤ which type of education you need

---

degree 학위; 정도　a wide range of 광범위한　general 보편적인, 일반적인　skill 능력; 기술　literature 문학　politics 정치학　economics 경제학　training 훈련　college 특수 전문학교; 단과 대학　focus on ～에 초점을 맞추다　career 직업　rarely 거의 ～않는　suit ～에 잘 맞다　find out 찾다, 알아내다　require 요구하다　education 교육　**[선택지 어휘]** high-paying 고소득의

The passage is probably about
((a) leisure activities (b) self-control).

Could you give up watching TV, playing computer games, or eating your favorite snack? These things aren't exactly bad for you, but too much of them can make you friendless, lazy, and fat. We all need to learn some self-control. It makes us better and stronger people. But how do we learn? How about trying to give up something you love for just 40 hours? Here's what to do:

1. Choose something that you absolutely love to do or eat. It has to be something that you truly believe makes your life better or happier. Then, set a date and a time to start.

2. Tell your friends and family about the difficult thing you're going to do. Ask them to help you. If you think you might not be strong enough, you could ask one of your friends to give up the same thing at the same time as you.

3. It's easier to leave something out of your life if you find something else to fill the hole. If you give up TV, start working out at a gym instead. Find something good to keep yourself busy. You might just discover a totally new love!

SUMMARY > 01-04 **Complete the summary by choosing the correct choice below for each blank.**

> Too much of anything is 01 _____, so why not plan to take a break?
> Pick something you do 02 _____ and don't do it for 40 hours.
> Tell others about your plan, so they can support you.
> You'll have a(n) 03 _____ time if you find something else to do instead.
> It's a great way to discover 04 _____ things.

┌─│보기│─────────────────────────────────────
│ ① a lot   ② new   ③ easier   ④ bad   ⑤ stronger
└──

PURPOSE > 05 **What is the purpose of this article?**

① to advise how to control ourselves
② to explain how to use time successfully
③ to inform about a new weight-loss method
④ to introduce a helpful new method of study
⑤ to warn about addictive activities

DETAIL > 06 **Who is this article intended for?**

① people who have no friends
② kids who send text messages all the time
③ children who are too shy to speak in public
④ people who love to do too many things at once
⑤ people who don't have any hobbies

---

give up 포기하다   exactly 꼭, 정확하게   friendless 친구가 없는   self-control 자기 통제   absolutely 매우, 완전히   truly 진실로   set 정하다
at the same time 동시에   leave A out of B B에서 A를 버리다, 없애다   gym 체육관   totally 완전히   **[문제&선택지 어휘]** advise 조언하다
inform 알려주다   weight-loss 체중 감소   intend 의도하다   all the time 항상   in public 대중 앞에서   at once 한꺼번에; 즉시

▷ Grammar & Usage

| 01-03 | 다음 각 네모 안에서 어법에 맞는 표현으로 가장 적절한 것을 고르시오.

01   If your computer gets stealing / stolen , what's it going to mean 100 years from now? They are nothing if you take a hundred-year view.

02   A training college is different from most universities because / because of it focuses on just one thing: the job you want.

03   Think about each person / people you listed in the "People I Admire" section, and then write down what you admire about each of them in the "What I Admire" section.

| 04-07 | 다음 밑줄 친 부분이 어법상 올바르면 ○, 어색하면 ×로 표시하고 바르게 고치시오.

04   Could you give up watching TV, playing computer games, or <u>eating</u> your favorite snack?

05   Should I go to university — or not? The question isn't as <u>easier</u> as it sounds.

06   To plan your working future, it's important <u>knowing</u> which type of education you need.

07   To learn some self-control, try to give up something you love for just 40 hours. Choose something <u>what</u> you absolutely love to do or eat.

| 08-09 | 주어진 우리말과 일치하도록 괄호 안의 단어들을 배열하여 문장을 완성하시오.

08   Before you do anything else, you need to decide _____
you the best. (어떤 종류의 직업이 가장 잘 맞는지)
(suit / job / of / what / would / kind)

09   It's easier to leave something out of your life if you find something else to fill the hole.
Find _____. (계속해서 바쁠 수 있는 좋은 방법)
(busy / yourself / something / keep / to / good)

Real ENGLISH

미래의 나는?

◆ ◆ ◆

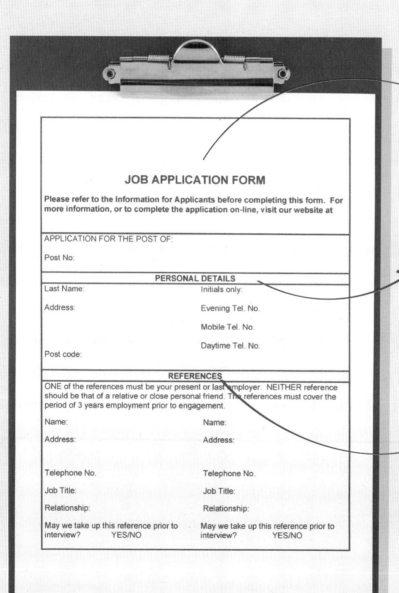

JOB APPLICATION FORM

Please refer to the Information for Applicants before completing this form. For more information, or to complete the application on-line, visit our website at

APPLICATION FOR THE POST OF:

Post No:

PERSONAL DETAILS	
Last Name:	Initials only:
Address:	Evening Tel. No.
	Mobile Tel. No.
	Daytime Tel. No.
Post code:	

REFERENCES

ONE of the references must be your present or last employer. NEITHER reference should be that of a relative or close personal friend. The references must cover the period of 3 years employment prior to engagement.

Name:	Name:
Address:	Address:
Telephone No.	Telephone No.
Job Title:	Job Title:
Relationship:	Relationship:
May we take up this reference prior to interview? YES/NO	May we take up this reference prior to interview? YES/NO

Job Application Form
입사지원서

직업을 구할 때는 반드시 입사지원서를 제출해야 합니다. 깔끔하게 정리된 입사지원서는 좋은 인상(impression)을 남깁니다.

Personal Details
개인 정보

학교를 지원할 때, 병원에 갈 때에도 이름, 나이, 학교 등의 정보를 기입하죠. 이런 정보를 통틀어서 Personal Details라고 합니다. personal은 '개인의', detail은 '세부사항'이란 뜻이에요.

References
추천서

구직활동을 할 때, 교수님이나 전(前)직장상사의 추천서가 있다면, 직업을 구하는 데 큰 도움이 될 것입니다. reference에는 '참고서'란 뜻도 있어요.

Quick Check

Match each word in bold with its meaning.

1

01	founder	**a.** ~에 대한 돈을 지불하다
02	religion	**b.** 쓰러지다, 넘어지다
03	distance	**c.** 거리
04	fall down	**d.** 창시자
05	pay for	**e.** 종교

2

01	receive	**a.** 칭찬
02	reply	**b.** 받다
03	hold	**c.** 노력
04	praise	**d.** 포함하다
05	effort	**e.** 대답
06	include	**f.** (회의, 행사를) 개최하다; 잡다, 쥐다; 수용하다; 유지하다

3

01	own	**a.** 성공
02	useful	**b.** 가지다, 소유하다
03	hire	**c.** ~하는 척하다
04	pretend to+동사원형	**d.** 유용한
05	success	**e.** 고용하다

4

01	color blindness	**a.** 색맹
02	confused	**b.** 알아내다, 찾아내다
03	find out	**c.** (논문 등을) 발표하다; 출판하다
04	cause	**d.** 일으키다, ~의 원인이 되다
05	publish	**e.** 혼란스러운

5

01	prima ballerina	**a.** 작품
02	typical	**b.** 주역 발레리나
03	work	**c.** 전형적인
04	perform	**d.** 공연하다
05	set apart from	**e.** ~와 구별시키다, 구별하다

6

01	clever	**a.** 신경 쓰다
02	wrap (up)	**b.** 기발한; 현명한
03	care	**c.** (감)싸다
04	tight	**d.** 낭비하다
05	waste	**e.** 단단히

Chapter 03

People

어떤 인물이 어떠한 업적을 어떻게 해서 쌓게 되었는지는
자주 볼 수 있는 소재예요.
시간순으로 설명이 전개되거나 있었던 사건들을
차례로 나열하는 경우가 많아요.
인물 자체나 사건은 유명하고 익숙하더라도,
너무 잘 알려진 얘기보다는 낯선 내용이 다뤄지는 경우가
많기 때문에 대부분 재미있고 흥미롭게 읽을 수 있답니다.

CHAPTER 03

1

Muhammad was the founder of Islam, the religion of Muslims. He chose to live in the town of Medina. Every family wanted Muhammad to live with them. But Muhammad said, "God will show me where to stay." He stayed sitting on his camel's back, and let the camel walk freely. The camel walked to a house where two children lived. The children were very poor because their parents were dead. The camel went down on its knees, but Muhammad made it stand up again. The camel walked a short distance, but then went back to the children's house and fell down. So, Muhammad went into the house, paid for the place, and began living there. This became the first mosque, a building where Muslims pray.

* Islam 이슬람교   ** Muslim 무슬림, 이슬람교도
*** mosque 이슬람 사원, 성원(聖院)

Background
Knowledge

▶ 📑 메디나로의 피신과 그 후의 이야기

무함마드는 AD 619년에 부인과 가족을 잃는 큰 슬픔을 겪어요. 그는 자신에게 가해지는 박해와 핍박을 피하기 위해 622년 메카 북방 약 400km 떨어져 있는 메디나로 갔어요. 그를 따르는 신도들도 이때를 전후하여 메디나로 피난하였고, 이 메디나행을 이슬람에서는 '히즈라(이주)'라고 하는데, 이 해를 이슬람력의 기원으로 삼고 있어요.

메디나에 도착한 무함마드는 자신의 낙타가 멈춘 곳에 머무르면서 메카를 향해 하루에 다섯 번씩 알라(하느님)는 위대하다고 암송하며 절했다고 해요. 무함마드는 메디나에서 선지자의 권위를 확립하고 아라비아 부족의 통일을 꿈꾸었답니다. AD 632년 무함마드는 메카의 카바 신전을 참배하고 메디나로 돌아오던 중 심각한 열병에 걸려 사망에 이르렀어요.

SUMMARY > 01-03 **Complete the summary by choosing the correct choice below for each blank.**

When Muhammad visited Medina, everyone wanted him to live with them.

Muhammad 01 _____ his camel decide where he should 02 _____.

The camel went back to a house with two poor children.

Muhammad began living in the house, which 03 _____ the first mosque.

┤보기├
① became ② let ③ show ④ stay ⑤ leave

SUMMARIZATION > 04 **이 글의 내용을 다시 한 문장으로 요약하고자 한다. 빈칸 (a)와 (b)에 들어갈 말로 가장 적절한 것은?**

The _____(a)_____ of the first mosque was chosen by _____(b)_____.

	(a)		(b)
①	title	......	Muhammad
②	place	......	Muhammad's camel
③	opening	......	every family
④	title	......	Muhammad's camel
⑤	place	......	Muhammad

Focusing on DETAILS

DETAIL > 05 **다음 내용이 본문의 내용과 일치하면 T, 일치하지 않으면 F를 쓰시오.**

(a) Muhammad는 Medina를 떠나야 했다. _____

(b) 두 어린이는 Muhammad의 돈을 거절했다. _____

(c) 첫 번째 이슬람 사원은 가난한 어린이들의 집이었다. _____

---

founder 창시자 religion 종교 camel 낙타 on A's knee 무릎을 꿇은 채 distance 거리 fall ((과거형 fell 과거분사형 fallen)) down 쓰러지다, 넘어지다 pay ((과거형·과거분사형 paid)) for ~에 대한 돈을 지불하다

The passage is probably about
((a) various greetings (b) World Hello Day).

CHAPTER 03

2

Hello! *Bonjour! Nihao!* Would you like to join in on World Hello Day? All you need to do is to say hello to 10 people or more. World Hello Day began in 1973 because of the war in the Middle East. American brothers Brian and Michael McCormack wanted to help bring peace. (a) They believed that bad communication started the war. So they sent letters to the leaders of every country about the first World Hello Day. (b) They wrote in as many different languages as they could. The brothers received replies from 16 leaders. The leaders wanted (c) them to make World Hello Day a yearly event. The holiday has been 06 held on the third Sunday of November every year since then. People from 180 countries have joined in on World Hello Day. The brothers have received praise from many world leaders for (d) their efforts. (e) They include the Pope, the U.S. President, and the Queen of England.

* Pope 교황

Background
Knowledge

📖 평범한 사람들의 힘

믿기 어려운 일일 수도 있지만, 정말로 평범한 사람이 세계를 변화시킬 수 있어요. 본문에 나온 매코맥 형제처럼 말이지요. 그런 일은 결코 드물거나 어려운 일은 아니에요. 여러분의 힘을 믿고, 하고 싶은 좋은 일이 무엇이 있을지 그리고 그것을 할 수 있는 방법은 무엇이 있을지 생각해보는 것은 어떨까요?

SUMMARY > 01-03 **Complete the summary by choosing the correct choice below for each blank.**

> World Hello Day is a holiday about communication.
> It was created by two brothers in 1973.
> The goal was to help bring 01 _____ to the world.
> The holiday has received 02 _____ from world leaders and
> 03 _____ from over 100 countries.
> It's held on the third Sunday of every November.

┌─ 보기 ┐
① participation   ② communication   ③ support   ④ efforts   ⑤ peace

TOPIC > 04 **Which of the following is the best topic of the passage?**

① what World Hello Day is
② who Michael McCormack is
③ how we can keep world peace
④ how important it is to say hello
⑤ what people do on World Hello Day

REFERENCE > 05 밑줄 친 (a)~(e) 중 가리키는 대상이 나머지와 <u>다른</u> 하나를 고르고, 그것이 무엇을 가리키는지 영어로 쓰시오.

① (a)   ② (b)   ③ (c)   ④ (d)   ⑤ (e)

가리키는 대상:

VOCABULARY > 06 **Which of the following has the same meaning as "held" in the paragraph?**

(a) He was <u>holding</u> the baby in his arms.
(b) The meeting will be <u>held</u> in the community center.
(c) The plane <u>holds</u> about 300 passengers.
(d) <u>Hold</u> this position for a count of 10.

peace 평화   communication 의사소통   leader 지도자   language 언어   receive 받다   reply 대답   yearly 매년의, 연례의   hold ((과거형·과거분사형 held)) (회의, 행사를) 개최하다; 잡다, 쥐다; 수용하다; 유지하다   praise 칭찬   effort 노력   include 포함하다

The passage is probably about
((a) early supermarkets (b) shopping carts).

Sylvan Goldman owned several supermarkets in Oklahoma in the 1930s. There were no shopping carts in those days. So, customers only bought as much as they could carry in a small shopping basket. He wondered how to make his customers buy more things. Then one night, he was looking at a wooden folding chair and had an idea. "I know! I'll put a basket and wheels on a folding metal frame!" said Goldman. And that's just what he did. The shopping carts that Goldman made were simple and very useful, but [06] <u>there was an unexpected problem!</u> Women thought they were unattractive. Old customers thought that using the carts made them look even older. And men thought that using the carts made them look weak! So, Goldman hired actors and actresses to push the carts around the store and pretend to shop. Soon, other customers began to use the carts. At last, success!

Background Knowledge ▶

📑 골드만의 쇼핑 카트, 그 후의 이야기

골드만이 맨 처음 발명한 쇼핑 카트는 접이식 의자처럼 펼쳐서 쇼핑 바구니를 올려놓고 다 사용한 뒤에는 접어서 보관하는 식이었어요. 쇼핑객들이 직접 펼치고 접고 해야 하는 번거로움이 있었지요. 골드만의 쇼핑 카트는 다른 발명가들에 의해 계속 개선이 되어 마침내 오늘날의 쇼핑 카트가 선보이게 되었답니다.

SUMMARY >   01-03   **Complete the summary by choosing the correct choice below for each blank.**

> Sylvan Goldman was an owner of supermarkets in the 1930s.
> He wanted his customers to buy more than they could 01 _____.
> He put wheels on shopping baskets, but no one would 02 _____
> them.
> So, he hired actors to make shopping carts 03 _____.

---| 보기 |---
① use   ② carry   ③ buy   ④ fashionable   ⑤ strong

TOPIC >   04   **Which of the following is the best topic of the passage?**

① facts about old supermarkets
② the genius of Sylvan Goldman
③ why shopping carts increase spending
④ how customers were different in the 1930s
⑤ the invention of the first shopping cart

Focusing on DETAILS

DETAIL >   05   **최초의 쇼핑 카트에 대한 고객들의 반응으로 알맞은 것은?**

① 물건을 더 많이 팔기 위한 상술이라고 생각했다.
② 여성들은 쇼핑 카트의 모양이 예쁘지 않다고 생각했다.
③ 힘이 없는 노인들이 사용하는 것이라고 생각했다.
④ 물건을 많이 구매한 경우에만 사용한다고 생각했다.
⑤ 아이를 데리고 온 여성만 이용하는 것이라고 생각했다.

DETAIL >   06   **밑줄 친 부분의 의미로 가장 알맞은 것은?**

① Goldman's carts were not immediately popular
② customers didn't know how to use them
③ the only people that used them were the old
④ customers felt uncomfortable using carts
⑤ there were not enough carts in the shopping center

---

own 가지다, 소유하다   cart 카트, 손수레   customer 손님   wooden 나무로 만든   folding 접는, 접이식의   wheel 바퀴   useful 유용한
unattractive 예쁘지 않은   hire 고용하다   actor 남자 배우 (↔ actress 여자 배우)   pretend to+동사원형 ~하는 척하다   success 성공

CHAPTER 03

4

John Dalton was an English scientist. In 1794, he wrote a paper which was the first to discuss color blindness. The story goes that Dalton gave his mother stockings for her birthday. "They are lovely, John," she said. "But such a bright color! They're as red as a cherry!" What his mother said made him confused. To John Dalton, the stockings looked dark blue. So, he showed his brother the stockings. His brother said, "Nice dark blue color." Then Dalton showed some friends. When they all said, "That's the brightest red I've ever seen!", Dalton knew that there must be something wrong with his and his brother's eyes. That's when he decided to study [07] the problem closely. He wanted to find out what causes it. Dalton published the results of his study in a science journal. He called the problem 'color blindness,' but he couldn't discover what causes it. He just thought the insides of his eyeballs were blue!

* eyeball 안구(眼球), 눈알

Background
Knowledge

📑 **John Dalton**

존 돌턴은 영국의 화학자이자 물리학자, 기상학자예요. 원자설을 최초로 주장한 사람으로 알려져 있어요. 본문의 내용처럼 자신이 보통 사람들이 볼 수 있는 색을 다 구별하지 못한다는 것을 깨닫고 그에 대해 최초로 연구하기도 하였지요. 적록색각이상은 다른 말로 돌터니즘(daltonism)이라고도 해요. 그는 또한 기상 관측에 흥미를 느껴 죽기 직전까지 이에 대한 연구를 계속하였어요.

SUMMARY >   01-04   **Complete the summary by choosing the correct choice below for each blank.**

> John Dalton found that he and his brother had a 01 _____ problem.
> He and his brother both saw the color 02 _____ as the color blue.
> Dalton wanted to discover the 03 _____ for this, but he couldn't.
> He guessed it was because he had 04 _____ eyes.

┌─ 보기 ┐
① red   ② reasons   ③ visual   ④ results   ⑤ blue

TOPIC >   05   **Which of the following is the best topic of the passage?**

① why different people see different colors
② the first man to study color blindness
③ the cause of color blindness
④ the story of the first eye doctor
⑤ how to cure color blindness

Focusing on DETAILS

DETAIL >   06   **다음 내용이 John Dalton에 대한 설명과 일치하면 T, 일치하지 않으면 F를 쓰시오.**

(a) 친구와 함께 색맹에 관한 연구를 했다.   _____

(b) 연구 결과를 과학 잡지에 소개했다.   _____

(c) 본인이 색맹이라는 사실을 어머니께 전해 들었다.   _____

REFERENCE >   07   **밑줄 친 the problem이 뜻하는 것을 우리말 10자 내외로 쓰시오.**

---

color blindness 색맹   stocking 스타킹   confused 혼란스러운   study 연구; 연구하다   closely 자세히   find out 알아내다, 찾아내다   cause 일으키다, ~의 원인이 되다   publish (논문 등을) 발표하다; 출판하다   journal 잡지

CHAPTER 03

5

Prima Ballerina is a famous painting by the Impressionist artist Edgar Degas. The scene is not typical among his works. Usually, his paintings show dancers who are not dancing. But in *Prima Ballerina*, we see a single ballerina performing a beautiful dance under bright lights on a stage. Our view is from high up above the stage. This is where the stage crew sat and controlled the lighting, scenery, and curtains. People watching the ballet in the theater would not have had such a view. That's just what Degas wanted, an unusual or secret view, like looking at a room through a hole in a wall. Because he loved indoor scenes, he is set apart from other Impressionist painters. Most Impressionist artists painted outdoor scenes.

* Impressionist 인상파 화가 ** ballet 발레

Background
Knowledge

▶ 📄 **Edgar Degas**

대부분의 인상주의 화가들과는 달리 드가는 실내에서 주로 작업을 했다고 알려져 있어요. 어떤 사람들은 그가 고전주의 미술에 대한 존경심 때문에 그렇게 했다고 생각하는데요, 사실은 고질병인 녹내장으로 인해 빛이 강한 날에는 눈이 아파 제대로 눈을 뜨지 못했기 때문이라고 해요. 어쨌든 그로 인해 그는 발레리나 를 주로 그리는 화가로 성장했죠.

SUMMARY >   01-04   **Complete the summary by choosing the correct choice below for each blank.**

> *Prima Ballerina* was 01 _____ by Edgar Degas.
> It has a single ballerina 02 _____ on a stage under bright lights.
> It shows the 03 _____ of someone working on the stage crew.
> Like other Degas paintings, it is unique for showing a(n) 04 _____ scene.

┌─|보기|───┐
① view   ② painted   ③ dancing   ④ indoor   ⑤ stand
└───┘

TOPIC >   05   **Which of the following is the best topic of the passage?**

① a well-known painting of Degas
② what makes the ballet so beautiful
③ famous Impressionist painters
④ the dancer who created the *Prima Ballerina*
⑤ unique features of indoor paintings

DETAIL >   06   **다음 중 Edgar Degas에 대한 설명과 일치하는 것은?**

① *Prima Ballerina*라는 작품으로 유명해졌다.
② 주로 공연 중인 무용수를 그렸다.
③ 무대를 담당하는 사람들의 모습을 그리기도 했다.
④ *Prima Ballerina*는 독특한 시각으로 그려졌다.
⑤ 다른 인상파 화가들처럼 실내 장면을 주로 그렸다.

VOCABULARY >   07   **다음 문장을 알맞게 완성하시오.**

If something is typical, it is ((a) the same as   (b) different from) things that happen most of the time or in most situations.

---

prima ballerina 주역 발레리나   scene 장면, 풍경   typical 전형적인   work 작품   single 단 한 명의   perform 공연하다   stage 무대   view 시선, 전망   stage crew 공연 진행팀   lighting 조명   scenery 배경, 경치   indoor 실내의 (↔ outdoor 실외의)   set apart from ~와 구별시키다, 구별하다

CHAPTER 03

Do you like to cook? What's your favorite method of cooking? Craig Tunstall, from Sharnbrook, England, loves to cook. And he loves to drive. Most of all, though, he loves to cook while he drives! Fifteen years ago, he had a clever idea. "I wrapped up some sausages in foil, put them on top of my car's engine, and drove to my friend's house. My friend's house was 40 minutes away. When I got there, the sausages were cooked perfectly! Delicious!"

Since then, Craig has [06] cooked many meals in his car. He says long trips are perfect for cooking a big steak. Some people think it's a strange way to cook, but Craig doesn't care. "My engine-cooked meat always tastes so good!" He says it's important to use a lot of foil and wrap the food carefully. "If you don't wrap it up tight, it will smell like gas. Terrible!" Craig has to drive 25

miles to work every day, and doesn't like to waste time in a kitchen. He [07] saves lots of time by doing his cooking while he drives. Dinner is always ready when he gets home from work!

SUMMARY >   01-04   **Complete the summary by choosing the correct choice below for each blank.**

> Craig Tunstall has discovered a(n) 01 _____ way to cook his food.
>
> He 02 _____ the heat from his car's engine to cook while he drives.
>
> It's important to 03 _____ the food well.
>
> He 04 _____ his dinners in his car on his way home.
>
> People think it's strange, but Craig says the food is delicious.

┌─ 보기 ├───┐
① popular   ② wrap   ③ cooks   ④ unusual   ⑤ uses
└──┘

TITLE >   05   **Which of the following is the best title of the passage?**

① Cooking Special Dishes for Friends
② A Person Who Cooks with a Car
③ Spend Less Time in the Kitchen!
④ How to Remove the Smell of Meat
⑤ New Ways to Enjoy Your Car Trip

Focusing on DETAILS

VOCABULARY >   06   **Which of the following has the same meaning as "<u>cooked</u>" in the paragraph?**

(a) enjoyed   (b) missed   (c) heated

VOCABULARY >   07   **Which of the following has the same meaning as "<u>saves</u>" in the paragraph?**

(a) He <u>saved</u> the child from drowning.
(b) I'm going to <u>save</u> 100,000 won to buy an MP3 player.
(c) Traveling by plane costs much money, but it can <u>save</u> time.

---

clever 기발한; 현명한   wrap (up) (감)싸다   perfectly 완벽하게   meal 식사   care 신경 쓰다 *cf.* carefully 조심스럽게   tight 단단히   gas 휘발유; 기체   waste 낭비하다 (↔ save 아끼다, 절약하다)   [선택지 어휘] remove 없애다

▶ Grammar & Usage

| 01-05 | 다음 각 네모 안에서 어법에 맞는 표현으로 가장 적절한 것을 고르시오.

01 Old customers thought that using the shopping carts made them look very / even older.

02 Muhammad stayed sitting on his camel's back, and let the camel walk / to walk freely.

03 American brothers Brian and Michael McCormack sent letters to the leaders of every country about the first World Hello Day. They wrote in as many / more different languages as they could.

04 John Dalton was an English scientist. In 1794, he wrote a paper what / which was the first to discuss color blindness.

05 In *Prima Ballerina*, we see a single ballerina performing / performed a beautiful dance under bright lights on a stage.

| 06-08 | 다음 밑줄 친 부분이 어법상 올바르면 ○, 어색하면 ×로 표시하고 바르게 고치시오.

06 Dalton showed some friends the stockings and they all said, "That's <u>brighter</u> red I've ever seen!"

07 The leaders wanted Brian and Michael McCormack to make World Hello Day a yearly event. The holiday <u>has held</u> on the third Sunday of November every year since then.

08 The camel walked to a house <u>which</u> two children lived.

| 09-10 | 다음 중 빈칸에 알맞은 말을 고르시오.

09 Goldman hired actors and actresses to push the carts around the store and pretend _____ .

① shop   ② shopping   ③ to shop   ④ shopped   ⑤ shops

10 _____ Degas loved indoor scenes, he is set apart from other Impressionist painters. Most Impressionist artists painted outdoor scenes.

① Though   ② While   ③ If   ④ When   ⑤ Because

Real ENGLISH

영어로 된 식품 라벨, 어렵지 않아요!

◆ ◆ ◆

QUICK & EASY DIRECTIONS
MIX SOUP + 1 CAN WATER

MICROWAVE: HEAT, COVERED IN MICROWAVABLE BOWL ON HIGH 3 TO 3 1/2 MINUTES. CAREFUL, LEAVE IN MICROWAVE 1 MINUTE, THEN STIR.

STOVE: HEAT, STIRRING OCCASIONALLY.

RICHER SOUP: USE 1 CAN MILK OR 1/2 MILK AND 1/2 WATER.

REG. U.S. PAT. & TM. OFF.

Nutrition Facts

Serv. Size 1/2 cup (120mL) condensed soup
Servings about 2.5

Calories 100
Fat Cal. 50

*Percent Daily Values (DV) are based on a 2,000 calorie diet.

Amount/serving	%DV*	Amount/serving	%DV*
Total Fat 6g	**9%**	**Total Carb.** 9g	**3%**
Sat. Fat 1.5g	**8%**	Fiber 2g	**8%**
Trans Fat 0g		Sugars 1g	
Cholest. 5mg	**2%**	**Protein** 1g	
Sodium 870mg	**36%**		

Vitamin A 0% • Vitamin C 0% • Calcium 0% • Iron 0%

Recommend use by date on can end.
Caution: Metal edges are sharp.
Promptly refrigerate unused soup in separate container.

Visit our web site at **www.campbellsoup.com**

Satisfaction guaranteed. If you have questions or comments, please call **1-800-257-8443**. Please have code and date information from can end available.

1261-611-14X

EARN FREE STUFF FOR YOUR SCHOOL!

0 51000 01261 6

Labels for Education ™

CLIP & REDEEM

1 POINT VALUE

Stirring Occasionally
가끔 저어주세요.

카레 같은 음식은 눌어붙지 않게 가끔 저어주어야 합니다.
stir[stəːr] ~을 젓다,
occasionally[əkéiʒənəli] 가끔

Nutrition Facts
영양성분표

우리나라에서도 영양성분표를 의무화하고 있는데요. 다이어트 중이라면 칼로리(calorie)는 물론 단백질(protein)과 지방(fat) 함유량을 꼭 확인해야겠죠!

Satisfaction Guaranteed
고객만족 보장

21세기는 소비자가 왕입니다. 단, 보상금을 받기 위해 일부러 신고를 하는 불량 고객은 되지 마세요.
satisfaction[sæ̀tisfǽkʃən] 만족
guarantee[gæ̀rəntíː] ~을 보장하다

Quick Check

Match each word in bold with its meaning.

1

01 conversation   **a.** 경쟁적인

02 opinion   **b.** 말이 안 되는 생각, 허튼소리

03 nonsense   **c.** 의견

04 competitive   **d.** B뿐만 아니라 A도

05 open up to A   **e.** A에게 마음을 열다

06 A as well as B   **f.** 대화

2

01 peaceful   **a.** (새의) 둥지

02 nest   **b.** 표면

03 surface   **c.** ~로 알려지다

04 protect   **d.** 평화로운

05 become[be] known as   **e.** 보호하다

3

01 level   **a.** 강조하다

02 communicate   **b.** 전달하다; 의사소통하다

03 certain   **c.** 특정한; 어떤

04 emphasize   **d.** 수준; 입장, 관점

4

01 respected   **a.** 존경받는

02 universal   **b.** ~에 동의하다

03 allow A to+동사원형   **c.** 보편적인

04 identify   **d.** 받아들이다

05 accept   **e.** 구분하다

06 agree with   **f.** A가 ~하도록 (허락)하다

5

01 clearly   **a.** 우연히

02 repeat   **b.** 또박또박, 분명하게

03 by accident   **c.** 자연스러운

04 natural   **d.** 반복하다

6

01 conversation   **a.** 녹음하다

02 pause   **b.** 포함하다

03 record   **c.** 대화

04 include   **d.** 잠시 멈추다; 잠깐 멈춤

Chapter
04

Language /
Communication

'말 한마디로 천 냥 빚을 갚는다.'라는 속담에서 알 수 있듯이
'말'이란 매우 중요한 것이지요.
'말'은 곧, 상대방과의 의사소통을 말하는 것이고
사람이 다른 사람과 어울려 살아가고
여러 활동을 하는 데 아주 중요한 것이에요.
어떤 내용이 다루어질 수 있는지 알아보기로 합시다.

The passage is probably about
((a) conversation (b) better opinions).

CHAPTER 04

1

Some people have a very bad idea about what good conversation means. ⁰⁵ <u>This type of person</u> will try to show that his opinions are better than those of others. His goal is to show that he is right, and to 'win' the conversation. This type of person often says things like, "That's the dumbest thing I've ever heard!" or "What you are saying is total nonsense!" This sends a clear message: "Only one of us can be right, and I'm right, so you are wrong." There's another message inside that one: "Since I'm right, I'm better and smarter than you." If you have this closed and competitive view, others will not open up to you. You make people feel foolish and stupid. They feel bad about you as well as about themselves.

Background Knowledge

> 📑 **요술 주문 같은 쿠션 언어**
>
> 대화는 의사를 표현하고 마음을 전달하는 중요한 의사소통 수단이기 때문에, 바람직한 대화 방법에 대한 내용이 자주 시험에 나오곤 해요. 본문에 언급된 내용 외에도, 대화를 할 때는 '쿠션 언어'를 활용하면 좋아요. 쿠션 언어는 마치 요술 주문처럼 상대방의 기분을 좋게 해주거든요.
>
> "죄송하지만", "폐가 안 된다면", "번거롭게 해드려서 죄송하지만" 등 말 앞에 덧붙이는 말을 쿠션 언어라고 해요. 상대방의 입장을 우선 배려하는 말이기에 한층 대화가 쿠션처럼 부드러워지고 기분 좋은 대화를 할 수 있답니다.

SUMMARY >   01-03   **Complete the summary by choosing the correct choice below for each blank.**

Some people turn conversations into 01 _____.
They try to show that they are right and others are wrong.
This makes others afraid to 02 _____ opinions.
It's a bad way to 03 _____.

| 보기 |
① make friends   ② win   ③ share   ④ contests   ⑤ opinions

TOPIC >   04   **Which of the following is the best topic of the passage?**

① how to help people open up
② ways to win an argument
③ a bad conversation habit
④ reasons people disagree
⑤ the problem with trying to sound smart

Focusing on DETAILS

DETAIL >   05   **밑줄 친 This type of person의 특징으로 가장 적절한 것은?**

① 상대방을 설득하는 데 능하다.
② 다른 사람을 험담하길 좋아한다.
③ 상대방의 말을 잘 이해하지 못한다.
④ 다른 사람의 말을 무조건 믿는다.
⑤ 대화에서 이기는 것을 중요하게 여긴다.

VOCABULARY >   06   **다음 문장의 빈칸에 알맞은 단어를 〈보기〉에서 골라 쓰시오.**

| 보기 |
nonsense   nonstop

(a) Stop talking _____. It can't possibly be true.
(b) A _____ flight will take you directly to where you want to go.

---

conversation 대화   opinion 의견   others 다른 사람들   goal 목표   dumb 멍청한, 어리석은   total 완전한, 전적인   nonsense 말이 안 되는 생각, 허튼소리   closed 폐쇄적인, 닫혀 있는   competitive 경쟁적인   view 관점, 견해   open up to A A에게 마음을 열다   A as well as B B뿐만 아니라 A도   [선택지 어휘] make friends 친구를 사귀다   argument 논쟁, 말싸움   disagree 의견이 다르다, 동의하지 않다   nonstop 직항의, 직행의

The passage is probably about
((a) an expression (b) a happy time).

CHAPTER 04

2

"Goodbye, Halcyon days." Have you ever heard this expression? It means that a happy and peaceful time is ending. You can say it when you are entering your final year of high school. Or you can say it if your winter vacation is ending tomorrow.

The expression comes from a Greek myth about the weather. Two lovers, Ceyx and Alcyone, made the god Zeus angry. Zeus sent a storm to the sea where Ceyx's ship was sailing, and Ceyx died in the storm. Because she loved Ceyx so much, Alcyone threw herself into the sea and died too. The dead lovers were changed into halcyons, birds that were believed to build nests on the sea surface. Alcyone's father was a god of the winds. He stopped the winds for seven days each year to protect the birds building their nests. In Greece, this week of [08] _____ weather soon became known as the 'halcyon days.'

* Halcyon ((그리스 신화)) 알키오네(Alcyone: 바람의 신인 Aeolus의 딸)의 또 다른 이름

Background
Knowledge

📄 halcyon days

'halcyon days'가 원래 의미(새가 둥지를 트는 시기)를 완전히 잃고 '평온한 시기'의 의미로 쓰이게 된 것은 16세기 무렵이에요. 셰익스피어도 〈헨리 6세〉라는 작품에서 halcyon days를 사용했답니다. 요즘에는 본문에서 언급됐듯이 찬란했던 젊은 시절을 추억하고 묘사하는 표현으로 더 많이 쓰여요.

언어와 문화는 서로 영향을 주고받아요. 우리말이 한자 문화권의 영향을 받았듯이, 영어도 수많은 다른 문화권의 영향을 받아 오랜 세월에 걸쳐 변해왔어요. 이렇게 그리스나 로마 신화 외에도 성경 등에서 유래하여 특별한 의미로 쓰이게 된 재미난 표현들이 많이 있답니다.

SUMMARY > 01-06 **Complete the summary by choosing the correct choice below for each blank. You can choose the same number more than once.**

> 'Halcyon days' refers to a good time.
> It comes from a Greek story about 01 _____ and 02 _____.
> They made 03 _____ angry, and he killed 04 _____.
> 05 _____ killed herself out of sadness.
> Then they were turned into birds.
> Every year, 06 _____ would protect them from bad weather.

┌─ 보기 ─┐
① Alcyone   ② Ceyx   ③ Zeus   ④ Alcyone's father

TOPIC > 07 **Which of the following is the best topic of the passage?**

① Greek myths we still believe
② the origin of an expression
③ the weather of Greece
④ a war among Greek gods
⑤ when happy times end

Focusing on DETAILS

DETAIL > 08 **Choose the best one to fill in the blank.**

① bad   ② calm
③ hot   ④ windy
⑤ snowing

---

expression 표현; 표정   peaceful 평화로운   Greek 그리스의; 그리스인; 그리스어   myth 신화   storm 폭풍우   nest (새의) 둥지   surface 표면
protect 보호하다   become ((과거형 became)) [be] known as ~로 알려지다   [선택지 어휘] origin 기원, 근원.

CHAPTER 04

3

There are two levels of meaning when people say something. One level is the simple dictionary meaning of the words. This is also called the [06]literal meaning. The second level gives information about the speaker's feelings. It's called the 'metamessage.'

Consider the sentence "I'm not going home with you." The metamessage of the sentence can be communicated by speaking certain words more strongly than others. The metamessage when 'I'm' is spoken strongly is, "Somebody else might go home with you, but I won't." But when 'home' is spoken strongly, the message is, "I might go somewhere with you, but not home." And if the word 'you' is emphasized, the metamessage says, "I

might go home with someone, but certainly not with you." As you can see, one sentence can [07] _____ _____ when certain words are spoken strongly.

* literal 글자 그대로의, 문자상의

Background Knowledge

📑 **metamessage**

본문에 설명된 것처럼 의사소통을 할 때 '말' 이외에도 강세, 높낮이, 억양, 속도, 목소리 크기, 표정이나 눈빛, 몸짓, 상대방과의 거리 등 비언어적인 요소가 함께 작용해요. 말하려는 사람이 진정 전달하고자 하는 바는 오히려 비언어적인 요소에 담겨 있는 경우도 많아요. 시계를 보면서, "오늘 참 즐거웠어요."라고 말한다면 "이제 그만 집으로 돌아갈 시간이에요."란 메타메시지를 담는 거죠. 이를 올바로 이해하지 못하면 의사소통이 제대로 될 수 없겠지요? 그런데, 사람들은 이 비언어적인 요소보다 '말' 자체에만 신경 쓰는 경우가 많아요. 비언어적인 요소에 주의를 기울이면 상대방을 더 잘 이해하고 본인의 의사도 효과적으로 전달할 수 있답니다.

SUMMARY > 01-04 **Complete the summary by choosing the correct choice below for each blank.**

> There are two 01 _____ behind every spoken sentence.
> The first is the 02 _____ meaning. The second is the
> 03 _____.
> The metamessage can depend on which words are 04 _____.
>
> ┤보기├
> ① metamessage ② emphasized ③ saying ④ literal ⑤ meanings

TOPIC > 05 **Which of the following is the best topic of the passage?**
① why English is a difficult language
② the message behind how words are spoken
③ how to send the right metamessage
④ how the literal meaning affects the metamessage
⑤ the importance of speaking clearly

Focusing on DETAILS

VOCABULARY > 06 **밑줄 친 literal meaning의 뜻을 본문에서 찾아 쓰시오.**

DETAIL > 07 **Which of the following best fits in the blank?**
① be remembered well
② be both true and false
③ show the wrong message
④ have very different meanings
⑤ not be related to other sentences

VOCABULARY > 08 **Complete the sentence.**

> The metamessage is _____.

(a) what you say aloud
(b) the hidden message behind the words

---

level 수준; 입장, 관점   communicate 전달하다; 의사소통하다   certain 특정한; 어떤 cf. certainly 분명히, 확실히   strongly 강하게   emphasize 강조하다   [선택지 어휘] affect 영향을 미치다   false 거짓의, 틀린   be related to A A와 관련되다   hidden 숨겨진

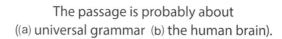

CHAPTER 04

Noam Chomsky is one of the world's most famous and respected scholars. He is well known for his scientific studies of how language works. Especially, he is known for his idea called 'universal grammar.' The idea is that the human brain has a [07] natural language program. Chomsky says this program allows children to learn language without being taught. He does not say that the program includes words or rules from any specific language. Instead, he says that all humans have a natural ability to identify parts of speech (such as nouns and verbs) and understand how each part works. This idea is accepted by many language scholars, but there are a number of others who do not agree with it.

* universal grammar 보편문법
** part of speech ((문법)) 품사

Background
Knowledge

📖 **universal grammar**

사람들이 어떻게 모국어를 익히게 되는지에 대해서는 여러 이론들이 있어요. 보편문법 이론 이전에는 아이가 부모의 말을 그대로 따라 하면서 언어를 배운다는 이론이 있었어요. 그런데, 그 이론으로는 흔히 아이들에게서 볼 수 있는 문법에 어긋난 말들, 즉 'I goed there. (나는 그곳에 갔어요.)'와 같은 말을 사용하는 것을 설명할 수 없었어요. 부모들은 그런 잘못된 말을 쓰지 않기 때문이지요. 이에, Chomsky는 '보편문법'을 주장하게 됩니다.

SUMMARY >   01-04   **Complete the summary by choosing the correct choice below for each blank.**

> Noam Chomsky is famous for his theory of universal grammar.
> It says the human brain is programmed for 01 _____.
> That's why children learn to speak without being 02 _____.
> Universal grammar is 03 _____ from the grammar of any one language.
> Not everyone 04 _____ with Chomsky.

┤보기├
① taught   ② agrees   ③ language   ④ different   ⑤ available

TITLE >   05   **Which of the following is the best title of the passage?**

① One Grammar Explains Many Languages
② How Chomsky Changed the Teaching of Grammar
③ To Learn a Language, You Must Learn the Grammar
④ The Problems with Chomsky's Famous Theory
⑤ Chomsky's Argument: Brains Are Programmed for Language

Focusing on DETAILS

DETAIL >   06   **다음 문장이 본문의 내용과 일치하면 T, 일치하지 않으면 F를 쓰시오.**

(a) Noam Chomsky says all babies have some basic words when they are born.   _____

(b) Noam Chomsky stressed how the parts of speech work in language.   _____

(c) Noam Chomsky was the first scholar to study the human brain and language.   _____

VOCABULARY >   07   **Which of the following has the same meaning as "natural" in the paragraph?**

(a) She has a natural ability to understand the motives of others.

(b) Natural disasters can happen anywhere in the world.

---

respected 존경받는   scholar 학자   scientific 과학적인   universal 보편적인   allow A to+동사원형 A가 ~하도록 (허락)하다   include 포함하다
specific 특정한; 구체적인   identify 구분하다   noun 명사   verb 동사   accept 받아들이다   a number of 많은   agree with ~에 동의하다
[문제&선택지 어휘] theory 이론   argument 주장   stress 강조하다   motive 동기   disaster 재난, 재해

The passage is probably about a
((a) discovery (b) type) of language.

CHAPTER 04

5

You've heard of Chinese, Japanese, and Portuguese. But have you ever heard of a language called "Motherese", or "baby talk"? "Motherese" is not a language. It's the way that most adults as well as all mothers talk to babies. They speak in a sing-song voice. They speak very clearly and slowly. They repeat things a lot. They also change the pitch of their voice many times. Here's a test to try: if you have a baby in your family, bring some of your friends to see the baby.

05 _____. Ask them to hold the baby. It is almost 100 percent certain that they will start speaking in "Motherese." And they won't even know that they are doing it! Another test: tell a friend to talk to the baby like she does to an adult. With a stopwatch, check how long it takes before she starts talking in "Motherese" by accident. It won't be very long! Speaking "Motherese" to a baby is just so natural.

* motherese 어머니 말투
** pitch 음의 높낮이

Background
Knowledge

📖 motherese

baby talk는 어느 언어에나 있는 것이고, 우리말에도 있어요. '맘마'나 '지지'가 대표적이지요. 영어의 baby talk에는 다음과 같은 것들이 있답니다.
yummy(냠냠), yucky(더러운/맛없는 것, 지지),
sissy(sister), bubby(brother), nana(grandma),
wuv(love), pee-pee(오줌/누다), wee-wee(오줌/쉬), poo-poo(똥/응가하다)), doo-doo(똥/응가),
peekaboo(까꿍), oopsy-daisy(small accident) 등이 있어요.

SUMMARY >   01-02   **Complete the summary by choosing the correct choice below for each blank.**

> Adults talk to babies in a 01 _____ way.
> "Motherese" is the name for this kind of speaking.
> Most people use it with babies 02 _____.

┤보기├
① naturally   ② helpful   ③ special   ④ normal   ⑤ on purpose

TOPIC >   03   **Which of the following is the best topic of the passage?**

① the importance of learning Motherese
② how babies communicate their needs
③ the difference between mothers and non-mothers
④ the speech directed at babies
⑤ the stages of speech development

Focusing on DETAILS

DETAIL >   04   **Which of the following characteristics of Motherese are NOT mentioned in the passage? Choose all that apply.**

① 아기에게 말할 때 사용한다.
② 천천히 또박또박 말한다.
③ 단어를 여러 번 반복한다.
④ 목소리의 높낮이가 일정하다.
⑤ 아기의 언어 발달에 중요하다.

내신서술형 >   05   **다음 단어를 적절히 배열하여 빈칸에 들어갈 문장을 쓰시오.**

(tell, why, don't, them)

Chinese 중국어   Japanese 일본어   Portuguese 포르투갈어   clearly 또박또박, 분명하게   repeat 반복하다   stopwatch 초시계, 스톱워치
by accident 우연히   natural 자연스러운   [선택지 어휘] stage 단계; 무대

The passage is probably about ((a) sounds (b) conversations).

Did you know that six of every 100 words in any conversation are not even real words? *Um, ah, er, oh* — we make these sounds when we pause to think for a moment. Some people think that these noisy pauses are bad. But some scientists have shown that *um's* and *ah's* can actually [05] _____. The scientists tested 12 students. Each student listened to 160 recorded sentences. Some sentences had *um's* and *ah's*. Others had none. After the students listened to the sentences, they were tested on how much they could remember. The students remembered 66 percent of sentences that included *um's* and *ah's*. But they only remembered 62 percent of sentences that had no *um's* and *ah's*. It's not a great difference, but the test [06] suggests that noisy pauses make listeners pay more attention to what is being said. So, maybe it's okay to say '*um*' and '*ah*' when you're talking. It might help people understand what you said to them!

Background Knowledge ▶

📄 **noisy pauses in conversation**

본문에 소개된 um, ah, er, oh 외에도 yeah(응, 그래), I mean(무슨 말인가 하면, 다시 말해서), you know(있잖아, 그러니까), so(그래서), well(음, 글쎄) 등이 noisy pauses (또는 fillers)로 쓰일 수 있답니다. 글을 쓸 때는 사용하지 않아요.

"OK, um, I'll begin with this simple question."
= "I'll begin with this simple question."

SUMMARY > 01-03 **Complete the summary by choosing the correct choice below for each blank.**

> Six percent of spoken words aren't even 01 _____ words.
> They are just sounds we make when thinking.
> Some think they are 02 _____.
> However, studies show that these sounds help listeners 03 _____.

┤보기├
① real   ② bad   ③ useful   ④ remember   ⑤ respond

TOPIC > 04 **Which of the following is the best topic of the passage?**

① how to stop saying "uh" and "ah"
② ways to help people understand you
③ a surprising use of pausing sounds
④ a test of students' memories
⑤ real words in a conversation

Focusing on DETAILS

DETAIL > 05 **Which of the following best fits in the blank?**

① make listeners feel relaxed
② help you enjoy conversations
③ make time to think while speaking
④ be good ways to memorize words
⑤ make conversations easier to understand

VOCABULARY > 06 **Which of the following has the same meaning as "suggests" in the paragraph?**

(a) I suggested going in my car.
(b) What do these results suggest to you?

---

conversation 대화   pause 잠시 멈추다; 잠깐 멈춤   actually 실제로   record 녹음하다   include 포함하다   [선택지 어휘] relaxed 편안한
memorize 외우다, 암기하다

Grammar & Usage

정답 및 해설 p.37

| 01-05 | 다음 각 네모 안에서 어법에 맞는 표현으로 가장 적절한 것을 고르시오.

01 Speak / Speaking "Motherese", the way mothers talk to babies, is just so natural.

02 In a Greek myth, Ceyx and Alcyone were changed into halcyons, birds that / what were believed to build nests on the sea surface.

03 Noam Chomsky is especially known for his idea calling / called 'universal grammar.'

04 Some people have a very bad idea about what good conversation means. This type of person will try to show that his opinions are better than that / those of others.

05 Ceyx and Alcyone made the god Zeus angry. Zeus sent a storm to the sea which / where Ceyx's ship was sailing, and Ceyx died in the storm.

| 06-08 | 다음 밑줄 친 부분이 어법상 올바르면 ○, 어색하면 ×로 표시하고 바르게 고치시오.

06 Chomsky's idea is that all humans have a natural ability to identify parts of speech and understand how each part works. This idea is accepted by many language scholars, but there are <u>the number of</u> others who do not agree with it.

07 Chomsky says a natural language program allows children to learn language without <u>teaching</u>.

08 Alcyone's father stopped the winds for seven days each year to protect halcyons building their nests. In Greece, this week of calm weather soon became known <u>as</u> the 'halcyon days.'

| 09-10 | 다음 중 빈칸에 알맞은 말을 고르시오.

09 If you have a closed and competitive view, others will not open up to you. You make people feel foolish and stupid. They feel bad about you as well as about _____.

① they ② their ③ them ④ theirs ⑤ themselves

10 Consider the sentence "I'm not going home with you." The metamessage of the sentence can be communicated by _____ certain words more strongly than others.

① speak ② spoke ③ spoken ④ speaking ⑤ to speak

Real ENGLISH

이런 표지판이 있는 지역에서는 주의하세요!

SITE SAFETY RULES

 Speed limit in operation on this site

 No smoking at any time on this site

 Children must not be left unattended

 Fork lift trucks in operation at all times

 CCTV in operation

 All visitors to report to reception

 All vehicles are liable for checking

CCTV in Operation
CCTV가 작동되고 있습니다.
최근 끔찍한 범죄를 저지른 범인들을 잡는 데 CCTV가 커다란 역할을 합니다. CCTV 설치가 무서운 범죄를 예방하고 안전한 지역을 만드는 데 도움이 되었으면 좋겠어요!

All Vehicles Are Liable for Checking
모든 차량은 신고를 해야 합니다.
vehicle이 '차량, 탈 것'이라는 뜻은 아시죠? be liable for는 '~할 책임이 있는'이란 뜻으로 실생활에서 아주 많이 쓰는 표현이랍니다.

Quick Check

Match each word in bold with its meaning.

1

01	have in common	a.	공통점이 있다
02	hot	b.	지속되다
03	go bad	c.	땀이 나다; 땀
04	last	d.	음식이 상하다
05	sweat	e.	(날씨가) 무더운; (음식이) 매운

2

01	fortune	a.	용감한
02	make a wish	b.	(꿈이) 실현되다
03	brave	c.	소원을 빌다
04	saying	d.	A에게 ~하도록 상기시키다
05	remind A to+동사원형	e.	행운; 재산
06	come true	f.	속담

3

01	government	a.	질, 품질
02	be known for	b.	정부
03	public	c.	생산하다, 배출하다
04	quality	d.	~로 알려지다
05	produce	e.	분야; 들판
06	field	f.	대중의

4

01	branch	a.	나뭇가지
02	calm	b.	물린 상처, 물기
03	insect	c.	곤충
04	bite	d.	진정시키다

5

01	celebrate	a.	(아기를) 낳다, 출산하다
02	throw a party	b.	파티를 열다
03	traditionally	c.	전통적으로
04	consider A B	d.	A를 B에게 소개하다
05	give birth	e.	A를 B로 여기다, 간주하다
06	introduce A to B	f.	축하하다

6

01	shake hands	a.	(손을) 뻗다
02	greeting	b.	이해
03	reach out	c.	악수하다
04	understanding	d.	인사

Chapter

05

Culture

어느 문화를 이해하기 위해서는 그 사회의
전체적인 맥락 속에서 폭넓게 이해하고 인정하는 자세가 필요해요.
그 사회 구성원들의 입장에서 문화를 바라보고,
섣불리 우리 문화와 비교해서 평가를 하지 않는 것이 중요하지요.
이를 통한 올바른 문화 이해는 새로운 문화를 창조하며 발전하는 것을
가능하게 해줍니다. 그러므로 학생들에게 주로 주어지는 문화 관련 내용은
여러 사회의 다양한 문화 소개와 그 배경에 관한 것들이에요.

The passage is probably about weather and
((a) food (b) places).

1

Think of places in the world where the weather is usually hot, like Thailand, India, and Mexico. Now, think of the famous foods that come from these places. What do [05]they have in common? [06]They are all hot. Why are hot and spicy dishes so popular in hot countries? There are a few reasons for this. Meat goes bad very quickly in hot weather. When spices and chili peppers are added to meat, it can last longer. Also, eating hot food makes you [07]sweat. As the sweat dries, your skin cools down. [08](nice, days, hot, to eat, on, something, it's, icy). But it can feel even better to have something super hot and spicy.

* chili (pepper): 칠리, 고추

📑 **추운 나라의 음식**

추운 나라에서는 몸 온도를 유지하기 위해 몸에서 열을 발생시켜야 해요. 열을 내는 데는 많은 열량이 필요해서, 사람들은 고단백 고칼로리 음식을 먹어야 하죠. 또는 독한 술을 마시기도 하는데, 술이 몸을 따뜻하게 해주기 때문이에요. 매운 음식을 먹고 몸에 땀을 내게 만드는 더운 나라의 풍습과는 차이점이 있죠?

SUMMARY > 01-03 **Complete the summary by choosing the correct choice below for each blank.**

> Spicy food is 01 _____ in many hot countries.
> There are a couple of reasons for this.
> First, spices help to keep meat from going 02 _____ in hot weather.
> Also, hot foods make us 03 _____, and sweating cools us off.

┤보기├
① delicious   ② bad   ③ popular   ④ stay   ⑤ sweat

TOPIC > 04 **Which of the following is the best topic of the passage?**

① hot places in the world
② main dishes in hot countries
③ how to stay cool in hot weather
④ spices that stop food from spoiling
⑤ why dishes in hot countries are so hot

Focusing on DETAILS

REFERENCE > 05-06 **What do the underlined they and They refer to?**

05   they: (a) the famous foods   (b) these places
06   They: (a) the famous foods   (b) these places

VOCABULARY > 07 **Guess the meaning of sweat in the passage and choose the correct word.**

When you sweat, drops of salty water come out of your ((a) eyes (b) mouth (c) skin).

내신서술형 > 08 **괄호 안에 주어진 단어를 문맥에 맞도록 올바로 배열하시오.**

---

hot (날씨가) 무더운; (음식이) 매운   have in common 공통점이 있다   spicy 맛이 강한 cf. spice 향신료, 양념   dish 요리; 접시   meat (먹는) 고기
go bad 음식이 상하다 (= spoil)   add A to B A를 B에 넣다, 첨가하다   last 지속되다   sweat 땀이 나다; 땀   skin 피부   cool down (온도가) 식다
icy 차가운   even ((비교급 앞에서)) 훨씬   super 대단한; 매우   [선택지 어휘] stop A from+-ing A가 ~하는 것을 막다

The passage is probably about a ((a) charm (b) wish).

People think that charms can bring them good fortune. In Japan, the most popular good-luck charm is called "Daruma-san." Daruma-san is an egg-shaped doll, and it has two empty circles for eyes. (①) Daruma-san is usually used for making wishes on New Year's Day. (②) To make a wish on a Daruma-san, you paint one eye on his face. (③) Then you tell Daruma-san your wish, and wait. (④) With this second eye, Daruma-san is said to have "both eyes open." (⑤) This means that he has brought success to somebody.

Daruma-san is not only a good-luck charm but also a symbol for trying hard and being brave. There is a popular saying in Japan about Daruma-san: "[07] Seven downs and eight ups." It means that no matter how many times he gets knocked down, he always stands up and tries again.

Daruma-san may not actually bring you good fortune, but if he reminds you to work hard to make your wishes come true, then that's the best luck of all!

* charm 부적; 매력, 마력

Background
Knowledge

📑 **영국의 부적 6펜스**

펜스는 영국의 십진법 이전의 동전이에요. 1551년부터 1970년까지 사용된 것으로, 1/40 파운드의 가치가 있어요. 영국에서는 전통적으로 크리스마스 푸딩을 만들 때 6펜스 동전을 넣었는데, 아이들은 6펜스를 찾으면 행운이 온다고 믿었어요. 아이들이 푸딩을 더 많이 먹으라고 엄마들이 동전을 넣기 시작했다는 설도 있어요. 이 6펜스 동전은 결혼하는 신부에게 행운을 가져다주고, 제2차 세계대전 당시에는 영국 공군에게 승리를 안겨주는 부적처럼 여겨지기도 했다고 해요.

SUMMARY >   01-04   **Complete the summary by choosing the correct choice below for each blank.**

> Daruma-san is an egg-shaped 01 _____ in Japan.
> Daruma-san has no 02 _____.
> You paint one eye on the Daruma-san when you make your 03 _____.
> You paint the other when it comes true.
> Daruma-san is also a reminder to never 04 _____.

─┤보기├─
① wish   ② eyes   ③ charm   ④ give up   ⑤ knock down

TOPIC >   05   **Which of the following is the best topic of the passage?**

① a magical charm doll in Japan
② a Japanese New Year's celebration
③ how to make a Daruma-san
④ why hard work brings luck
⑤ beliefs about good-luck charms

DETAIL >   06   **다음 주어진 문장이 들어갈 자리로 알맞은 곳은?**

> If your wish comes true, you have to thank him by painting his other eye.

①   ②   ③   ④   ⑤

DETAIL >   07   **밑줄 친 Seven downs and eight ups의 의미로 가장 적절한 것은?**

① Better late than never.
② Everything that goes up must come down.
③ If at first you don't succeed, try, try again.
④ Good luck does not always repeat itself.
⑤ Fortune knocks three times at everyone's door.

---

fortune 행운; 재산   make a wish 소원을 빌다   brave 용감한   saying 속담   knock down 쓰러뜨리다   remind A to+동사원형 A에게 ~하도록 상기시키다   come true (꿈이) 실현되다   **[선택지 어휘]** repeat 반복하다   knock (문을) 두드리다

CHAPTER 05

3

Leaders in Britain's government are well known around the world for their excellent skills in public speaking. British newspapers and media are world famous for their high quality. And Britain is home to the great universities of Oxford and Cambridge. These universities have produced more than 120 Nobel Prize winners. Also, British writers are widely believed to be among the greatest in history; just think of Shakespeare, Charles Dickens, Jane Austen, and J. K. Rowling. Think of books such as *The Lord of the Rings* and the *Harry Potter* series. Clearly, Britain is great in the fields of [06]_____. That's why

[07] the following news is so shocking. A report says that Britain has a high percentage of citizens who can't read or write well.

Background Knowledge

📖 **문맹률**

문맹률이 가장 높은 나라를 꼽기는 쉽지 않아요. 20세기 초에는 중국의 문맹률이 90%를 넘어 세계 제일의 문맹 국가였는데, 최근 교육열이 높아지면서 문맹률을 9%까지 줄였다고 합니다. 방글라데시의 문맹률 71%, 인도의 문맹률 41%보다 낮아진 것이지요.

아프리카 지역이 대체로 문맹률이 높은데, 아프리카인들은 극소수를 제외하고 문자가 없는 사회에서 살아왔기 때문이에요. 어쨌든, 문맹률은 그 나라의 노력에 따라 얼마든지 높아질 수 있고 문맹률이 비슷한 나라들이 매우 많기 때문에 문맹률이 어디가 제일 높다, 낮다고 확실히 말하기는 어렵답니다.

Getting the BIG PICTURE

SUMMARY > 01-04 **Complete the summary by choosing the correct choice below for each blank.**

Britain has many sources of 01 _____.
It has had many famous authors and Nobel Prize 02 _____.
Its 03 _____ are among the best in the world.
So, it's 04 _____ that many British people can't read or write well.

┤보기├
① surprising ② pride ③ universities ④ skill ⑤ winners

SUMMARIZATION > 05 **이 글의 내용을 다시 한 문장으로 요약하고자 한다. 빈칸 (a)와 (b)에 들어갈 말로 가장 적절한 것은?**

While it is widely believed that Britain's artistic and literary (the activity of writing or reading) culture is _____(a)_____, the number of British citizens who can't read or write today is _____(b)_____.

	(a)		(b)
①	old	……	huge
②	great	……	high
③	famous	……	low
④	excellent	……	unchanged
⑤	surprising	……	increasing

Focusing on DETAILS

DETAIL > 06 **빈칸에 들어갈 수 <u>없는</u> 것을 모두 고르시오.**

① education ② technology ③ language
④ literature ⑤ science

REFERENCE > 07 **밑줄 친 the following news가 뜻하는 것을 본문에서 찾아 쓰시오.**

Britain 영국 government 정부 be known for ~로 알려지다 skill 능력, 기술 public 대중의 media (언론) 매체 quality 질, 품질 produce 생산하다, 배출하다 winner 수상자 widely 널리 field 분야; 들판 following 다음의 shocking 충격적인 percentage 퍼센트, 비율 citizen 국민 **[문제&선택지 어휘]** artistic 예술의 education 교육 literature 문학 cf. literary 문학의

CHAPTER 05

4

Did you know that Korea is not the only country where people love to go to the sauna? Finland is another country where saunas are everywhere. One of the best-loved activities for Finns is to sit in a super-hot wooden room. The Finns built their first wooden saunas around 1,500 years ago, and today there are more than 1.6 million saunas across the land. In the sauna rooms, many Finns like to hit themselves with birch tree branches to relax their bodies or to calm their skin if they have insect bites. For

many Finns, [06]going to the sauna is like going to church. So, conversation is quiet and nobody fights or talks about topics that make people angry. The Finns also love the cold. In the middle of winter, some Finns like to run from the sauna and jump into water filled with ice.

* Finland 핀란드 cf. Finn 핀란드인 ** birch tree 자작나무

Background
Knowledge

📑 사우나의 시작

핀란드에서 사우나가 어떻게 시작됐는가는 확실지 않아요. 음식을 하기 위한 수단으로 시작됐다는 이야기도 있고, 땅에 만든 구멍에 뜨거운 돌을 놓고 동물의 생가죽을 덮은 것부터가 출발이었다는 이야기도 있어요. 확실한 것은 사우나 문화가 핀란드에서 시작했으며 핀란드 사람들이 매우 오랜 기간 이 목욕문화를 즐겼다는 점이지요. 그래서 핀란드 사람들은 사우나 문화에 강한 자부심을 가지고 있어요.
사우나는 스트레스를 효과적으로 해소할 수 있어 많이 이용되어 왔어요. 또, 사우나를 통해 체온이 올라가면 마음이 진정되기도 하고, 노폐물도 땀과 함께 빠져나가면서 몸이 건강해진다고 해요.

SUMMARY >   01-03   **Complete the summary by choosing the correct choice below for each blank.**

> Saunas are very 01 _____ in Finland.
> Finns have been building saunas for 1,500 years, and they now have over a million of them.
> For them, a sauna is a quiet place to 02 _____ their bodies and minds.
> In winter, they sometimes jump into 03 _____ water after using a sauna.

┌─ 보기 ───┐
│ ① relax   ② icy   ③ cheap   ④ sit   ⑤ popular │
└──┘

TITLE >   04   **Which of the following is the best title of the passage?**

① Korea and Finland: More Alike than Different
② How to Behave in a Sauna
③ Relax Your Body and Mind in a Sauna!
④ Why Finns Love Cold Saunas
⑤ What Are Saunas like in Finland?

Focusing on DETAILS

DETAIL >   05   **Which of the following statement about Saunas in Finland is NOT correct according to the passage?**

① 약 1,500년 전에 처음 만들어졌다.
② 오늘날 핀란드 전 지역에 160만 개 이상이 있다.
③ 사우나 안에서 나뭇가지로 몸을 때리기도 한다.
④ 사우나 안에서 큰소리로 이야기하지 않는다.
⑤ 핀란드의 추운 겨울을 피하려고 만들어졌다.

DETAIL >   06   **밑줄 친 부분을 다른 말로 표현한 것으로 가장 알맞은 것은?**

① the sauna is visited on holidays
② the sauna is a place for learning
③ going to the sauna is important
④ the sauna is a holy place
⑤ they go to the sauna regularly

---

sauna 사우나   wooden 목조의, 나무로 된   branch 나뭇가지   relax 긴장을 풀다   calm 진정시키다   insect 곤충   bite 물린 상처, 물기

The passage is probably about ((a) naming (b) having) a baby.

5

A baby may receive many gifts when it is born, but the most special one is a name. Many cultures have a unique way of celebrating the arrival of a newborn. In some countries, a baby naming party is thrown by family and friends. In China, a baby is traditionally named one month after it is born. Then the family throws a Red Egg and Ginger Party. Red is considered a lucky color in China and eggs are a special treat. Ginger is thought to be good for new mothers who are tired and weak after giving birth. At the party, grandparents choose a name for the baby. Parents introduce the baby to the guests and everyone celebrates with a feast. Also, a 'milk name,' or nickname, may be given. The child may use this name until he or she starts school or gets married. Babies are named and welcomed in many different ways around the world. These celebrations are special and joyful events!

* ginger 생강 ** treat (특별한) 음식; 대접 *** feast 잔치
**** milk name 아명(兒名), 애칭, 별칭 (= nickname)

Background Knowledge

📑 나라에서 금지하는 이름들

중국 송나라의 소순은 두 아들에게 이름의 이유를 담은 수필을 남겼어요. 이렇게 깊은 의미를 담아 이름을 짓는 부모도 있지만, 아무렇게 짓는 부모도 있기에 이름이 물릴 아이를 생각해 이상한 이름은 허용하지 않는 나라도 여럿 있답니다.

등록이 거부된 이름들에는 숫자로만 이루어진 89, 별표기호(*), 아돌프 히틀러 등이 있었다고 합니다. 그런데, 영웅 캐릭터나 영화 속 인물에서 따온 이름들은 대체로 살아남아요. 영국에는 슈퍼맨(Superman)으로 불리는 어린이가 최소 두 명(1984년 이후 기준) 있고, '반지의 제왕'에 나오는 마법사 간달프(Gandalf)가 이름인 아이도 여섯 명이나 있어요.

Getting the BIG PICTURE

SUMMARY > 01-03 **Complete the summary by choosing the correct choice below for each blank.**

> Many cultures have their own special way of 01 _____ a newborn baby.
> In China, it's called a Red Egg and Ginger Party.
> Red is a lucky color, eggs are a special treat, and the ginger is to give 02 _____ to the mother.
> At the party, the newborn receives a name from its grandparents, as well as a 03 _____ .
> It's a happy time for everyone.

┤보기├
① nickname   ② party   ③ strength   ④ welcoming   ⑤ treat

TOPIC > 04 **Which of the following is the best topic of the passage?**

① the origin of the Red Egg and Ginger Party
② how a 'milk name' is different from a real name
③ a Chinese baby naming celebration
④ different ways to celebrate a new baby
⑤ traditional foods for new parents

Focusing on DETAILS

DETAIL > 05 **Which of the following about a Red Egg and Ginger Party is NOT mentioned in the passage? Choose all that apply.**

① 아기가 태어난 지 한 달 후에 열린다.
② 아기는 붉은색 옷을 입는다.
③ 생강 요리가 손님들에게 대접된다.
④ 조부모님이 아기의 이름을 지어주신다.
⑤ 아기에게 애칭을 지어주기도 한다.

unique 독특한   celebrate 축하하다 cf. celebration 축하 의식, 축하   arrival 등장, 도착   newborn 신생아   throw a party 파티를 열다
traditionally 전통적으로   consider A B A를 B로 여기다, 간주하다   give birth (아기를) 낳다, 출산하다   introduce A to B A를 B에게 소개하다

CHAPTER 05

Especially in western cultures, adults usually shake hands when they meet. No one is sure where this kind of greeting comes from, but [06] _____ gives us some ideas. The Ancient Egyptians believed that gods gave power to a king by touching his hand. The same idea is in Michelangelo's Sistine Chapel painting. In the painting, God reaches out to touch Adam's hand to give him life. And when Elliott and E.T. touch fingers in the movie "E.T," we know that they love and understand each other. So, touching hands may be seen as a powerful symbol of love and understanding. Another reason may come from medieval times. In those days, when male strangers met, they held open their right hands to each other, to show that neither man was holding a weapon. It helps to explain why women

didn't shake hands until modern times. Since women did not carry weapons, a man did not need to see a woman's right hand to feel safe.

* chapel 예배당
** medieval times 중세

SUMMARY > 01-04 **Complete the summary by choosing the correct choice below for each blank.**

> Shaking hands is a common form of 01 _____ in Western cultures.
>
> 02 _____ hands is a sign of love and understanding.
>
> Holding out a(n) 03 _____ hand is also a way to show you aren't holding a weapon.
>
> Women didn't usually carry weapons, so they started shaking hands 04 _____ than men.

┌─ 보기 ─┐
① touching ② greeting ③ later ④ safe ⑤ open

TOPIC > 05 **Which of the following is the best topic of the passage?**

① shaking hands in the movies
② the real meaning of a handshake
③ the various origins of handshakes
④ different handshakes in different cultures
⑤ the reason women don't often shake hands

Focusing on DETAILS

DETAIL > 06 **빈칸에 들어갈 말로 가장 알맞은 한 단어를 영어로 쓰시오.**

DETAIL > 07 **다음 내용이 이 글의 내용과 일치하면 T, 일치하지 않으면 F를 쓰시오.**

(a) 고대 이집트인들은 손을 만지는 것이 신이 왕에게 힘을 전해주는 방식이라고 믿었다. _____

(b) 손가락이 닿는 것은 서로 간의 애정과 이해를 나타내기도 한다. _____

(c) 중세시대에 손을 펴 보이는 것은 싸움에서 상대방의 힘을 파악하기 위한 수단이었다. _____

---

western 서양의 shake hands 악수하다 *cf.* handshake 악수 greeting 인사 Egyptian 이집트인 reach out (손을) 뻗다
understanding 이해 weapon 무기 since ~ 때문에

▶ Grammar & Usage

| 01-04 | 다음 각 네모 안에서 어법에 맞는 표현으로 가장 적절한 것을 고르시오.

01   Think of places in the world when / where the weather is usually hot, like Thailand, India, and Mexico. Hot and spicy dishes are popular in those countries.

02   Meat goes bad / badly very quickly in hot weather.

03   Make / To make a wish on a Daruma-san, you paint one eye on his face.

04   Leaders in Britain's government is / are well known around the world for their excellent skills in public speaking.

| 05-08 | 다음 밑줄 친 부분이 어법상 올바르면 ○, 어색하면 ×로 표시하고 바르게 고치시오.

05   A report says that Britain has a high percentage of citizens who can't read or write well.

06   The Finns have built their first wooden saunas around 1,500 years ago, and today there are more than 1.6 million saunas across the land.

07   In some countries, a baby naming party is thrown by family and friends.

08   In China, a baby may receive a 'milk name,' or nickname. The child may use this name by he or she starts school or gets married.

| 09-10 | 다음 중 빈칸에 알맞은 말을 고르시오.

09   Daruma-san is not only a good-luck charm _____ also a symbol for trying hard and being brave.

① and   ② but   ③ or   ④ nor   ⑤ as well

10   The Ancient Egyptians believed _____ gods gave power to a king by touching his hand.

① what   ② if   ③ that   ④ whether   ⑤ which

Real ENGLISH

다른 나라를 방문할 때는 입국 심사를 받아요.

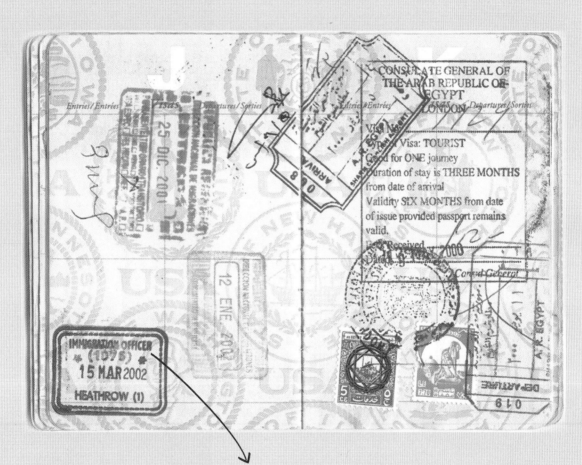

Immigration Officer
출입국 관리원

해외여행 시 다른 나라의 공항에 도착하면
출입국 관리원(immigration officer)에게
여권을 보여주고 입국 허가 도장을 받아야
해요. 입국 날짜와 공항 이름이 찍혀 있네요.

Quick Check

Match each word in bold with its meaning.

1

01	twinkle	**a.**	수평[지평]선
02	bend	**b.**	닿다
03	direction	**c.**	굴절시키다
04	travel	**d.**	(별 등이) 반짝이다
05	horizon	**e.**	이동하다
06	reach	**f.**	방향

2

01	throw away	**a.**	보호 시설
02	take A to B	**b.**	집 없는 (사람들)
03	homeless	**c.**	버리다
04	shelter	**d.**	경기장
05	stadium	**e.**	~하기로 동의하다
06	agree to+동사원형	**f.**	A를 B로 가져가다

3

01	describe	**a.**	빨아들이다
02	temperature	**b.**	묘사하다
03	spread	**c.**	기온
04	disease	**d.**	질병
05	absorb	**e.**	퍼지다

4

01	attract	**a.**	A가 ~하게 하다
02	lightning	**b.**	특성
03	quality	**c.**	전기, 전류
04	object	**d.**	(세게) 치다; 파업하다; (재난이) 발생하다; (생각이) 떠오르다
05	strike	**e.**	물체, 물건; 목적
06	electricity	**f.**	유인하다, 끌어당기다
07	allow A to+동사원형	**g.**	번개

5

01	global warming	**a.**	줄다, 적어지다
02	reproduce	**b.**	꽃이 피다
03	depend on	**c.**	~에 의존하다, 의지하다
04	population	**d.**	야기하다, ~의 원인이 되다
05	shrink	**e.**	개체 수; 인구
06	cause	**f.**	지구 온난화
07	bloom	**g.**	번식하다; 재생하다

Chapter
06

Nature /
Environment

지금까지 살펴본 것들은 우리가 사회를 이루고 살면서
직간접적으로 관계하게 되는 것들이었다면, 이제는 우리와는 다른,
즉 주변 환경을 이루고 있는 각종 자연, 환경, 동식물에 대한 내용을 다룰 것이에요.
모두 우리에게 소중하고 지켜줘야 할 것들이지요.
이와 같은 내용을 설명하기 위해서는 할 수 없이
조금 어려운 단어들이 등장하기도 해요.
굳이 암기할 필요는 없으니 어휘 풀이를 참고하면서 읽어보도록 합시다.

CHAPTER 06

1

When we look up into the night sky, we see stars as tiny twinkling points of light. We think [06]it's because they are far away. But actually we see them through many thick layers of moving air; stars twinkle because air on Earth is thick and bends light. The light is bent in different directions as it travels through areas of hot and cold air, and that's why stars seem to twinkle. Stars closer to the horizon twinkle more than ones directly overhead. That's because the air nearer to the horizon is [07]thicker / thinner. The starlight has to travel through this air to reach your eyes. If you could look at the stars from space, or from the Moon, they wouldn't twinkle, [08]as their light wouldn't have any air to travel through.

Background
Knowledge

📑 **별**

여러분은 별을 어떻게 그리나요? 대개 ☆와 같이 끝을 뾰족하게 그리지요? 하지만 실제로 별은 둥근 모양에 더 가까워요. 별을 뾰족하게 그리는 이유는 아마 별이 반짝이기 때문일 거예요. 겨울 밤하늘에는 별들이 다른 계절일 때보다도 더 반짝거려요. 그건 날씨나 대기의 변화 때문이 아니라, 겨울 밤하늘에 유독 밝은 별들이 모이기 때문이래요. 우리가 가장 밝다고 하는 1등성의 별들 중 절반 이상의 별이 겨울 밤하늘에 나타난답니다.

Getting the BIG PICTURE

SUMMARY >   01-04   **Complete the summary by choosing the correct choice below for each blank.**

> Stars twinkle because we are looking at them through 01 _____.
> Their light is bent by 02 _____ temperatures of air.
> Stars twinkle more 03 _____ the horizon.
> They don't twinkle at all in 04 _____.

┤보기├
① different   ② space   ③ air   ④ sky   ⑤ near

TOPIC >   05   **Which of the following is the best topic of the passage?**

① why stars twinkle
② how stars are born
③ why the light of stars is different
④ predicting weather with starlight
⑤ how light is bent

Focusing on DETAILS

REFERENCE >   06   **밑줄 친 it이 의미하는 것을 우리말로 설명하시오.**

DETAIL >   07   **네모 안에서 문맥상 알맞은 말을 고르시오.**

(a) thicker   (b) thinner

VOCABULARY >   08   **Which of the following has the same meaning as "as" in the paragraph?**

(a) He sat watching her as she got ready.
(b) As you were out, I left a message.
(c) You can use that glass as a vase.

---

twinkle (별 등이) 반짝이다   far away 멀리 있는   layer 층   bend 굴절시키다   direction 방향   travel 이동하다   horizon 수평[지평]선
directly 바로, 직접   overhead 머리 위의   reach 닿다

The passage is probably about
((a) delicious food (b) food waste).

At many concerts and big sports events, companies prepare delicious food and drinks for special guests. The problem is that the companies prepare more food than is needed. So, at the end of every event, a lot of food is thrown away with the trash. In 1990, a rock concert planner, Ron Delsener, told scientist Syd Mandelbaum about all the food that was being thrown away. Six months later, Syd collected all the food left after a concert and took it to a homeless shelter. That's how *Rock and Wrap It Up!* began. Then, Syd talked to many stadiums, theaters and food companies. They agreed to give him any food left after big events. In New York in 1994, at the end of a Rolling Stones concert, 500kg of food was given to 700 people. By the end of 2005, *Rock and Wrap It Up!* had given 40 million meals to 41,000 homeless shelters.

Background
Knowledge

📝 Rock and Wrap It Up! (RWU)

RWU는 음식물 쓰레기를 줄이기도 했지만, 굶주리는 사람들에게 음식을 나눠주는 데 의미를 더 크게 두고 있어요. Syd의 부모님은 사실 유대인 수백만 명이 학살되는 현장에서 살아남은 생존자들이었어요. 이 때문에 그는 자신의 삶을 이 굶주리는 사람들을 위해 바치겠다고 결심했지요. RWU는 지난 20여 년 간 4만 개 이상의 노숙자 보호 시설에 음식을 주었는데도 Syd는 결코 자신이 성공했다고 생각하지 않아요. 아직도 굶는 사람들이 너무 많기 때문이죠. 그는 지금도 이 활동을 활발히 지속하고 있으며 사람들의 존경을 한 몸에 받고 있답니다.

SUMMARY > 01-03 **Complete the summary by choosing the correct choice below for each blank.**

> There is a lot of extra food after big events.
> In the past, that food was 01 _____.
> Ron Delsener and Syd Mandelbaum 02 _____ with a better idea.
> They brought the extra food to homeless people.
> They've 03 _____ thousands of people!

┤ 보기 ├
① fed　　② came up　　③ agree　　④ collect　　⑤ wasted

TOPIC > 04 **Which of the following is the best topic of the passage?**

① ways to stop wasting food
② a clever way to help the homeless
③ a rock concert for charity
④ how to volunteer for a homeless shelter
⑤ companies that care about their communities

Focusing on DETAILS

DETAIL > 05 ***Rock and Wrap It Up!*** 운동의 취지로 가장 적절한 것은?

① 노숙자를 위한 무료 급식소를 늘리자.
② 남은 음식을 필요한 사람에게 나눠주자.
③ 식당에서 버리는 음식물 쓰레기를 줄이자.
④ 콘서트장 안에 음식물을 반입시키지 말자.
⑤ 콘서트장이나 극장 안에 쓰레기를 버리지 말자.

VOCABULARY > 06 다음 문장의 빈칸에 알맞은 단어를 〈보기〉에서 골라 쓰시오.

┤ 보기 ├
homeless　　careless

(a) I failed my math test because of _____ mistakes.
(b) Every large city has _____ people sleeping on the streets.

---

throw ((과거형 threw 과거분사형 thrown)) away 버리다　　trash 쓰레기　　take ((과거형 took 과거분사형 taken)) A to B A를 B로 가져가다
homeless 집 없는 (사람들)　　shelter 보호 시설　　stadium 경기장　　agree to+동사원형 ~하기로 동의하다　**[선택지 어휘]** careless 부주의한

CHAPTER 06

3

When did the most recent Ice Age end? The answer is — it hasn't. We're still in it. 'Ice Age' means any time when ice ⁰⁴<u>covers</u> the North Pole and South Pole. Right now, we are in an 'interglacial' time. 'Glacial' means 'of ice' and 'inter-' means 'between.' It describes a time within an Ice Age when the Earth warms up and there is less ice. Our 'interglacial' time started ten thousand years ago.

Around the year 1500, temperatures on Earth dropped and stayed low for the next three hundred years. It's called the Little Ice Age. Ice spread so far south that Inuits and polar bears reached northern Britain!

Some scientists believe that the Black Death may have caused the Little Ice Age. The Black Death was a disease that killed millions of people in Europe. After so many people died, millions of trees grew up on their empty farmland. Over the following ten to fifty years, the trees absorbed so much CO_2 from the air that the climate cooled.

* Ice Age 빙하기 ** interglacial 간빙기의 *cf.* glacial 얼음의, 빙하의
*** Inuit 이뉴잇 (그린란드 · 캐나다 · 알래스카 · 시베리아 등 북극해 연안에 주로 사는 인종으로, 흔히 에스키모라고도 부름)
**** the Black Death 흑사병 (14세기 유럽과 아시아에 퍼진 전염병)

Getting the BIG PICTURE

SUMMARY > 01 **Complete the summary by choosing the correct choice for each blank.**

> An Ice Age is a time when there is ice on the Earth's poles.
> We're in an Ice Age right now.
> Some scientists believe the Black Death may have led to (a) colder / hotter temperatures.
> This is because there were (b) more / fewer trees and (c) more / fewer people then.

	(a)		(b)		(c)
①	colder	⋯⋯	more	⋯⋯	more
②	colder	⋯⋯	fewer	⋯⋯	fewer
③	colder	⋯⋯	more	⋯⋯	fewer
④	hotter	⋯⋯	fewer	⋯⋯	more
⑤	hotter	⋯⋯	more	⋯⋯	fewer

TITLE > 02 **Which of the following is the best title of the passage?**

① What is the Little Ice Age?
② When and Why: Ice Age Facts
③ The Earth Is Getting Cooler!
④ What Happened in the Ice Age?
⑤ Inuits Survived the Ice Age!

Focusing on DETAILS

DETAIL > 03 **다음 중 이 글의 내용과 일치하는 것은?**

① 빙하기란 지구 전체가 얼음에 덮이는 시기이다.
② 현재 우리가 사는 간빙기는 15세기에 시작되었다.
③ 소빙하기에는 이뉴잇들이 영국에 나타나기도 했다.
④ 소빙하기 동안 추위 때문에 사람들이 많이 죽었다.
⑤ 과학자들은 빙하기가 다시 찾아올 것으로 믿고 있다.

VOCABULARY > 04 **Which of the following has the same meaning as "covers" in the paragraph?**

(a) Dan covered his face with his hands.
(b) The program covers health and safety at school.
(c) By sunset we had covered thirty miles.

---

recent 최근의   North Pole 북극 *cf.* South Pole 남극   describe 묘사하다   temperature 기온   spread 퍼지다   polar bear 북극곰
reach ~에 도달하다   disease 질병   million 백만   farmland 농경지   absorb 빨아들이다

CHAPTER 06

Some people say you should get out of your car during a storm, because metal attracts lightning. But it's not true! Three qualities attract lightning to an object: the object's ⁰⁵ (a) , its ⁰⁵ (b) , and its ⁰⁵ (c) from other objects. Let's say that you are taller than your car, and you walk away from it in the middle of flat and open land during a storm. You are more likely than your car to be ⁰⁶ <u>struck</u> by lightning. If you are also wearing a very tall and pointy hat, then you are in serious danger. So, why do people think that it's the metal that attracts lightning?

(A) When lightning strikes metal, it travels through the metal very quickly because metal allows electricity to pass through it well.

(B) It's because electricity moves easily through metal.

(C) Through this process, the lightning rod makes lightning less dangerous.

(D) That's why a lightning rod is made of metal. A long metal stick at the top of a house takes the electric current safely around the house and into the ground.

* current 전류; 흐름

SUMMARY >   01-03   **Complete the summary by choosing the correct choice below for each blank.**

> Lightning strikes objects because of their qualities.
> For example, if you're taller than your car, lightning will 01 _____ you.
> So, lightning rods 02 _____ because they are tall, not because they are metal.
> The metal is just to 03 _____ the electricity easily to the ground.

┤보기├
① move   ② work   ③ point   ④ come   ⑤ hit

ORDER >   04   **Choose an arrangement in correct order.**

① (B) – (C) – (A) – (D)
② (B) – (A) – (D) – (C)
③ (C) – (A) – (B) – (D)
④ (C) – (B) – (A) – (D)
⑤ (D) – (A) – (B) – (C)

Focusing on DETAILS

DETAIL >   05   **빈칸 (a)~(c)에 들어갈 말로 알맞지 않은 것을 두 개 고르시오.**

① width   ② height   ③ distance
④ speed   ⑤ shape

VOCABULARY >   06   **Which of the following has the same meaning as "struck" in the paragraph?**

(a) It suddenly struck me how we could improve the situation.
(b) Two days later tragedy struck.
(c) The stone struck her on the forehead.

---

get out of ~에서 빠져 나가다   metal 금속   attract 유인하다, 끌어당기다 *cf.* attractive 인력[끌어당기는 힘]이 있는   lightning 번개 *cf.* lightning rod 피뢰침   quality 특성   object 물체, 물건; 목적   flat 평평한   strike ((과거형 · 과거분사형 struck)) (세게) 치다; 파업하다; (재난이) 발생하다; (생각이) 떠오르다   pointy 뾰족한, 날카로운   travel 여행하다; (거리를) 이동하다   electricity 전기, 전류 *cf.* electric 전기(성)의, 전기를 띤[일으키는]   allow A to+동사원형 A가 ~하게 하다   pass through 통과하다   process 과정   stick 막대기

The passage is probably about problems caused by
((a) climate change (b) insects like bees).

5

Global warming is causing big problems for insects, like bees. These insects get food from flowers and are called pollinators. As they travel from flower to flower, they carry pollen, the powder produced by the male parts of flowers, to the female parts of flowers. This is how flowering plants [07] reproduce. Pollinators depend on flowering plants for food.

The monarch butterfly is an important pollinator. Since it prefers warm temperatures, it travels south in the winter. But as the planet heats up, the monarch butterfly is staying up north for longer and longer. Without the butterflies, plant populations in the south are shrinking. And climate change is causing great problems with timing. Flowers bloom early because of unusual warm weather, but then a frost comes and kills them. Then, when the pollinators arrive, their food source is gone and they die too.

* pollinator 꽃가루 매개자 *cf.* pollen 화분(花粉), 꽃가루
** monarch butterfly ((곤충)) 제왕나비

Background
Knowledge

📋 **농약의 위험**

지구 온난화 다음으로 주목할 것은 바로 '농약'이에요. 1962년에 미국에서 출판된 〈침묵의 봄(Silent Spring)〉을 통해 농약의 위험성이 알려졌어요. 그 뒤로 인간에게는 비교적 독성이 낮은 농약이 보급되었는데, 이 농약은 꿀벌에게는 큰 타격을 입혔어요. 이 농약은 생물의 신경회로를 차단하는 독이 있어서 꿀벌의 방향감각을 잃게 해 꿀벌이 집을 찾아갈 수 없게 만들었다고 해요.

Getting the BIG PICTURE

SUMMARY >   01-04   **Complete the summary by choosing the correct choice below for each blank.**

> Global warming is a disaster for plants and animals that need each other. For example, the monarch butterfly 01 _____ from southern plants.
> Southern plants need the butterfly to 02 _____.
> 03 _____ mean butterflies don't know when to leave the north. When they do arrive in the south, 04 _____ are dead, and they die too.

> ┤보기├
> ① reproduce   ② the plants   ③ carry pollen   ④ needs food
> ⑤ warmer winters

TOPIC >   05   **Which of the following is the best topic of the passage?**

① how violent weather affects insects
② similarities between bees and butterflies
③ plants that can't live without insects
④ how global warming hurts pollinators
⑤ why butterflies are moving further north

Focusing on DETAILS

DETAIL >   06   **All of the following are mentioned in the passage EXCEPT**

(a) Climate change is affecting when plants bloom and insects travel.
(b) Flowering plants can reproduce because they have food for pollinators.
(c) Plants and pollinators are dying because of climate change.
(d) Due to global warming, monarch butterflies no longer travel south.

VOCABULARY >   07   **Which of the following has the closest meaning to "reproduce" in the paragraph?**

(a) bloom   (b) breathe   (c) multiply   (d) develop

---

global warming 지구 온난화   insect 곤충   powder 가루   produce 만들다, 생산하다   male ((식물)) 수술만 가진; 남자의 (↔ female ((식물)) 암술만 있는; 여자의)   reproduce 번식하다; 재생하다   depend on ~에 의존하다, 의지하다   temperature 기온, 온도   planet 행성   population 개체 수; 인구   shrink 줄다, 적어지다   cause 야기하다, ~의 원인이 되다   bloom 꽃이 피다   frost 서리   source 근원, 원천   [선택지 어휘] affect ~에 영향을 미치다   no longer 더 이상 ~않는   multiply 번식하다; 증가하다

▶ Grammar & Usage

| 01-05 | 다음 각 네모 안에서 어법에 맞는 표현으로 가장 적절한 것을 고르시오.

01 Around the year 1500, temperatures on Earth dropped and stayed low for the next three hundred years. Ice spread so far south that / which Inuits and polar bears reached northern Britain!

02 'Ice Age' means any time which / when ice covers the North Pole and South Pole.

03 The monarch butterfly is an important pollinator. As the planet heats up, the monarch butterfly is staying up north for longer and longer. Without the butterflies, plant populations in the south is / are shrinking.

04 Some people say you should get out of your car during / while a storm, because metal attracts lightning.

05 In 1990, a rock concert planner, Ron Delsener, told scientist Syd Mandelbaum about all the food what / that was being thrown away.

| 06-08 | 다음 밑줄 친 부분이 어법상 올바르면 ○, 어색하면 ×로 표시하고 바르게 고치시오.

06 Stars twinkle because air on Earth is thick and bends light. The light <u>is bent</u> in different directions as it travels through areas of hot and cold air.

07 Right now, we are in an 'interglacial' time. Our 'interglacial' time <u>has started</u> ten thousand years ago.

08 Climate change is causing great problems with timing. Flowers bloom early <u>because</u> unusual warm weather, but then a frost comes and kills them.

| 09-10 | 다음 중 빈칸에 알맞은 말을 고르시오.

09 When lightning strikes metal, it travels through the metal _____ quickly because metal allows electricity to pass through it well.

① very   ② much   ③ a lot   ④ far   ⑤ even

10 As insects, like bees, travel from flower to flower, they carry pollen, the powder produced by the male parts of flowers, to the female parts of flowers. This is _____ flowering plants reproduce.

① what   ② where   ③ when   ④ why   ⑤ how

Real
ENGLISH

빗자루를 만들어 보아요!

◆ ◆ ◆

Make Your Own Dusters
빗자루를 만들어보세요.

dust는 '먼지', –er은 '어떤 일을 하는 사람 또는 물건'을
나타내는 접미사니깐 바로 먼지를 없애는 것 즉, 빗자루가
되겠네요.
다음 설명(instruction)을 따라 빗자루를 만들어 보아요!

Make Your Own
~ reusable ~
SWIFFER
DUSTERS

cut 2

cut 2

8 x 8
inch pieces

4 x 6
inch pieces

(you can curve
off the corners)

Sew one small
piece to each
large piece

Stack them with the
small pieces
on the outside

push the small pieces
to one side and
sew the large
pieces together
around the center
with a 1¼ x 6 inch slot

Slide the
holder inside
and snip
all around
the edges.

Voila!
have fun cleaning.

Snip All around the Edges
가장자리를 모두 가위로 잘라내세요.

snip은 '가위로 자르다', edge는 '가장자리'란 뜻이에요.
그럼 snip의 반대인 '바늘로 꿰매다'는?
sew[sou]

Quick Check

Match each word in bold with its meaning.

①
- 01 predict
- 02 station
- 03 by hand
- 04 require

  a. 관측소; 정거장
  b. 예측하다, 예보하다
  c. 필요로 하다; 요구하다
  d. 손으로, 손수

②
- 01 lightweight
- 02 produce
- 03 import
- 04 government
- 05 environment

  a. 수입하다
  b. 가벼운
  c. 생산하다
  d. 환경
  e. 정부

③
- 01 symbol
- 02 ancient
- 03 civilization
- 04 replace
- 05 appear
- 06 translate

  a. 대체하다, 대신하다
  b. 번역하다
  c. 고대의
  d. 문명
  e. 등장하다, 나타나다
  f. 기호, 상징

④
- 01 discovery
- 02 surface
- 03 pour A into B
- 04 repeat
- 05 turn A into B

  a. 표면
  b. 반복하다
  c. A를 B로 바꾸다
  d. 발견
  e. B에 A를 붓다

⑤
- 01 gather
- 02 keep+-ing
- 03 explode
- 04 envelope
- 05 post

  a. 모으다
  b. 봉투
  c. (우편으로) 부치다
  d. 계속해서 ~하다
  e. 터지다; 폭발하다

⑥
- 01 contrary to A
- 02 invent
- 03 square
- 04 be divided into
- 05 clue

  a. 실마리, 단서
  b. 칸; 정사각형
  c. 발명하다
  d. A와 반대로
  e. ~으로 나누어지다

많은 학생들이 수학과 과학에 관련된 내용을 만나면
이해하기 어려워해요. 이러한 막연한 어려움을 없애기 위해서는
관련 내용을 자주 접하는 것 외에는 해결방법이 없답니다.
영어 읽기에서 다뤄지는 내용은 절대 전문적일 수 없고
어려운 개념을 이해시키려는 복잡한 내용도 나올 수 없어요.
오히려 일상에서 흔히 보는 것이나 생각할 수 있는 쉬운 것들을 다루고 있답니다.
그러니 어렵게만 생각하지 말고 차근차근 읽어보도록 합시다.

The passage is probably about weather
((a) information (b) forecasts).

One of the first people to use math to predict the weather was English scientist Lewis Fry Richardson. In 1922, he said that it would be possible to use a math method (called differential equations) to make weather forecasts. He believed that his math method and the information collected from weather stations would show the weather coming for several days in the future. But [07] <u>since</u> there were no computers at the time, Richardson's math had to be done by hand. It required a very large amount of work and took a very long time. Richardson said that he would need 60,000 people doing the math to predict the next day's weather! So, Richardson's weather forecasts would come

[08] _____. The weather they predicted would have already passed. But Richardson's ideas did eventually lead to modern weather forecasting.

* differential equations 미분 방정식 ** weather station 기상청

SUMMARY >　01-04　**Complete the summary by choosing the correct choice below for each blank.**

> Lewis Fry Richardson was the first to 01 _____ math to predict the weather.
>
> His equations could 02 _____ the weather several days in advance.
>
> But the math was very 03 _____, and there were no computers.
>
> So, his work wasn't 04 _____ until many years later.

┤보기├
① use ② useful ③ simple ④ difficult ⑤ guess

TOPIC >　05　**Which of the following is the best topic of the passage?**

① how weather is predicted today

② Richardson's weather forecasting method

③ a clever use for math

④ why Richardson failed

⑤ how computers changed forecasting

Focusing on DETAILS

DETAIL >　06　**Lewis Fry Richardson의 날씨 예측 방법과 일치하지 않는 것을 모두 고르시오.**

① 최초로 수학을 이용한 것이었다.

② 이튿날의 날씨 예보는 특히 정확했다.

③ 장차 컴퓨터가 개발되는 데 도움이 되었다.

④ 계산하는 데 많은 시간과 노동력이 필요했다.

⑤ 현대 기상예보의 토대를 마련해 주었다.

VOCABULARY >　07　**Which of the following has the same meaning as "since" in the paragraph?**

(a) Let's do our best, <u>since</u> we can expect no help from others.

(b) It's twenty years <u>since</u> I've seen her.

내신서술형 >　08　**문맥상 빈칸에 들어갈 말이 되도록 다음에 주어진 단어를 알맞게 배열하여 쓰시오.**

(too, to, useful, late, be)

---

predict 예측하다, 예보하다　forecast 예보, 예측　station 관측소; 정거장　by hand 손으로, 손수　require 필요로 하다; 요구하다

The passage is probably about
((a) a car using air (b) new energy sources).

CHAPTER 07

2

A car that can run on air instead of gas? It sounds like a dream, but ⓐ <u>it</u>'s real. The car runs using only air. It means there's no dirty smoke, only cool air. A French car maker invented ⓑ <u>it</u> in partnership with India's largest car company. ⓒ <u>It</u> can go as fast as 120 kilometers per hour, and as far as 200 kilometers per full tank. You only need to spend three dollars to fill the tank, instead of fifty dollars! ① That's because ⓓ <u>it</u> is so lightweight and the compressed air produced by electricity is so cheap. ② This is the kind of exciting new thing that makes our green minds happy, too. ③ It's especially good for countries like India, because India may not be able to get enough energy for ⓔ <u>its</u> huge population. ④ Before Korea can start to import these cars, government leaders should create new environment laws. ⑤ So, a car that runs on air would be good for both human beings and nature.

* per ~마다 ** compressed air 압축공기

Background
Knowledge ▶

📄 에어포드

공기로 달리는 이 자동차 이름은 '에어포드(AirPod)'예요. 지난 2009년 제네바 모터쇼에서 처음으로 선보였답니다. 네덜란드의 한 공항에서는 이미 이 자동차가 이용되고 있어요.

SUMMARY > 01-03 **Complete the summary by choosing the correct choice below for each blank.**

> A French company invented a car that runs on compressed air.
> Electricity is used to make the compressed air, so it's 01 _____ to drive.
> There's 02 _____ pollution, so it's good for the environment.
> It's especially good for 03 _____ countries like India.

┌─ 보기 ───┐
① fast　　　② crowded　　　③ far　　　④ cheap　　　⑤ little
└──┘

TITLE > 04 **Which of the following is the best title of the passage?**

① Air Power: The Future of Electricity Production
② Creative Solutions for Crowded Countries
③ What Exciting Inventions Might the Future Hold?
④ A Dream Car: Cheap and Good for the Environment
⑤ Why Car Makers Are Going Green?

DETAIL > 05 ①~⑤ 중 글의 흐름과 관계 <u>없는</u> 문장은?

DETAIL > 06 다음 중 이 글에 나온 자동차에 대해 언급된 내용이 <u>아닌</u> 것은?

① 공기 오염을 일으키지 않는다.
② 최고 시속 120킬로미터로 달릴 수 있다.
③ 연료를 자주 넣어야 하는 불편함이 있다.
④ 일반 자동차보다 무게가 적게 나간다.
⑤ 전기로 만든 공기를 사용한다.

REFERENCE > 07 ⓐ~ⓔ 중 뜻하는 것이 나머지 넷과 <u>다른</u> 것을 고르고 의미하는 바를 우리말로 쓰시오.

ⓐ　　　　　ⓑ　　　　　ⓒ　　　　　ⓓ　　　　　ⓔ

의미:

---

instead of ~ 대신에　invent 발명하다　in partnership with ~와 제휴하여, 공동으로　lightweight 가벼운　produce 생산하다　electricity 전기　huge 거대한　import 수입하다　government 정부　environment 환경

CHAPTER 07

3

Five thousand years ago, there was no word nor symbol for 'zero.' To write the number 105, the ancient Egyptians used two symbols — one for 100 and one for 5. '100' looked like the pattern of circles on a snail shell. Five straight lines made '5.' Then a civilization grew in Sumer (today's Middle East). The

Sumerians also used two symbols for '105,' but put a space between them. When '1 5' was written poorly, it was hard to [08] <u>tell</u> if it was actually '105' or '15.' So, they invented a new symbol to replace the empty space. However, it wasn't like today's '0.' Greek astronomers liked the Sumerians' idea, and used the symbol '0' in books about planets and stars. Maybe they got it from the first letter of the Greek word *'ouden,'* for 'nothing.' Then, in 500 A.D., the word *sunya* meaning 'empty' appeared in India's number system. [09] <u>Translated into Latin,</u> *sunya* became zero.

* astronomer 천문학자

Background Knowledge

📄 0과 로마숫자

우리가 사용하고 있는 숫자는 대부분 아라비아숫자라고 해요. 시계에 흔히 쓰이는 숫자(Ⅰ, Ⅱ, Ⅲ,…)는 로마숫자에요. 그런데, 로마숫자에는 0을 나타내는 것이 없고, 모두 7개로 구성되어 있어요. 즉, Ⅰ=1, V=5, X=10, L=50, C=100, D=500, M=1000을 뜻하지요. 왜 로마숫자에는 0이 없을까요? 로마 사람들이 로마숫자를 만들 때는 0의 개념을 몰랐어요. 나중에 0의 개념을 알게 되었지요. 하지만 당시의 로마 교황은 이를 인정하지 않았어요. 로마숫자만으로 어떤 수나 다 적을 수 있다면서, 0을 사용하지 못하게 했답니다. 당시의 수학자들은 0을 사용하면 여러 면으로 유용하기 때문에 비밀리에 0을 사용했지만, 교황에게 발각되면 끔찍한 벌을 받았다고 해요.

SUMMARY >   01-05   **Complete the summary by choosing the correct choice below for each blank.**

The number zero did not 01 _____ 5,000 years ago.
Then the Sumerians 02 _____ a new symbol for zero.
It was 03 _____ to Greek astronomers in their work.
In 500 A.D., the Indians started using it and 04 _____ it as "sunya."
In Latin, this was 05 _____ as "zero."

┌ 보기 ├───
① translated   ② useful   ③ called   ④ invented   ⑤ exist
└──

TITLE >   06   **Which of the following is the best title of the passage?**
① Fun with Zero
② The Usefulness of Zero
③ The History of Zero
④ Is Zero a Real Number?
⑤ Numbers and Their Meanings

Focusing on DETAILS

DETAIL >   07   **이 글에서 언급한 고대 이집트인의 숫자 표기 방법으로 적절한 것은?**
① 100 → ◎ ○ ○   ② 101 → 1 1
③ 102 → ◎ | | ④ 103 → ○ | | |
⑤ 104 → 1 ○ 4

VOCABULARY >   08   **Which of the following has the same meaning as "tell" in the paragraph?**
(a) Didn't you tell him that I wanted to see him?
(b) The bags are so alike that I can never tell which is the original.

내신서술형 >   09   **밑줄 친 부분을 우리말로 옮기시오.**

---

symbol 기호, 상징   ancient 고대의   Egyptian 이집트인; 이집트의   pattern 모양, 패턴   snail 달팽이   shell 껍데기   civilization 문명
space 간격; (빈) 공간   replace 대체하다, 대신하다   empty 빈, 비어 있는   planet 행성   letter 글자, 문자   appear 등장하다, 나타나다   translate
번역하다   [선택지 어휘] usefulness 유용성   alike 비슷한, 서로 같은

The passage is probably about ((a) a gas (b) an invention).

Joseph Priestley had never studied science formally. But he is remembered for many discoveries. He spent much time finding out about gases at a beer-maker's workplace next to his house. Making beer produces the gas CO_2. It is heavier than air, so

06 _____ . Priestley held an empty glass upside-down over the bubbling beer for a while and then poured water into it from another glass. The water mixed with the CO_2 gas. ① By

repeating the process of pouring the water back-and-forth a few times, he created a drink full of little bubbles. ② Bubbles usually don't last long because of air pressure. ③ We now call it soda water. ④ Adding sugar and other things to soda water turns it into soft drinks such as cola. ⑤ Even today, we enjoy soft drinks that come from Priestley's idea.

* soda water 소다수

Background
Knowledge

📑 소다수의 효능

소다수의 성분은 수분과 이산화탄소만으로 이루어져서 영양가는 없어요. 그렇지만, 이산화탄소의 자극이 청량감을 주는 동시에 위장을 자극하여 식욕을 돋우는 효과가 있지요. 8~10 ℃ 정도로 냉각했을 때 이산화탄소도 잘 용해되고 가장 맛있게 마실 수 있어요.

SUMMARY >   01-03   **Complete the summary by choosing the correct choice below for each blank.**

> Joseph Priestley wasn't a 01 _____ scientist, but he made many discoveries.
> One of his discoveries was made at a beer factory.
> He combined CO_2 from the beer with 02 _____.
> This was the first 03 _____!
> Today, it's used in soft drinks and enjoyed by millions of people around the world.

┌─보기├──
│ ① soda water   ② real   ③ successful   ④ cola   ⑤ water
└──

TITLE >   04   **Which of the following is the best title of the passage?**

① The History of Beer
② The Science of Gases
③ How Beer Affects Teeth
④ The Father of Soft Drinks
⑤ Health Benefits from Soda Water

Focusing on DETAILS

DETAIL >   05   본문의 ①~⑤ 중에서 글의 흐름과 관계 <u>없는</u> 문장은?

DETAIL >   06   **Which of the following best fits in the blank?**

① it cannot be seen with the eye
② it stays above the surface of the beer
③ it mixes with the beer
④ it's hard to capture
⑤ it's not very useful

---

formally 정식으로   discovery 발견   beer 맥주   workplace 작업장   produce 만들다   upside-down 거꾸로   bubble 거품이 나다; 거품
for a while 잠깐   pour A into B B에 A를 붓다   mix with ~와 섞이다   repeat 반복하다   process 과정   turn A into B A를 B로 바꾸다
[선택지 어휘] combine A with B A와 B를 결합하다   affect ~에 영향을 미치다   benefit 이익   surface 표면

The passage is probably about
((a) special balloons (b) weather information).

CHAPTER 07

5

What are balloons good for except your birthday party? Well, if you are a meteorologist, you use balloons to gather important information about the weather. [08] <u>Meteorologists</u> are weather scientists. The balloons [06] ⓐ <u>they</u> use are called *weather balloons*. Weather balloons are not like party balloons. [06] ⓑ <u>They</u> have special work to do. Every day, weather balloons travel into the sky from weather stations all around the world. Each balloon carries a parachute and a small box called a *radiosonde*. The radiosonde collects [09] <u>measurements</u> — temperature, air pressure, wind speed and so on — and sends them to the weather station. Meteorologists study the measurements and make weather forecasts. The radiosonde keeps collecting and sending measurements until the balloon explodes. As the balloon rises higher, air pressure becomes weaker and the balloon grows and grows. When it grows as big as a house, it explodes. Then the radiosonde falls slowly down to earth with the help of the parachute.

If you find a radiosonde, what should you do with it? Open it up! Inside, you will find an envelope addressed to a weather station. Simply put the radiosonde in the envelope, and post it. The weather station can reuse it!

* meteorologist 기상학자 ** weather station 기상청
*** parachute 낙하산

Getting the BIG PICTURE

SUMMARY > 01-04 **Complete the summary by choosing the correct choice below for each blank.**

> Weather scientists 01 _____ weather balloons to get information about the weather.
>
> The balloon carries a *radiosonde* up into the sky to 02 _____ data.
>
> The balloon grows in size as it flies 03 _____, until it finally breaks.
>
> The radiosonde uses a parachute to return 04 _____ to earth, where it can be reused.

> ┤보기├
> ① collect   ② use   ③ carry   ④ safely   ⑤ higher

TITLE > 05 **Which of the following is the best title of the passage?**
① A New Type of Balloon
② The Usefulness of a Balloon
③ The Air Pressure of Big Balloons
④ The Way to Fly a Balloon High
⑤ A Balloon to Predict Weather

Focusing on DETAILS

REFERENCE > 06 밑줄 친 ⓐ **they**와 ⓑ **They**가 각각 뜻하는 것을 우리말로 쓰시오.

DETAIL > 07 다음 내용이 이 글의 내용과 일치하면 **T**, 일치하지 않으면 **F**를 쓰시오.
(a) radiosonde는 풍선이 가야 할 위치를 알려준다. _____
(b) 하늘로 올라갈수록 풍선은 점점 커진다. _____
(c) radiosonde 안에는 낙하산이 들어 있다. _____

VOCABULARY > 08 밑줄 친 **Meteorologists**의 뜻을 본문에서 찾아 쓰시오.

VOCABULARY > 09 밑줄 친 **measurements**의 예를 찾아 밑줄 긋고, 이어지는 문장을 알맞게 완성하시오.
Measurements are ((a) symbols (b) methods (c) numbers) that give us information about the world around us.

---

gather 모으다   measurement 측정치; 측량   temperature 기온, 온도   air pressure 기압   weather forecast 일기예보   keep+-ing 계속해서 ~하다   explode 터지다; 폭발하다   envelope 봉투   address (편지 등의 겉봉에) 주소를 쓰다   post (우편으로) 부치다   reuse 다시 사용하다
[선택지 어휘] usefulness 유용함   predict 예측하다   symbol 상징   method 방법

CHAPTER 07

Sudoku is a famous math puzzle with a Japanese name. However, contrary to what you might expect, it was invented in America. It was called "Number Place." But it failed in the USA. Then, it was introduced to Japan and the Japanese loved it. They called it *sudoku*, which is an acronym (a word that is made from the first letters of a group of words) for "the numbers must be single" in Japanese. It looks like a crossword puzzle. There are nine squares across and nine squares down, and those squares are divided into nine 3-by-3 square sections. Every *sudoku* puzzle has numbers already printed in a few boxes. These are your clues to finish the puzzle. You have to discover which numbers to write in the empty boxes. But there is a rule: you

can only write the numbers 1 to 9 once in a line going across, once in a line going down, and once in a 3-by-3 section. It's fun, and good exercise for your brain. Let's play *sudoku*!

* acronym 두문자어(頭文字語) (여러 단어의 첫 번째 글자를 따서 만든 단어)

Background Knowledge ▶ 📑🌐 **스도쿠는 수학인가?**

스도쿠는 세계 여러 나라에서 인기 있는 게임이에요. 일본에서는 매년 60만 권의 스도쿠책이 팔리고, 우리 나라에서도 스도쿠 관련 책자만 80여 권이 출간됐지요. 스도쿠는 보드게임은 물론 핸드폰 게임으로까지 출시됐어요. 언뜻 보기에는 숫자 게임인 것 같지만, 사실 사람이 스도쿠 문제를 풀 때 추론의 방법을 사용 해요. 즉 이미 알고 있는 숫자를 통해 빈칸을 채우거나 들어갈 수 없는 숫자를 지우지요. 스도쿠와 수학은 직접적인 관계는 없지만, 둘 다 해결하는 데 논리를 이용해야 한다는 점은 같답니다.

SUMMARY >   01-04   **Complete the summary by choosing the correct choice below for each blank.**

> *Sudoku* is a popular 01 _____ game that's like a crossword puzzle.
> It was invented in America but first became 02 _____ in Japan.
> The Japanese 03 _____ it with an acronym.
> One puzzle has nine 3-by-3 squares and some 04 _____ to help you fill in the numbers.

┤보기├
① number   ② named   ③ failed   ④ clues   ⑤ popular

TITLE >   05   **Which of the following is the best title of the passage?**

① Simple *Sudoku* Tips!
② *Sudoku*'s U.S. Failure
③ The Best Number Games
④ A Math Puzzle for Everyone!
⑤ Why the Japanese Love *Sudoku*

DETAIL >   06   **다음 중 *sudoku*에 관해 이 글에서 언급되지 <u>않은</u> 내용은?**

① who invented *sudoku*
② where *sudoku* was designed
③ what *sudoku* means
④ what *sudoku* looks like
⑤ how *sudoku* is solved

---

contrary to A A와 반대로   invent 발명하다   letter 글자   crossword puzzle 가로세로 낱말 퍼즐   square 칸; 정사각형   across 가로로
be divided into ~으로 나누어지다   section 구역   clue 실마리, 단서   **[선택지 어휘]** design 만들다, 계획하다

Grammar & Usage

| 01-05 | 다음 각 네모 안에서 어법에 맞는 표현으로 가장 적절한 것을 고르시오.

01 Joseph Priestley had never studied science formally. But he remembers / is remembered for many discoveries.

02 A car that can run on air instead of gas can go as far as 200 kilometers per full tank. You only need to spend three dollars to fill the tank, instead / instead of fifty dollars!

03 In 1922, Richardson said that it would be possible use / to use a math method (called differential equations) to make weather forecasts.

04 Each weather balloon carries a parachute and a small box calling / called a *radiosonde*.

05 The Sumerians used two symbols for the number '105,' but put a space between them. When '1 5' was written poor / poorly, it was hard to tell if it was actually '105' or '15.'

| 06-08 | 다음 밑줄 친 부분이 어법상 올바르면 ○, 어색하면 ×로 표시하고 바르게 고치시오.

06 *Sudoku* is a famous math puzzle with a Japanese name. However, contrary to <u>that</u> you might expect, it was invented in America.

07 Priestley spent much time <u>to find</u> out about gases at a beer-maker's workplace next to his house.

08 One of the first people to use math to predict the weather <u>was</u> English scientist Lewis Fry Richardson.

| 09-10 | 다음 중 빈칸에 알맞은 말을 고르시오.

09 A car that can run on air instead of gas is especially good for countries like India, _____ India may not be able to get enough energy for its huge population.

① while ② because ③ as soon as ④ after ⑤ until

10 Every *sudoku* puzzle _____ numbers already printed in a few boxes. These are your clues to finish the puzzle.

① have ② had ③ has ④ to have ⑤ having

Real
ENGLISH

옷을 빨 때 꼭 확인하세요.

◆ ◆ ◆

Wash Dark Colors Separately
분리 세탁하세요.

진한 색 (dark colors) 옷은 세탁 시 염료가 빠질 수 있어서 밝은 색이나 흰 색 옷과는 별도로 세탁해야 해요.

Bleach Only If Needed
필요할 때만 표백제를 쓰세요.

bleach는 '~을 표백하다'란 뜻이에요. 색이 변할 수 있으니 꼭 필요할 때만 (only if needed) 표백제를 넣으라는 표시예요.

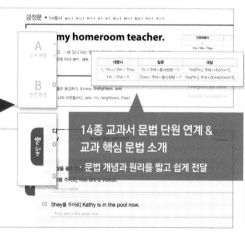
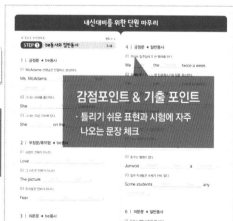

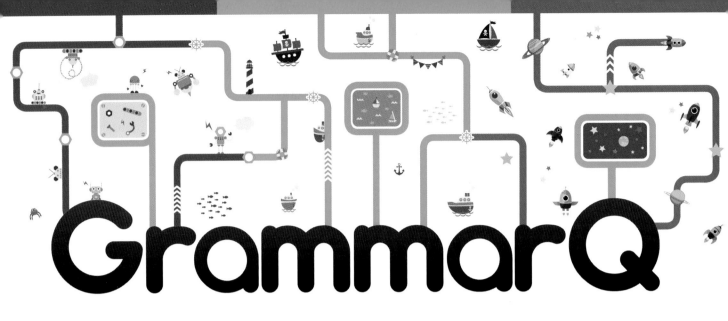

중학 내신
수험영어독해의
기초실력 다지기

리딩 플랫폼

READING
PLATFORM

101 NON-FICTION TEST-ORIENTED PASSAGES
WITH GUIDED SUMMARIZATION

3 / 테마편

정답 및 해설

READING PLATFORM

READING
PLATFORM

101 NON-FICTION TEST-ORIENTED PASSAGES
WITH GUIDED SUMMARIZATION

3 / 테마편

Psychology

Quick Check

본문 p.10

①	**②**	**③**	**④**	**⑤**
01. f	**01.** b	**01.** a	**01.** b	**01.** c
02. c	**02.** d	**02.** d	**02.** c	**02.** b
03. a	**03.** a	**03.** e	**03.** d	**03.** f
04. d	**04.** c	**04.** c	**04.** e	**04.** a
05. b		**05.** b	**05.** a	**05.** e
06. e				**06.** d

1

Before Reading   (a)

Getting the BIG PICTURE   01 ①   02 ④   03 ⑤   04 ②

Focusing on DETAILS   05 ⑤   06 (a)

본문 p.12

해설 & 해석

Before Reading

아마도 이 지문은 사람들이 '(a) 노래할' 때에 관한 내용일 것이다.

(a) 노래하다   (b) 운전하다

Getting the BIG PICTURE

사람들은 종종 그들이 01 ① 혼자일 때, 특히 차로 출근할 때 노래를 부른다. 이것은 노래가 노래를 부르는 사람에게 02 ④ 활기를 주기 때문일 것이다. 일을 끝낸 후 사람들은 에너지가 필요하지 않고, 그래서 03 ⑤ 그만큼 노래를 부르지 않는다.

〈보기〉① 혼자 ② 피곤한 ③ 안전 ④ 활기 ⑤ 많은

04 이 글은 사람들이 혼자 운전하면서 집에 돌아갈 때보다 직장에 갈 때 노래를 더 부르는 이유에 대해 설명해주는 내용이다. 따라서 성답은 ②.

① 운전자들에 관한 놀라운 사실들

② 사람들이 왜 혼자 일하러 갈 때 노래를 부르는가

③ 왜 차 안에서 노랫소리가 더 좋게 들리는가

④ 아침에 자기 자신에게 활기를 주는 방법

⑤ 우리가 혼자일 때만 하는 것들

Focusing on DETAILS

05 빈칸 앞에서 운전자들이 직장에 갈 땐 활기를 얻기 위해 노래를 부른다고 설명해주고 있고, 빈칸이 포함된 문장에선 집으로 갈 땐 많은 활기를 필요로 하지 않는다고 설명해주고 있기 때문에 '그들은 노래를 덜 부른다'는 내용이 와야 한다. 따라서 정답은 ⑤.

① 그들은 더 빠르게 일한다

② 그들은 더 잘 잔다

③ 그들은 행복함을 느낀다

④ 그들은 운전하지 않는다

⑤ 그들은 노래를 덜 부른다

06 활기차면 많은 활력과 기운이 난다. 따라서 정답은 strong.

당신이 활기차다면, 당신은 많은 활력을 가지고 있고 기운 나는 것을 느낀다.

직독직해

¹Many people like to sing // when they know nobody can hear them.
많은 사람들이 노래 부르길 좋아한다   아무도 (그들의 노래를) 듣지 못한다는 것을 알 때.

²Especially, people sing / while driving or taking a shower. ³This is
특히, 사람들은 노래를 부른다   운전하거나 샤워를 하는 동안.

because // when you are in a car or a bathroom, // you feel safe and
왜냐하면   당신이 차 안이나 욕실에 있을 때,   안전하며 혼자라고 느끼기 때문이다.

해석

¹많은 사람들이 아무도 (그들의 노래를) 듣지 못한다는 것을 알 때 노래 부르길 좋아한다. ²특히, 사람들은 운전하거나 샤워를 하는 동안 노래를 부른다. ³이는 당신이 차 안이나 욕실에 있을 때, 안전하며 혼자라고 느끼기 때문이다. ⁴그

---

alone. ⁴But did you know // that drivers are four times more likely to
　　　　　　그러나 알고 있는가　　　　　　　운전자들이 4배나 더 노래를 많이 부를 가능성이 있다는 사실을

sing / on their way to work / than on their way home? ⁵Why do people
직장에 갈 때　　　　　　　집에 갈 때보다?　　　　　왜 사람들은

sing more often on the way to work, / not from work? ⁶The reason
출근하는 길에 더 자주 노래를 부르는 걸까,　　　　퇴근하는 길이 아니라?　　그 이유는 아마도

might be // that people want to get more energy / before work.
　　　　　　사람들이 더 많은 에너지를 얻길 원하기 때문일 것이다　　　　　일하러 가기 전에.

⁷Singing aloud in the car / can make you feel stronger and more
차 안에서 큰 소리로 노래를 부르는 것은　　　　　당신을 더 강하고, 더 활기차게 만들 수 있다.

energetic. ⁸But later, on their way home, / drivers are beginning to
　　　　　　그러나 나중에 집으로 가는 길에는,　　　　　운전자들이 긴장을 풀기 시작한다.

relax. ⁹They might be a little tired // and looking forward to dinner,
　　　그들은 약간 피곤해 할지도 모른다　　　　그리고 저녁식사를 기대하고 있을지도 모른다.

too. ¹⁰They don't need much energy or strength, // so they sing less.
　　　그들은 많은 에너지나 힘이 필요하지 않기 때문에,　　　　그래서 노래를 덜 부르는 것이다.

러나 운전자들이 집에 갈 때보다 직장에 갈 때, 4배나 더 노래를 많이 부를 가능성이 있다는 사실을 알고 있는가? ⁵왜 사람들은 퇴근하는 길이 아니라 출근하는 길에 더 자주 노래를 부르는 걸까? ⁶그 이유는 아마도 사람들이 일하러 가기 전에 더 많은 에너지를 얻길 원하기 때문일 것이다. ⁷차 안에서 큰 소리로 노래를 부르는 것은 당신을 더 강하고, 더 활기차게 만들 수 있다. ⁸그러나 나중에 집으로 가는 길에는, 운전자들이 긴장을 풀기 시작한다. ⁹그들은 약간 피곤해 하면서 저녁식사를 기대하고 있을지도 모른다. ¹⁰그들은 많은 에너지나 힘이 필요하지 않기 때문에, 노래를 덜 부르는 것이다.

구문해설

3　**This is because** when you are in a car or a bathroom, you feel safe and alone.
　　▶ 「This is because ~」는 '이것은 ~이기 때문이다'란 뜻.

4　But did you know // that drivers are **four times more** likely to sing on their way to work **than** on their
　way home?
　　▶ 「숫자+times+비교급+than」의 구조로 '~보다 몇 배 더 …한'이란 뜻. 「be likely to+동사원형 (~할 가능성이 있다)」과 함께 쓰였으므로 '~보다 몇 배 더 … 할 가능성이 있다'란 의미.

2	Before Reading	(b)	본문 p.14
	Getting the BIG PICTURE	01 ② 02 ③ 03 ④ 04 ① 05 ④	
	Focusing on DETAILS	06 ③	

해설 & 해석

Before Reading

아마도 이 지문은 '(b) 질투'에 관한 내용일 것이다.
(a) 재능　(b) 질투

Getting the BIG PICTURE

질투는 다른 사람들이 가진 것을 당신이 01 ② 원할 때를 말한다.
두 가지 종류의 질투인 좋은 질투와 나쁜 질투가 있다.
좋은 질투는 당신이 다른 사람들이 얼마나 02 ③ 대단한지를 알도록 도와준다.
나쁜 질투는 당신 자신에 대해 03 ④ 나쁜 감정을 들도록 한다.
다른 사람의 좋은 점뿐만 아니라 당신 자신의 좋은 점을 04 ① 보는 것을 기억하라.
〈보기〉① 보다 ② 원하다 ③ 대단한 ④ 나쁜 ⑤ 운이 좋은

05　좋은 질투(nice envy)와 나쁜 질투(ugly envy)의 차이점에 대해 설명하는 글이다. 좋은 질투를 하면 다른 사람들에게 상처주지 않고 자신의 인생도 발전할 수 있다는 내용이므로 정답은 ④.

Focusing on DETAILS

06　(a) 빈칸이 포함된 문장의 This kind of envy는 앞서 나온 좋은 질투를 가리킨다. 좋은 질투는 다른 사람들을 칭찬하기 때문에 아무에게도 상처를 주지 않으므로 (a)는 hurt(다치게 하다).
　　(b) 빈칸이 포함된 문장에서 나쁜 질투는 다른 사람이 가진 좋은 '빈칸' 때문에 자신이 불행하다고 느낀다고 한다. 질투는 당신에게 없는 다른 사람의 재능 혹은 운을 가진 사람에게 느끼는 것이므로 (b)는 luck(행운).
　　(c) 빈칸 뒤에 나오는 문장은 자신에게 자신이 얼마나 특별한지를 이야기하라고 말한다. 따라서 빈칸이 포함된 문장은 나쁜 질투가 발생하

는 것을 막으려면 자기 자신을 칭찬하라는 말이 나와야 할 것이다.
따라서 (c)는 praise(칭찬하다)이므로 정답은 ③.

	(a)	(b)	(c)
①	다치게 하다	행운	비판하다
②	다치게 하다	일	칭찬하다
③	다치게 하다	행운	칭찬하다
④	언짢아하다	일	비판하다
⑤	언짢아하다	행운	칭찬하다

직독직해

¹Envy is wanting something that somebody else has. ²You may have
질투는 다른 사람이 가진 것을 원하는 것이다.   당신은 친구를

envied your friend / because of her talent for math. ³Maybe your
부러워했을지도 모른다   그 친구의 수학적 재능 때문에.

friendship with her was hurt // because you felt unhappy / about a
아마도 친구와의 우정은 상처 입었을 것이다   당신이 불행하다고 느꼈기 때문에

talent you don't have. ⁴There are two kinds of envy. ⁵Nice envy is
당신에겐 없는 재능으로 인해.   질투에는 두 가지 종류가 있다.

when you praise the friend you envy // and think, "Wow, what a great
좋은 질투는 당신이 부러워하는 친구를 칭찬하면서   "와, 나에게 정말 멋진 친구가 있구나"라고 생각하는 것이다.

friend I have!" ⁶This kind of envy doesn't hurt anyone, // and it helps
이러한 질투는 누구에게도 상처주지 않는다.

you to move forward in life. ⁷The other kind of envy is ugly envy.
그리고 당신이 인생에서 발전할 수 있도록 돕는다.   다른 하나는 나쁜 질투이다.

⁸You feel angry toward the other person // and bad about yourself /
당신은 그 사람에게 분노를 느끼고   그리고 자신이 불행하다고 느낀다

because of the other person's good luck. ⁹To stop ugly envy from
다른 사람이 가진 행운 때문에.   나쁜 질투가 발생하는 것을 막으려면.

happening, / remember to praise yourself. ¹⁰Tell yourself // how lucky
자기 자신을 칭찬해야 한다는 것을 기억해라.   자신에게 이야기하라

and special you are, too. ¹¹You should fight ugly envy // because it can
당신 자신도 얼마나 운이 좋고 특별한지를.   당신은 나쁜 질투와 싸워야 하는데.   왜냐하면 이 질투는

stop you from getting / what you really want. ¹²But nice envy can make
당신이 얻는 걸 방해할 수 있기 때문이다   당신이 정말로 원하는 것을.   그러나 좋은 질투는 당신이 좋은 감정을

you feel good / for others as well as for yourself. ¹³So, think, "If she can
느낄 수 있게 해준다   자신뿐만 아니라 다른 사람들에 대해서도.   그러므로 "그녀가 할 수 있으면

do that, so can I!"
나도 할 수 있다!"라고 생각해라.

해석

¹질투는 다른 사람이 가진 것을 원하는 것이다. ²친구의 수학적 재능 때문에 당신은 그 친구를 부러워했을지도 모른다. ³당신에겐 없는 재능으로 인해 당신이 불행하다고 느꼈기 때문에 아마도 친구와의 우정은 상처 입었을 것이다. ⁴질투에는 두 가지 종류가 있다. ⁵좋은 질투는 당신이 부러워하는 친구를 칭찬하면서 "와, 나에게 정말 멋진 친구가 있구나!"라고 생각하는 것이다. ⁶이러한 질투는 누구에게도 상처주지 않고, 당신이 인생에서 발전할 수 있도록 돕는다. ⁷다른 하나는 나쁜 질투이다. ⁸당신은 다른 사람이 가진 행운 때문에 그 사람에게 분노를 느끼고 자신이 불행하다고 느낀다. ⁹나쁜 질투가 발생하는 것을 막으려면, 자기 자신을 칭찬해야 한다는 것을 기억해라. ¹⁰자신에게 당신 자신도 얼마나 운이 좋고 특별한지를 이야기해라. ¹¹당신은 나쁜 질투와 싸워야 하는데, 왜냐하면 이 질투는 당신이 정말로 원하는 것을 얻는 걸 방해할 수 있기 때문이다. ¹²그러나 좋은 질투는 당신이 자신뿐만 아니라 다른 사람들에 대해서도 좋은 감정을 느낄 수 있게 해준다. ¹³그러므로 "그녀가 할 수 있으면, 나도 할 수 있다!"라고 생각해라.

구문해설

2 You **may have envied** your friend because of her talent for math.
▶ 「may have p.p.」는 '어쩌면 ~였을지도 모른다'란 뜻으로, 과거에 대한 불확실한 추측을 나타낸다.

5 ~, "Wow, **what a great friend** *I have*!"
▶ 「what+a(n)+형용사+명사+S+V」의 구조로 감탄문이다. 「how+형용사+a(n)+명사+S+V」의 구조도 가능.
e.g. How great a friend *I have*!

9 To **stop** *ugly envy* from *happening*, **remember** *to praise* yourself.
▶ 「stop A from+-ing」는 'A가 ~하는 것을 막다, 방해하다'란 뜻. 「remember to+동사원형」은 '~할 것을 기억하다'란 의미로 '미래'의 일을 나타낸다.
cf. 「remember+-ing」: ((과거에)) ~했던 것을 기억하다 e.g. I **remember meeting** you the other day. (얼마 전, 당신을 만났던 것을 기억합니다.)

해설 & 해석

Before Reading

아마도 이 지문은 '(a) 기억으로 만든 지도'에 관한 내용일 것이다.

(a) 기억으로 만든 지도   (b) 대륙들의 크기

Getting the BIG PICTURE

기억만으로 세계 지도를 그리는 것은 01 ② 흥미로운 결과들을 제공한다.

좋은 지도는 그림 솜씨와 좋은 기억력을 필요로 한다.

나라와 대륙의 크기들은 종종 02 ④ 틀린다.

사람들은 그들의 출신 지역을 너무 03 ① 크게 그린다.

〈보기〉① 큰   ② 흥미로운   ③ 작은   ④ 틀린   ⑤ 맞는

04   자신이 속한 대륙을 다른 대륙보다 더 크게 그린다는 내용이므로 "팔은 안으로 굽는다"라는 속담을 유추할 수 있다. 따라서 정답은 ③.

Focusing on DETAILS

05   본문의 appear는 '나타나다'란 뜻이다. 따라서 정답은 (b).

(a) 그녀는 그 소식에 조금도 놀라는 것 같지 않았다.

(b) 거리의 저쪽 끝에 한 여자가 나타났다.

06   이 글은 사람들이 기억만으로 지도를 그릴 때 자신이 속한 대륙을 더 크게 그린다는 내용이다. 빈칸 앞부분에는 사람들이 자신이 속한 대륙을 더 크게 그린다는 내용이 나오고, 뒷부분에는 이에 대한 예시가 이어지므로 정답은 ⑤.

① 그러나

② 또한

③ 게다가

④ 그렇지 않으면

⑤ 예를 들어

직독직해

¹Have you ever tried to draw a map of the world / by memory?
당신은 세계 지도를 그려본 적이 있는가   기억만으로?

²When people draw a map of the world without any help, // the results
사람들이 어떤 도움도 받지 않고 세계 지도를 그릴 때,   그 결과는

can be very interesting. ³It's very hard to draw every country right, //
매우 흥미로울 수 있다.   모든 나라를 제대로 그리는 것은 매우 어려운데,

because that needs good drawing skills and an excellent memory.
왜냐하면 그렇게 하는 데는 훌륭한 그림 솜씨와 뛰어난 기억력이 필요하기 때문이다.

⁴But many people do not even have a clear idea of / the correct size of
그러나 많은 사람들이 명확히 알지 못한다   대륙의 정확한 크기조차,

the continents. ⁵We draw continents bigger or smaller / according to
우리는 대륙을 더 크게 혹은 더 작게 그린다   우리의 관점에 따라.

our point of view. ⁶Our own continent tends to appear very big.
(우리가 그린 지도에는) 우리 대륙이 매우 크게 나타나는 경향이 있다.

⁷For example, / people from Brazil often draw South America / much
예를 들어,   브라질 출신 사람들은 남미를 (~하게) 그리곤 한다

bigger than North America, // and people from China tend to draw
북미보다 더 크게   그리고 중국 사람들은 아시아를 (~하게) 그리는 경향이 있다

Asia / two or three times bigger than it should be.
원래 크기보다 2~3배 더 크게.

해석

¹당신은 기억만으로 세계 지도를 그려본 적이 있는가? ²사람들이 어떤 도움도 받지 않고 세계 지도를 그릴 때, 그 결과는 매우 흥미로울 수 있다. ³모든 나라를 제대로 그리는 것은 매우 어려운데, 그렇게 하는 데는 훌륭한 그림 솜씨와 뛰어난 기억력이 필요하기 때문이다. ⁴그러나 많은 사람들이 대륙의 정확한 크기조차 명확히 알지 못한다. ⁵우리는 우리의 관점에 따라 대륙을 더 크게 혹은 더 작게 그린다. ⁶(우리가 그린 지도에는) 우리 대륙이 매우 크게 나타나는 경향이 있다. ⁷예를 들어, 브라질 출신 사람들은 남미를 북미보다 더 크게 그리곤 한다. 그리고 중국 사람들은 아시아를 원래 크기보다 2~3배 더 크게 그리는 경향이 있다.

구문해설

3   It's very **hard to draw** every country right, because **that** needs ~.

▶ 「It's hard to ~」는 '~하기는 어렵다'란 뜻. to 이하를 주어로 해석한다. because가 이끄는 절의 주어 that은 to draw every country right를 받는 대명사.

7 ~, and people from China tend to draw Asia **two or three times** *bigger than* **it should be**.

▶ 「숫자+times」가 「비교급+than」 앞에 놓여 '~보다 몇 배 더 …한'이란 뜻. it should be는 여기서 '원래 그려져야 할 크기'라는 의미이다.

본문 p.18

4
Before Reading   (b)
Getting the BIG PICTURE   01 ③   02 ①   03 ⑤   04 ④
Focusing on DETAILS   05 (a)   06 ③

해설 & 해석

Before Reading

아마도 이 지문은 '(b) 역할 놀이'에 관한 내용일 것이다.
(a) 아이들의 게임   (b) 역할 놀이

Getting the BIG PICTURE

대부분의 아이들은 그들이 놀 때 역할 놀이를 이용한다.
그들의 상상력으로, 그들은 01 ③ 어른의 것들을 흉내 낸다.
이것은 02 ① 곤란한 감정들을 다루는 데 있어 그들에게 좋은 방법이다.
그들은 03 ⑤ 더 나은 세상을 꿈꿈으로써 그들의 삶을 개선시킬 수 있다.
〈보기〉 ① 곤란한 ② 친절한 ③ 어른의 ④ 어린 ⑤ 더 나은

04 역할 놀이를 통해 감정을 표현하거나 통제하는 법을 배울 수 있으며 문제를 극복하도록 도와준다는 내용이다. 아이들이 역할 놀이를 함으로써 얻을 수 있는 장점들에 관해 설명하고 있으므로 정답은 ④.

Focusing on DETAILS

05 본문의 exercise는 '발휘하다, 행사하다'란 뜻이다. 따라서 정답은 (a).
(a) 그들은 단지 언론의 자유에 대한 권리를 <u>행사하고</u> 있을 뿐이다.
(b) 몸을 <u>운동하는</u> 것은 건강을 개선시키는 데 큰 역할을 한다.

06 빈칸 (a) 앞에 역할 놀이가 아이들의 기분이 나아지도록 도와줄 수 있다는 내용이며, 빈칸이 포함된 문장은 이에 대한 예시를 보여주므로 (a)는 For example.
빈칸 (b) 앞에서 아이들이 역할 놀이를 하면서 자신들의 감정을 표현할 수 있다는 내용이 나오고, 뒷부분에선 위대한 발명가이자 연기자가 될 수 있다고 말하고 있다. 따라서 빈칸 (b)는 내용의 첨가를 뜻하는 Also, In addition이 올 수 있으므로 정답은 ③.

직독직해

¹Most children use role-playing in their games. ²For example, / when
대부분 아이들은 게임에서 역할 놀이를 한다.   예를 들어,

they act like a doctor, mother, store owner, or soldier, // children copy
아이들이 의사, 어머니, 상점 주인, 또는 군인처럼 연기할 때,   그들은 어른들이

the things adults do and say. ³In this way, / they exercise their
행동하고 말하는 것을 모방한다.   이런 방식으로,   아이들은 기억력을 발휘하여

memories / to re-create events, experiences, and situations. ⁴While
사건, 경험, 상황을 재현한다.

they are playing, // children can express their fears and worries. ⁵They
놀이를 하는 동안,   아이들은 자신의 두려움이나 걱정을 표현할 수 있다.   그들은

can also learn / how to control their bad feelings. ⁶In this way, / role-
또한 배울 수 있다   안 좋은 감정을 어떻게 통제하는지를.   이런 방식으로,

playing helps to overcome problems. ⁷It can help children to feel better
역할 놀이는 문제를 극복하도록 도와준다.   역할 놀이는 아이들의 기분이 나아지도록 도와줄 수 있다

// if they have had a very bad experience. ⁸For example, / there is a
아이들이 매우 안 좋은 경험을 했을 때.   예를 들어,

child who has experienced terrible fights and unkindness at home. ⁹He
가정에서 심한 다툼과 매정함을 경험한 아이가 있다.

can feel better // after he 'acts out' the bad events during a role play.
그 아이는 기분이 나아질 수 있다   역할 놀이를 하는 동안 그 안 좋은 일을 실제처럼 연기하고 나서.

해석

¹대부분 아이들은 게임에서 역할 놀이를 한다. ²예를 들어, 아이들이 의사, 어머니, 상점 주인, 또는 군인처럼 연기할 때, 그들은 어른들이 행동하고 말하는 것을 모방한다. ³이런 방식으로, 아이들은 기억력을 활용하여 사건, 경험, 상황을 재현한다. ⁴놀이를 하는 동안, 아이들은 자신의 두려움이나 걱정을 표현할 수 있다. ⁵그들은 또한 안 좋은 감성을 어떻게 통제하는지를 배울 수 있다. ⁶이런 방식으로, 역할 놀이는 문제를 극복하도록 도와준다. ⁷역할 놀이는 아이들이 매우 안 좋은 경험을 했을 때, 기분이 나아지도록 도와줄 수 있다. ⁸예를 들어, 가정에서 심한 다툼과 매정함을 경험한 한 아이가 있다. ⁹그 아이는 역할 놀이를 하는 동안 그 안 좋은 일을 실제처럼 연기하고 나서 기분이 나아질 수 있다. ¹⁰또한, 아이들은 역할 놀이에서 위대한 발명가이자 연기자이다. ¹¹마음속에서 완벽한 세상을 만들어 냄으로써 아이들의 삶은 종종 더 나아진다.

¹⁰Also, / children are great inventors and actors in role-playing. ¹¹They
또한,   아이들은 역할 놀이에서 위대한 발명가이자 연기자이다.

often make life better / by inventing perfect worlds in their minds.
아이들의 삶은 종종 더 나아진다   마음속에서 완벽한 세상을 만들어 냄으로써.

구문해설

5   They can also learn **how to** *control* their bad feelings.
                                                    O
▶ 「how to+동사원형」은 '~하는 방법'이란 뜻.

7   It can **help** children **to feel** better if they have had a very bad experience.
                  O   C
▶ 「help+목적어+to부정사」의 구조로 '~가 …하는 것을 돕다'란 뜻. help는 목적격 보어로 to부정사나 원형부정사를 취한다.

5
Before Reading   (b)   본문 p.20
Getting the BIG PICTURE   01 ③ 02 ⑤ 03 ② 04 ① 05 ④ 06 ②
Focusing on DETAILS   07 ④ 08 ④ 09 (b)

해설 & 해석

Before Reading

아마도 이 지문은 '(b) 거짓말'을 하는 것에 관한 내용일 것이다.
(a) 진실 (b) 거짓말

Getting the BIG PICTURE

누군가가 당신에게 01 ③ 진실을 말하고 있지 않다는 몇 개의 공통적인 신호들이 있다.
02 ⑤ 눈의 초점과 03 ② 신체 표현의 어떤 변화라도 지켜보아라.
거짓말하는 사람의 눈은 보통 왼쪽 아래로 향한다.
거짓말하는 사람들은 평소보다 더 혹은 덜 04 ① 활동적으로 된다.
그들은 또한 그들의 05 ④ 입을 가리고 얼굴을 만지는 경향이 있다.
〈보기〉 ① 활동적인 ② 신체 ③ 진실 ④ 입 ⑤ 눈

06   지문에 가장 적절한 제목을 고르는 문제이다. 이 글은 두 가지 방법으로 거짓말을 하는 사람을 알아채는 방법에 관해 설명하는 글이다. 따라서 정답은 ②.
① 정말 좋은 거짓말쟁이가 되는 방법
② 거짓말의 신호: 거짓말하는 사람을 알아채는 방법

③ 거짓말은 왜 알아채기 어려운가
④ 우리가 하는 가장 흔한 거짓말
⑤ 하나의 거짓말이 우정을 망칠 수 있다

Focusing on DETAILS

07   어떤 사람이 거짓말을 하는지 알려주는 신호가 아닌 것을 고르는 문제이다. 거짓말하는 사람은 시선을 아래로 두고(their eyes usually go down), 주머니에 손을 넣을지 모르며(They may hide their hands in their pockets), 당신에게서 몸을 돌리며(turn away from you), 손으로 입을 가릴 수 있다(cover his mouth with his hand)고 말하고 있다. 따라서 정답은 ④.

08   거짓말하는 사람의 특징을 알려주는 내용이다. ④번 문장은 거짓말하는 것과 이야기를 하는 것에는 큰 차이점이 있다는 내용이므로 이 글의 내용과 무관하다.
④ 그러나, 거짓말하는 것과 이야기를 하는 것에는 큰 차이점이 있다.

09   본문의 inventing은 '지어내다, 꾸며대다'란 뜻이다. 따라서 정답은 (b).
(a) 그는 첫 번째 전자시계를 발명했다.
(b) 많은 아이들은 가상의 친구를 지어낸다.

직독직해

¹How can you know // when somebody is lying to you? ²You just need
당신은 어떻게 알아챌 수 있을까   누군가 당신에게 거짓말을 할 때?   당신은

to know two signs. ³First, watch the eyes. ⁴When people are remembering
두 가지 신호만 알면 된다.   첫째, 눈을 보라.   사람들은 어떤 일을 기억해 낼 때,

해석

¹누군가 당신에게 거짓말을 할 때 어떻게 알아챌 수 있을까? ²당신은 두 가지 신호만 알면 된다. ³첫째, 눈을 보라. ⁴어떤 일을 기억해 낼 때, 사람들의 시선은 주로 오른쪽 위를 향한다(당신

events, // their eyes usually go up and to the right (from your point of
그들의 시선은 주로 오른쪽 위를 향한다 (당신이 바라보는 쪽에서).

view). ⁵However, when people are inventing things (or lying), // their
그러나 어떤 일을 지어낼 때 (즉, 거짓말을 할 때)

eyes usually go down and to the left. ⁶Next, watch the body movements.
사람들의 시선이 보통 왼쪽 아래로 향한다.　　　　　　　　　다음으로 몸짓을 보라.

⁷When telling a lie, // people usually become either much more or
거짓말을 할 때　　　　　사람들은 대개 훨씬 더 활동적이 되든지, 아니면 덜 활동적이 되든지 둘 중 하나이다.

much less active. ⁸Some people freeze // as they try to hide their
　　　　　어떤 사람들은 꼼짝하지 않는다　　　생각을 숨기느라.

thoughts. ⁹They may hide their hands in their pockets, // cross their
이들은 손을 주머니에 넣을지도 모른다

arms or legs tightly, // or turn away from you a little. (¹⁰Still, / there's a
팔짱을 꽉 끼거나 다리를 단단히 꼬거나　　또는 당신에게서 몸을 약간 돌릴 수도 있다.　　그러나

big difference between lying and telling a story.) ¹¹Others start making
거짓말하는 것과 이야기를 하는 것에는 큰 차이점이 있다.　　　　어떤 사람들은

many small, fast movements. ¹²Especially, a person telling a lie /
작고 빠른 몸짓을 하기 시작한다.　　　　　특히 거짓말하는 사람은

will cover his mouth with his hand, touch his face, and rub his eyes.
　　　　　손으로 입을 가리고 얼굴을 만지고 눈을 비빌 것이다.

¹³If a person does these things // when talking with you, / it could be a
어떤 사람이 이런 행동을 하면　　　　　당신과 얘기하면서,　　　이것은 신호가 될 수 있다.

sign // that you aren't being told the truth.
　　　당신이 진실을 듣고 있지 않다는

이 바라보는 쪽에서). ⁵그러나 어떤 일을 지어낼 때(즉, 거짓말을 할 때)는 사람들의 시선이 보통 왼쪽 아래로 향한다. ⁶다음으로 몸짓을 보라. ⁷거짓말을 할 때 사람들은 대개 훨씬 더 활동적이 되든지, 아니면 덜 활동적이 되든지 둘 중 하나이다. ⁸어떤 사람들은 생각을 숨기느라 꼼짝하지 않는다. ⁹이들은 손을 주머니에 넣거나, 팔짱을 꽉 끼거나 다리를 단단히 꼬거나 당신에게서 몸을 약간 돌릴 수도 있다. (¹⁰그러나 거짓말하는 것과 이야기를 하는 것에는 큰 차이점이 있다.) ¹¹어떤 사람들은 작고 빠른 몸짓을 하기 시작한다. ¹²특히 거짓말하는 사람은 손으로 입을 가리고 얼굴을 만지고 눈을 비빌 것이다. ¹³어떤 사람이 당신과 얘기하면서 이런 행동을 하면 당신이 진실을 듣고 있지 않다는 신호가 될 수 있다.

구문해설

7 When telling a lie, people usually become **either** much more **or** much less active.
  ▶ 「either A or B」는 'A 또는 B 둘 중 하나인'을 의미.

12 Especially, **a person** [**telling** a lie] **will cover** his mouth with his hand, (*will*) **touch** his face, *and* (*will*) **rub**
    S └——————┘   V₁   V₂   V₃
his eyes.
  ▶ telling이 이끄는 구가 a person을 수식하고 있다. 3개의 동사(will cover, (will) touch, (will) rub)가 and로 대등하게 연결된 구조.

13 ~, it could be **a sign that** you **aren't being told** the truth.
      └——————┘
         =
  ▶ that 이하가 a sign을 구체적으로 설명해주고 있다. '어떤 신호? 당신에게 진실을 들려주지 않고 있다는 신호'. 현재진행수동태(be being p.p.) 구조가 쓰였다. 현재 진행형(be -ing)과 수동태(be+p.p.)가 합쳐진 형태.

Grammar & Usage

본문 p.22

01 because of   **02** to move   **03** telling   **04** while   **05** to praise

06 ○   **07** × → I have   **08** × → feel   **09** ④   **10** ⑤

---

01 because of │ 질투는 다른 사람이 가진 것을 원하는 것이다. 친구의 수학적 재능 때문에 당신은 그 친구를 부러워했을지도 모른다.

해설 뒤에 명사구(her talent for math)와 함께 쓰였으므로 전치사 because of가 적절. 접속사 because 뒤에는 절이 온다.

02 to move │ 좋은 질투는 누구에게도 상처주지 않고, 당신이 인생에서 발전할 수 있도록 돕는다.

해설 help는 to부정사나 동사원형을 목적격보어로 취하는 동사이므로 to move가 적절.

03 telling │ 거짓말하는 사람은 손으로 입을 가리고 얼굴을 만지고 눈을 비빌 것이다.

해설 A person과 tell은 능동 관계이므로 현재분사 telling이 적절.

04 while │ 많은 사람들이 아무도 (그들의 노래를) 듣지 못한다는 것을 알 때 노래 부르길 좋아한다. 특히, 사람들은 운전하거나 샤워를 하는 동안 노래를 부른다.

해설 문맥상 '~하는 동안'이라는 의미이므로 while이 적절. until은 '~까지'의 의미.

05 to praise │ 나쁜 질투가 발생하는 것을 막으려면, 자기 자신을 칭찬해야 한다는 것을 기억해라.

해설 문맥상 '미래에 ~할 것을 기억하다'의 의미이므로 to praise가 적절. 「remember+-ing」는 '(과거에) ~했던 것을 기억하다'의 의미.

06 ○ │ 우리는 우리의 관점에 따라 대륙을 더 크게 혹은 더 작게 그린다.

예를 들어, 브라질 출신 사람들은 남미를 북미보다 더 크게 그리곤 한다.

해설 비교급 bigger를 수식하고 있으므로 much는 적절.

07 × → I have │ 좋은 질투는 당신이 부러워하는 친구를 칭찬하면서 "와, 나에게 정말 멋진 친구가 있구나"라고 생각하는 것이다.

해설 what으로 시작하는 감탄문은 「what+a(n)+형용사+명사+S+V」 어순이므로 I have가 적절.

08 × → feel │ 차 안에서 큰 소리로 노래를 부르는 것은 당신을 더 강하고, 더 활기차게 만들 수 있다.

해설 사역동사 make는 동사원형을 목적격보어로 취하므로 feel이 적절.

09 ④ │ •당신은 나쁜 질투와 싸워야 하는데, 왜냐하면 이 질투는 당신이 정말로 원하는 것을 얻는 걸 방해할 수 있기 때문이다. •사람들이 어떤 도움도 받지 않고 세계 지도를 그릴 때, 그 결과는 매우 흥미로울 수 있다.

해설 첫 번째 빈칸은 선행사 없이 getting의 목적어절을 이끄는 자리이므로 관계대명사 what이 적절. 두 번째 빈칸은 문맥상 '어떤 도움도 없이'라는 의미로 부정의 의미를 나타낼 때 쓰는 any가 적절.

10 ⑤ │ •좋은 질투는 당신이 자신뿐만 아니라 다른 사람들에 대해서도 좋은 감정을 느낄 수 있게 해준다. •아이들은 역할 놀이에서 위대한 발명가이자 연기자이다. 마음속에서 완벽한 세상을 만들어 냄으로써 아이들의 삶은 종종 더 나아진다.

해설 첫 번째 빈칸은 앞에 나온 you를 가리킨다. 문맥상 '당신 자신'의 의미이므로 재귀대명사 yourself가 적절. 두 번째 빈칸은 전치사 by의 목적어 자리이므로 동명사 inventing이 적절.

Chapter 02 · *Enlightenment*

Quick Check

1	**2**	**3**	**4**	**5**
01. d	01. b	01. d	01. b	01. d
02. a	02. d	02. e	02. e	02. e
03. c	03. a	03. b	03. a	03. a
04. b	04. c	04. a	04. f	04. c
		05. c	05. d	05. b
			06. c	

1

Before Reading   (a)

Getting the BIG PICTURE   01 ③   02 ①   03 ⑤   04 ⑤

Focusing on DETAILS   05 ①   06 (b)

해설 & 해석

Before Reading

아마도 이 지문은 '(a) 작은 일'에 관한 내용일 것이다.
(a) 작은 일   (b) 장수

Getting the BIG PICTURE

01 ③ 더 긴 시간에 대해 생각하는 것은 당신이 02 ① 부정적인 경험을 느끼는 방법을 바꿀 수 있다.
100년 후에 우리는 모두 죽어 있을 것이다.
그래서 오늘날 그 나쁜 것들은 별로 03 ⑤ 문제 되지 않는다.
〈보기〉
① 부정적인 ② 다른 ③ 더 긴 ④ 발생하다 ⑤ 문제 되다

04 100년 후에는 아무도 오늘의 이 순간을 기억하지 못하므로, 사소한 일로 스트레스를 받거나 슬퍼하지 말라는 내용의 글이다. 마지막 문장에서 작은 일을 큰일로 바꾸지 말라고 했으므로 ⑤가 적절.
① 습관은 제2의 천성이다. (세 살 버릇 여든까지 간다.)
② 집만큼 좋은 곳이 없다.
③ 물고기에게 수영하는 법을 가르친다. (= 짧은 지식을 가지고 전문가 앞에서 아는 척한다.)
④ 오늘 할 일을 내일로 미루지 마라.
⑤ 작은 일을 큰일로 만들지 마라.

Focusing on DETAILS

05 (a) 빈칸 앞에서 '그 사실을 명심하면 힘든 경험들을 다르게 생각할 것이다'라는 내용이 나오며, 빈칸 뒤에는 구체적인 예시가 나오므로 정답은 For example. (b) 빈칸 앞에서는 부정적인 경험을 통해 스트레스를 받고 화가 날 수 있다는 내용이 나왔으며 빈칸 뒤에는 이러한 일들이 아무것도 아니라는 내용이 나왔으므로 정답은 However. 따라서 정답은 ①.

	(a)	(b)
①	예를 들어	그러나
②	예를 들어	또한
③	예를 들어	그러므로
④	게다가	그러나
⑤	게다가	그러므로

06 본문의 miss는 '놓치다'란 뜻이다. 따라서 정답은 (b).
(a) 그녀가 떠나면 대단히 그리울 것이다.
(b) 만약 내가 지금 떠나지 않는다면, 비행기를 놓칠 것이다.

직독직해

¹One hundred years isn't all that long a time. ²But one thing's for sure:
100년은 그다지 긴 시간은 아니다.   하지만, 한 가지 확실한 것은

해석

¹100년은 그다지 긴 시간은 아니다. ²하지만, 한 가지 확실한 것은 100년 후에 우리 대부분은

after 100 years, most of us will already be dead. ³Keep this fact in
100년 후에 우리 대부분은 이미 죽어 있을 거라는 점이다.   이 사실을 명심하라

mind // and you may think very differently about bad times and stress.
그러면 당신은 힘든 시기와 스트레스에 대해 매우 다르게 생각할 것이다.

⁴For example, if you miss the bus and are late for school, //
예를 들어 당신이 버스를 놓쳐서 학교에 늦는다면,

what's it going to mean 100 years from now? ⁵How about if a friend is
지금으로부터 100년 후에 그것은 어떤 의미가 있을까?   친구가 당신에게 심술궂게 군다면,

unkind to you, // or you have to stay up all night tonight studying, //
또는 당신이 오늘 밤을 새우며 공부해야 한다면,

or your computer gets stolen, // or you lose your cellphone? ⁶Any of
혹은 컴퓨터를 도둑맞는다면,   또는 휴대전화를 잃어버린다면 어떠한가?

these things can make you stressed or sad or angry. ⁷However, they are
이런 일들로 당신은 스트레스를 받거나 슬퍼지거나 화가 날 수도 있다.   그러나 그런 일들은

nothing // if you take a hundred-year view. ⁸One hundred years from
아무것도 아니다   당신이 100년의 관점으로 본다면.   오늘로부터 100년 후,

today, / no one will remember this moment. ⁹Especially, you won't
누구도 이 순간을 기억하지 못할 것이다.   특히 당신이 기억하지 못할 것이다!

remember it! ¹⁰You don't have to turn 'small things' into 'big things.'
당신은 '작은 일'을 '큰일'로 바꿀 필요가 없다.

이미 죽어 있을 거라는 점이다. ³이 사실을 명심하면 당신은 힘든 시기와 스트레스에 대해 매우 다르게 생각할 것이다. ⁴예를 들어 당신이 버스를 놓쳐서 학교에 늦는다면, 지금으로부터 100년 후에 그것은 어떤 의미가 있을까? ⁵친구가 당신에게 심술궂게 군다면, 또는 당신이 오늘 밤을 새우며 공부해야 한다면, 혹은 컴퓨터를 도둑맞는다면, 또는 휴대전화를 잃어버린다면 어떠한가? ⁶이런 일들로 당신은 스트레스를 받거나 슬퍼지거나 화가 날 수도 있다. ⁷그러나 당신이 100년의 관점으로 본다면, 그런 일들은 아무것도 아니다. ⁸오늘로부터 100년 후, 누구도 이 순간을 기억하지 못할 것이다. ⁹특히 당신이 기억하지 못할 것이다! ¹⁰당신은 '작은 일'을 '큰일'로 바꿀 필요가 없다.

구문해설

3   Keep this fact in mind **and** you may think very differently about bad times and stress.
▶ 「명령문+and (~해라. 그러면 …할 것이다)」의 구조.

| 2 | Before Reading | (a) | 본문 p.28 |

Getting the BIG PICTURE 01 ① 02 ② 03 ⑤ 04 ④

Focusing on DETAILS 05 ①: People I Admire ②: What I Admire
③: Is It Also True for Me? ④: How Can I Become Better at This?
06 ③

해설 & 해석

Before Reading

아마도 이 지문은 자기 자신을 '(a) 향상시키는 것'에 관한 내용일 것이다.
(a) 향상시키는 것 (b) 존경하는 것

Getting the BIG PICTURE

롤 모델을 고르는 쉬운 방법이 있다.
첫째, 당신이 01 ① 존경하는 몇몇 사람들을 적어라.
그리고 나서 당신이 왜 그들을 존경하는지를 적어라.
다음으로, 당신이 그 사람들과 어떻게 02 ② 비교되는지를 적어라
마지막으로, 당신이 존경하는 것에 더 가까워질 수 있는 방법들을 03 ⑤ 목

록으로 작성하라.
〈보기〉
① 존경하다 ② 비교하다 ③ 이름을 붙이다 ④ 고르다 ⑤ 목록을 작성하다

04 지문에 가장 적절한 주제를 고르는 문제이다. 이 글은 롤 모델을 정하고 자기 자신을 발전시키는 방법에 대해 설명하고 있다. 따라서 정답은 ④.
① 왜 자기 자신을 존중하는 것이 중요한가
② 자기 자신을 다른 사람들과 비교하는 것의 위험성
③ 좋은 롤 모델이 되는 방법들
④ 롤 모델을 고르고 자기 자신을 발전시키는 방법
⑤ 왜 당신의 목표를 다른 누군가와 공유해야 하는가

05 ① 내가 존경하는 사람 〉 박지성
   ② 내가 존경하는 점 〉 그는 최고의 선수가 되기 위해 매우 열심히 훈련한다.
   ③ 나에게도 해당하는가? 〉 그렇지 않다. 나는 좋은 성적을 받기 위해 공부를 열심히 하지 않는다.
   ④ 어떻게 하면 내가 이 점에서 더 나아질 수 있을까?

06 (a)의 빈칸은 "어떻게 하면 내가 이 점에서 더 나아질 수 있을까?"란 항목에 대한 답이다. 최고의 선수가 되기 위해 매우 열심히 훈련하는 박지성 선수를 본받아, 성적을 올리기 위해 더 열심히 공부하겠다는 내용이 적절. 따라서 정답은 ③.
   ① 나는 열심히 운동하면 튼튼해질 수 있다.
   ② 나는 축구를 매우 열심히 하면 유명해질 수 있다.
   ③ 나는 더 열심히 공부하면 성적을 올릴 수 있다.

직독직해

¹Who do you admire? ²Who's your role model? ³Here's a method / for
당신은 누구를 존경하는가?   당신의 롤 모델은 누구인가?   여기 한 가지 방법이 있다

choosing a role model. ⁴Take a sheet of paper // and draw a table with
롤 모델을 선택하는   종이 한 장을 꺼내서   네 개의 칸이 있는 표를 그려라.

four sections. ⁵Label the first section, "People I Admire." ⁶In this
       첫 번째 칸에 "내가 존경하는 사람"이라는 제목을 붙여라.   이 칸에는

section, / write a list of great people. ⁷These can be real people who are
       훌륭한 사람들의 목록을 적어라.   이 사람들은 현재 살아있는 실존 인물일 수 있고,

alive today, / people from history, / and even characters from stories,
       역사 속의 사람일 수도 있다.   그리고 심지어 이야기나 영화, 게임,

movies, games, or TV. ⁸Then, / label the second section, "What I
혹은 TV의 등장인물일 수도 있다.   그 다음   두 번째 칸에 "내가 존경하는 점"이라는 제목을 붙여라.

Admire." ⁹Think about each person you listed in section 1, // and then
       첫 번째 칸에 당신이 목록에 올렸던 각 사람들을 생각해 보라   그러고 나서

write down // what you admire about each of them. ¹⁰Now, / label the
적어라   각 사람에 대해 당신이 존경하는 부분을.   이제

next section, "Is It Also True for Me?", // and read over the things you
다음 칸에 "나에게도 해당하는가?"라는 제목을 붙여라.   그리고 두 번째 칸에 적었던 것들을 다시 읽어보아라.

wrote in section 2. ¹¹Ask yourself // if you could say the same thing
       당신 자신에게 물어보라   동일한 부분이 당신에게 해당하는지를.

about you. ¹²Write your answers. ¹³Finally, / label the last section,
당신의 답을 적어라.   마지막으로 마지막 칸에

"How Can I Become Better at This?", // and answer the question for
"어떻게 하면 내가 이 점에서 더 나아질 수 있을까?"라는 제목을 붙여라   그리고 두 번째 칸에 적었던 각 질문에 대해 답을 달아라.

each thing you wrote in section 2. ¹⁴In this way, / you will get a good
       이런 방식으로   당신은 자신이 어떤 사람이

idea of the person you want to be.
되고 싶어 하는지에 대한 좋은 생각을 얻을 수 있을 것이다.

해석

¹당신은 누구를 존경하는가? ²당신의 롤 모델은 누구인가? ³여기 롤 모델을 선택하는 한 가지 방법이 있다. ⁴종이 한 장을 꺼내서 네 개의 칸이 있는 표를 그려라. ⁵첫 번째 칸에 "내가 존경하는 사람"이라는 제목을 붙여라. ⁶이 칸에는 훌륭한 사람들의 목록을 적어라. ⁷이 사람들은 현재 살아있는 실존 인물일 수 있고, 역사 속의 사람일 수도 있고, 심지어 이야기나 영화, 게임, 혹은 TV의 등장인물일 수도 있다. ⁸그 다음 두 번째 칸에 "내가 존경하는 점"이라는 제목을 붙여라. ⁹첫 번째 칸에 당신이 목록에 올렸던 각 사람들을 생각해 보라. 그러고 나서 각 사람에 대해 당신이 존경하는 부분을 적어라. ¹⁰이제 다음 칸에 "나에게도 해당하는가?"라는 제목을 붙여라. 그리고 두 번째 칸에 적었던 것들을 다시 읽어보아라. ¹¹당신 자신에게 동일한 부분이 당신에게 해당하는지를 물어보라. ¹²당신의 답을 적어라. ¹³마지막으로 마지막 칸에 "어떻게 하면 내가 이 점에서 더 나아질 수 있을까?"라는 제목을 붙여라. 그리고 두 번째 칸에 적었던 각 질문에 대해 답을 달아라. ¹⁴이런 방식으로 당신은 자신이 어떤 사람이 되고 싶어 하는지에 대한 좋은 생각을 얻을 수 있을 것이다.

구문해설

7 These can be **real people** who are alive today, **people** from history, *and* **even characters** from stories, movies, games, or TV.
   ▶ 3개의 명사구(real people ~, people ~, even characters ~)가 and로 대등하게 연결된 구조.

9 Think about **each person** [(**whom**) you listed in section 1], and then write down **what** you admire about each of them.
   ▶ whom ~ section 1이 each person을 꾸미고 있다. 여기서 what은 '~하는 것'이란 뜻.

11 Ask yourself **if** you could say the same thing about you.
▶ 여기서 if는 '~인지 아닌지'의 의미로 쓰였다.

3

Before Reading   (a)
Getting the BIG PICTURE   01 ④ 02 ① 03 ② 04 ④
Focusing on DETAILS   05 ④ 06 (a)

해설 & 해석

Before Reading

아마도 이 지문은 '(a) 만남 예절'에 관한 내용일 것이다.
(a) 만남 예절 (b) 자유 시간

Getting the BIG PICTURE

아무도 다른 사람을 01 ④ 기다리는 것을 좋아하지 않는다.
따라서 만약 당신이 늦을 것 같으면 당신이 만날 사람에게 02 ① 알려주어라(경고하라).
그러면 그들은 그들의 시간을 03 ② 즐길 수 있다.
이것은 예의 있는 것(행동)이다.
〈보기〉
① 경고하다 ② 즐기다 ③ 동의하다 ④ 기다리다 ⑤ 만나다

04 글쓴이의 요지를 고르는 문제이다. 10분 이상 약속에 늦을 것 같으면 상대방에게 바로 전화해서 알려주라고 했다. 즉, 친구의 시간을 존중하여 친구가 시간을 낭비하지 않도록 하라는 것이므로 정답은 ④.

Focusing on DETAILS

05 주어진 문장에서 미리 늦을 것 같다는 메시지를 전달하라고 말하고 있다. 따라서 이 문장 앞에는 늦을 수 있는 상황이, 문장 뒤에는 늦을 것 같다는 말을 전달한 후의 상황이 이어지는 것이 자연스럽다. 따라서 정답은 ④.

06 본문의 manner(s)는 '예절'이란 뜻이다. 따라서 정답은 (a).
(a) 나라마다 고유한 식탁 예절이 있다.
(b) 지도자는 정직한 방법으로 의사소통해야 한다.

직독직해

¹You're standing on a busy street corner, / waiting for your friend.
당신은 분주한 거리의 모퉁이에서 서 있다   친구를 기다리며.

²You are sure that you agreed to meet at six o'clock, // but it is already
당신은 확실히 6시에 만나기로 했다고 믿고 있다   하지만 이미

6:20 and he's nowhere in sight. ³You call his cellphone. ⁴It's switched
6시 20분이고 친구는 어디에도 보이지 않는다.   당신은 친구에게 전화를 건다.   전원이 꺼져 있다.

off. ⁵Now, you get anxious. ⁶You don't know what to do. ⁷But you can't
이제 당신은 불안해진다.   당신은 무엇을 해야 할지 모른다.   하지만,

go home or do anything else! ⁸You have to stay there and keep waiting!
집으로 가거나 다른 일을 할 수는 없다!   당신은 그곳에서 계속 기다려야만 한다!

⁹Your friend should have called you. ¹⁰It is bad manners to be late, //
당신의 친구는 당신에게 전화했어야 한다.   늦는 것은 예의가 아니다

even if it's just to meet with you. ¹¹Don't be like that friend. ¹²Is there a
단순히 당신을 만나는 일일지라도.   그런 친구처럼 되지 마라.

chance that you'll be more than 10 minutes late? ¹³Call straight away, /
10분 이상 늦을 가능성이 있는가?   당장 전화해서

to show that you care. ¹⁴Just say, / "Sorry, but I'm going to be a little late.
당신이 마음 쓰고 있다는 것을 알려주어라. ~라고 말하기만 하면 된다   "미안해, 조금 늦을 것 같아.

¹⁵Is it okay if we meet at about 6:30 p.m. instead of 6?" ¹⁶Then, the
6시 대신 6시 30분에 만나도 될까?"   그러면,

waiting friend can use the extra time / to do anything she likes. ¹⁷And
기다리던 친구는 남은 시간을 보낼 수 있다   하고 싶은 일을 하면서.

해석

¹당신은 분주한 거리의 모퉁이에서 친구를 기다리며 서 있다. ²당신은 확실히 6시에 만나기로 했다고 믿고 있지만, 이미 6시 20분이고 친구는 어디에도 보이지 않는다. ³당신은 친구에게 전화를 건다. ⁴전원이 꺼져 있다. ⁵이제 당신은 불안해진다. ⁶당신은 무엇을 해야 할지 모른다. ⁷하지만, 집으로 가거나 다른 일을 할 수는 없다! ⁸당신은 그곳에서 계속 기다려야만 한다! ⁹당신의 친구는 당신에게 전화했어야 한다. ¹⁰단순히 당신을 만나는 일일지라도 늦는 것은 예의가 아니다. ¹¹그런 친구처럼 되지 마라. ¹²10분 이상 늦을 가능성이 있는가? ¹³당장 전화해서 당신이 마음 쓰고 있다는 것을 알려주어라. ¹⁴"미안해, 조금 늦을 것 같아. ¹⁵6시 대신 6시 30분에 만나도 될까?"라고 말하기만 하면 된다. ¹⁶그러면, 기다리던 친구는 하고 싶은 일을 하면서 남은 시간을 보낼 수 있다. ¹⁷그리고 어떠한 일이라도 한 장소에서 당신을 기다리며 서 있는 것보다는 더 나을 것이다!

anything would be better / than standing in one place waiting for you!
그리고 어떠한 일이라도 더 나을 것이다　　　　　　　한 장소에서 당신을 기다리며 서 있는 것보다는!

구문해설

1 You're standing on a busy street corner, **waiting** for your friend.
　　　　　　　　　　　　　　　　　　= while you are waiting for ~.

▶ waiting 이하는 '~하면서'란 뜻으로, while you are waiting for ~의 의미이다.

9 Your friend **should have called** you.

▶ 「should have p.p.」의 구조로 '~했어야 하는데 (하지 않았다)'란 뜻. 과거의 행동에 대해 비난하거나 후회할 때 쓴다.

본문 p.32

4　Before Reading　　　　　(b)
　　Getting the BIG PICTURE　　01 ② 02 ⑤ 03 ① 04 ②
　　Focusing on DETAILS　　　05 (b) 06 ⑤

해설 & 해석

Before Reading

아마도 이 지문은 '(b) 교육'에 관한 내용일 것이다.
(a) 사업　(b) 교육

Getting the BIG PICTURE

대학은 01 ② 다양한 여러 가지 것들을 가르치지만 일의 경험은 거의 주지 않는다.
직업 훈련 전문학교는 특정한 직업을 원하는 사람들에게 02 ⑤ 더 좋다.
그들은 유용한 훈련을 제공하지만, 종합적인 지식(학문)을 03 ① 덜 제공한다.
〈보기〉
① 덜 ② 다양한(넓은) ③ 많이 ④ 실제의 ⑤ 더 좋은

04 지문에 가장 적절한 주제를 고르는 문제이다. 미래에 어떤 직업을 택할 것인가에 따라 직업 훈련 전문학교 혹은 일반 교육을 실시하는 대학을 고르라는 내용이다. 따라서 정답은 ②.
① 왜 직업 훈련 전문학교는 대부분의 직업을 위해 더 좋은 곳인가
② 대학과 직업 훈련 전문학교 중에서 선택하기
③ 대학에 가기 전에 직업을 골라야만 하는 이유
④ 졸업을 하기 전에 일의 경험을 하는 방법
⑤ 왜 대학은 직업 훈련에 초점을 맞추기 시작하는가

Focusing on DETAILS

05 본문의 degree는 '학위'란 뜻이다. 따라서 정답은 (b).
(a) 그가 말하는 것은 어느 정도는 맞는 말이다.
(b) 그녀의 교육학 학위는 직장을 구하는 데 도움이 되었다.

06 빈칸에는 미래의 직업을 계획할 때 중요한 것이 무엇인지 들어가야 한다. 마지막 두 문장에서 어떤 직업을 선택하는지에 따라 어떤 학교에 갈지 알 수 있다고 했으므로 정답은 ⑤.
① 공부해야 할 필수 과목들
② 다른 사람보다 잘할 수 있는 일이 무엇인지
③ 가장 높은 소득의 직업은 무엇인지
④ 학교에서 공부를 얼마나 열심히 해야 하는지
⑤ 어떤 종류의 교육이 필요한지

직독직해

¹Should I go to university — or not? ²The question isn't as easy as it
　　대학에 꼭 가야 할까 아니면 아닐까?　　　　이 질문은 생각만큼 쉽지는 않다.

sounds. ³Not everybody needs a university degree. ⁴To plan your
　　　　　　모든 사람이 대학 학위가 필요한 것은 아니다.　　　미래의 직업을 계획하려면.

working future, / it's important to know // which type of education
　　　　　　　　　아는 것이 중요하다　　　　어떤 종류의 교육이 필요한지.

you need. ⁵Most universities teach you a wide range of subjects and
　　　　　대부분 대학에서는 다양한 과목과 보편적인 사고력을 가르친다.

해석

¹대학에 꼭 가야 할까 아니면 아닐까? ²이 질문은 생각만큼 쉽지는 않다. ³모든 사람이 대학 학위가 필요한 것은 아니다. ⁴미래의 식업늘 계획하려면 어떤 종류의 교육이 필요한지 아는 것이 중요하다. ⁵대부분 대학에서는 다양한 과목과 보편적인 사고력을 가르친다. ⁶법학 학위를 받으려고, 단지 법학 수업만 듣지는 않는다. ⁷다

general thinking skills. ⁶To get a law degree, / you don't just take
<small>법학 학위를 받으려고,   단지 법학 수업만 듣지는 않는다.</small>

classes about law. ⁷You have to take other classes, too. ⁸Anything / from
<small>다른 수업들 역시 들어야 한다.   어느 과목이든 말이다</small>

history and literature to politics or economics. ⁹However, a training
<small>역사와 문학에서 정치학 또는 경제학에 이르기까지.   그러나 직업 훈련 전문학교는</small>

college is different // because it focuses on just one thing: / the job you
<small>(대학과) 다른데,   한 가지에만 초점을 맞추기 때문이다   당신이 원하는 직업이 그것이다.</small>

want. ¹⁰Classes in training colleges / teach you the special skills // you
<small>직업 훈련 전문학교에서의 수업은   특별한 기술을 가르친다</small>

need in your career. ¹¹For example, classes may focus on becoming a
<small>직업에 필요한.   예를 들면,   수업은 푸드스타일리스트, 제빵사 혹은 패션 디자이너가 되는 것에</small>

food stylist, a baker, or a fashion designer. ¹²And they usually give you /
<small>초점이 맞춰져 있을지 모른다.   그리고 대개 직업 훈련 전문학교는 제공한다</small>

real work experience in real businesses / as part of your training.
<small>실제 회사에서 진짜로 일을 해보는 경험을   훈련의 일부분으로서.</small>

¹³Universities rarely do that. ¹⁴So, before you do anything else, // you
<small>대학은 거의 그렇게 하지 않는다.   따라서 당신은 다른 일을 하기 전에.</small>

need to decide // what kind of job would suit you the best. ¹⁵Then find
<small>결정할 필요가 있다   자신에게 어떤 종류의 직업이 가장 잘 맞는지.   그런 다음, 찾아봐라</small>

out // what that job requires. ¹⁶Then you will know / where to go: //
<small>그 직업이 요구하는 것을.   그러면 알게 될 것이다   어디로 가야 할지</small>

a university for a general education, a training college for that one
<small>일반 교육을 실시하는 대학(으로 갈지, 혹은), 한 가지 특별한 직업을 준비하기 위한 직업 훈련 전문학교(로 갈지).</small>

special job.

른 수업들 역시 들어야 한다. ⁸역사와 문학에서 정치학 또는 경제학에 이르기까지 어느 과목이든 말이다. ⁹그러나 직업 훈련 전문학교는 (대학과) 다른데, 당신이 원하는 한 가지 직업에만 초점을 맞추기 때문이다. ¹⁰직업 훈련 전문학교에서의 수업은 직업에 필요한 특별한 기술을 가르친다. ¹¹예를 들면, 수업은 푸드스타일리스트, 제빵사 혹은 패션 디자이너가 되는 것에 초점이 맞춰져 있을지 모른다. ¹²그리고 대개 직업 훈련 전문학교는 훈련의 일부분으로서 실제 회사에서 진짜로 일을 해보는 경험을 제공한다. ¹³대학은 거의 그렇게 하지 않는다. ¹⁴따라서 당신은 다른 일을 하기 전에, 자신에게 어떤 종류의 직업이 가장 잘 맞는지 결정할 필요가 있다. ¹⁵그런 다음, 그 직업이 요구하는 것을 찾아봐라. ¹⁶그러면 어디로 가야 할지 알게 될 것이다. 일반 교육을 실시하는 대학(으로 갈지, 혹은), 한 가지 특별한 직업을 준비하기 위한 직업 훈련 전문학교(로 갈지).

구문해설

3 **Not everybody** needs a university degree.
▶ 「not every ~」는 부분 부정을 나타낸다. '모두 ~인 것은 아닌'이란 뜻.

4 ~, it's important **to know** *which type of education you need*.
<small>가주어   진주어</small>
▶ 「It's important to+동사원형」은 '~하는 것이 중요하다'란 뜻. It은 가주어, to 이하가 진주어로서, to 이하를 주어로 해석한다. which가 이끄는 절이 know의 목적어로 쓰였다.

14 ~, you need to decide // **what kind of job would suit you** the best.
<small>S'   V'   O'</small>
▶ what 이하는 decide의 목적어. 목적어절 내의 주어는 what kind of job, 동사는 would suit, 목적어는 you의 구조이다.

해설 & 해석

Before Reading

아마도 이 지문은 '(b) 자기 통제'에 관한 내용일 것이다.
(a) 여가활동 (b) 자기 통제

Getting the BIG PICTURE

지나치게 많은 것은 01 ④ 나쁘다. 그러니 휴식계획을 짜는 것이 어떠한가?
당신이 02 ① 많이 하는 어떤 것을 골라라. 그리고 40시간 동안 그것을 하지 마라.
다른 사람들에게 당신의 계획을 말하라. 그러면 그들은 당신을 지지할 수 있다.
당신이 대신에 할 다른 무언가를 찾는다면, 03 ③ 더 편한 시간을 갖게 될 것이다.
이것은 04 ② 새로운 것들을 발견하기에 훌륭한 방법이다.
〈보기〉
① 많이 ② 새로운 ③ 더 편한 ④ 나쁜 ⑤ 더 강한

05 글쓴이의 의도가 무엇인지 파악하는 유형이다. 좋지 않은 습관에 빠져 있는 사람들에게 이러한 습관에서 벗어날 수 있는 방법을 설명해주는 글이다. 따라서 정답은 ①.
① 자기 통제를 하는 방법을 조언하려고
② 시간을 성공적으로 사용하는 방법을 설명하려고
③ 새로운 체중 감소 방법을 알려주려고
④ 유용하게 쓸 수 있는 새 학습 방법을 소개하려고
⑤ 중독적인 활동들에 대해 경고하려고

Focusing on DETAILS

06 이 글을 읽는 대상을 찾는 유형이다. 자기가 좋아하는 일에만 너무 빠져 있으면 바람직하지 않으니 자기 통제 방법을 배워야 한다는 내용이다. 따라서 정답은 ②.
① 친구가 없는 사람들
② 항상 문자 메시지를 보내는 아이들
③ 대중 앞에서 말하는 것을 너무 부끄러워하는 아이들
④ 한꺼번에 너무 많은 일을 하기를 좋아하는 사람들
⑤ 어떤 취미도 갖고 있지 않은 사람들

직독직해

¹Could you give up / watching TV, playing computer games, or eating
당신은 포기할 수 있나요   TV 보기, 컴퓨터 게임 하기, 또는 가장 좋아하는 과자 먹기?

your favorite snack? ²These things aren't exactly bad for you, // but
이러한 것들이 당신에게 꼭 나쁜 것만은 아닙니다

too much of them can make you friendless, lazy, and fat. ³We all need
하지만 이런 것들을 너무 많이 하는 것은 친구를 잃고 게을러지며 뚱뚱하게 할 수 있습니다.   우리는 모두

to learn some self-control. ⁴It makes us better and stronger people.
약간의 자기 통제법을 배울 필요가 있습니다.   자기 통제는 우리를 더 멋지고 강한 사람으로 만들어 주거든요.

⁵But how do we learn? ⁶How about trying to give up / something you
그런데, 어떻게 배울 수 있을까요?   포기해 보는 것은 어떨까요   당신이 사랑하는 것을

love / for just 40 hours? ⁷Here's what to do:
단 40시간 동안만?   여기 방법이 있습니다.

⁸1. Choose something // that you absolutely love to do or eat. ⁹It has to
1. (~하는) 것을 선택하세요   당신이 정말로 하고 싶거나 먹고 싶은.

be something // that you truly believe / makes your life better or
(~하는) 것이어야 합니다   당신이 진정으로 믿는   당신의 삶을 더 좋고 행복하게 만든다고.

happier. ¹⁰Then, set a date and a time to start.
그리고 나서, 시작할 날짜와 시간을 정하세요.

¹¹2. Tell your friends and family / about the difficult thing you're going
2. 당신의 친구와 가족에게 말해 주세요   당신이 하려고 하는 이 어려운 일에 대해.

to do. ¹²Ask them to help you. ¹³If you think you might not be strong
그들에게 당신을 도와달라고 하세요   만약 당신이 충분히 (의지가) 강하지 않다고 생각한다면.

enough, // you could ask one of your friends to give up the same thing
친구 중 한 명에게 똑같은 것을 포기해달라고 부탁할 수 있습니다.

/ at the same time as you.
당신과 (똑같은 것을) 동시에.

해석

¹당신은 TV 보기, 컴퓨터 게임 하기, 또는 가장 좋아하는 과자 먹기를 포기할 수 있나요? ²이러한 것들이 당신에게 꼭 나쁜 것만은 아닙니다. 하지만 이런 것들을 너무 많이 하면, 친구를 잃고 게을러지며 뚱뚱해질 수 있습니다. ³우리는 모두 약간의 자기 통제법을 배울 필요가 있습니다. ⁴자기 통제는 우리를 더 멋지고 강한 사람으로 만들어 주거든요. ⁵그런데, 어떻게 배울 수 있을까요? ⁶단 40시간 동안만 당신이 사랑하는 것을 포기해 보는 것은 어떨까요? ⁷여기 방법이 있습니다.

⁸1. 당신이 정말로 하고 싶거나 먹고 싶은 것을 선택하세요. ⁹당신의 삶을 더 좋고 행복하게 만든다고 진정으로 믿는 것이어야 합니다. ¹⁰그러고 나서, 시작할 날짜와 시간을 정하세요.

¹¹2. 당신의 친구와 가족에게 당신이 하려고 하는 이 어려운 일에 대해 말해 주세요. ¹²그들에게 당신을 도와달라고 하세요. ¹³만약 당신이 충분히 (의지가) 강하지 않다고 생각한다면, 친구 중 한 명에게 당신과 똑같은 것을 동시에 포기해달라고 부탁할 수 있습니다.

¹⁴3. 만약 당신이 그 허전함을 채울 뭔가 다른 것을 찾게 된다면, 삶에서 무엇을 버리기가 더 쉬워집니다. ¹⁵당신이 TV를 포기한다면, 대신 체육관에서 운동을 시작하세요. ¹⁶계속해서 바

¹⁴3. It's easier to leave something out of your life // if you find something
3. 삶에서 무엇을 버리기가 더 쉬워집니다   만약 당신이 그 허전함을 채울

else to fill the hole. ¹⁵If you give up TV, // start working out at a gym
뭔가 다른 것을 찾게 된다면.   당신이 TV를 포기한다면,   대신 체육관에서 운동을 시작하세요.

instead. ¹⁶Find something good to keep yourself busy. ¹⁷You might just
          계속해서 바쁠 수 있는 좋은 방법을 찾아보세요.   당신이 정말 맘에 드는

discover a totally new love!
새로운 일을 발견할 수도 있을 겁니다!

뽈 수 있는 좋은 방법을 찾아보세요. ¹⁷당신이 정말 맘에 드는 새로운 일을 발견할 수도 있을 겁니다!

구문해설

1 Could you *give up* **watching** TV, **playing** computer games, *or eating* your favorite snack?
▶ give up의 목적어로 세 개의 동명사구(watching ~, playing ~, eating ~)가 or로 대등하게 연결되어 있다.

2 ~, but too much of them can **make** *you* **friendless, lazy, and fat**.
O / C
▶ 「make+목적어+형용사」의 구조로 '~을 …하게 만들다'란 뜻.

6 **How about** *trying* to give up something [you love] for just 40 hours?
▶ 「How about+-ing ~?」는 '~하는 것이 어때?'란 뜻으로 '권유'를 나타낸다. something을 수식하는 어구는 뒤에 위치한다.

9 It has to be **something** [**that** *you truly believe* makes your life better or happier].
삽입절 / V′ / O′ / C′
▶ that절이 앞의 something을 수식하고 있다. that절 내에 you truly believe가 삽입된 형태. that절은 「make+목적어+형용사」의 구조.

13 If you think you might not be **strong** *enough*, // you could **ask** one of your friends **to give up** the same thing at the same time **as** you.
▶ enough는 형용사(strong)를 뒤에서 수식한다. 주절은 「ask A to+동사원형 (A에게 ~하도록 부탁하다, 요청하다)」의 구조. 「the same ~ as …」는 '…와 같은 ~'란 뜻.

Grammar & Usage

본문 p.36

01 stolen **02** because **03** person **04** ○ **05** × → easy
06 × → to know **07** × → that **08** what kind of job would suit
09 something good to keep yourself busy

01 stolen | 당신의 컴퓨터를 도둑맞는다면, 지금으로부터 100년 후에 그것은 어떤 의미가 있을까? 당신이 100년의 관점으로 본다면 그런 일들은 아무것도 아니다.
해설 If절 내의 주어인 your computer는 도둑맞는 대상이므로 수동을 나타내는 과거분사 stolen이 적절.

02 because | 직업 훈련 전문학교는 대부분의 대학과 다른데, 당신이 원하는 한 가지 직업에만 초점을 맞추기 때문이다.
해설 뒤에 주어(it)와 동사(focuses)가 있는 절을 이끌고 있으므로 접속사인 because가 적절. 전치사인 because of 다음에는 명사구가 온다.

03 person | 당신이 "내가 존경하는 사람" 칸에 적었던 각 사람들을 생각해 보라. 그러고 나서 "내가 존경하는 점" 칸에 각 사람에 대해 당신이 존경하는 부분을 적어라.
해설 each 다음에는 단수명사가 오므로 person이 적절.

04 ○ | 당신은 TV 보기, 컴퓨터 게임 하기, 또는 가장 좋아하는 과자 먹기를 포기할 수 있나요?
해설 watching TV, playing computer games와 or로 연결된 병렬 구조이므로 eating은 적절.

05 × → **easy** │ 대학에 꼭 가야 할까 아니면 아닐까? 이 질문은 생각만큼 쉽지는 않다.

해설 '~만큼 …한'의 의미의 「as+원급+as」 형태가 쓰인 원급 비교 표현이므로 원급인 easy가 적절.

06 × → **to know** │ 미래의 직업을 계획하려면, 어떤 종류의 교육이 필요한지 아는 것이 중요하다.

해설 가주어 it이 쓰였고 진주어 역할을 하는 to부정사가 와야 하므로 to know가 적절.

07 × → **that** │ 약간의 자기 통제법을 배우기 위해, 당신이 사랑하는 것을 단 40시간 동안만 포기해 봐라. 당신이 정말로 하고 싶거나 먹고 싶은 것을 선택하라.

해설 문맥상 뒤에 오는 관계대명사절이 선행사 something을 꾸며 주고 있으므로 관계대명사 that이 적절. what은 선행사를 포함하는 관계대명사이다.

08 **what kind of job would suit** │ 당신은 다른 일을 하기 전에, 자신에게 어떤 종류의 직업이 가장 잘 맞는지 결정할 필요가 있다.

해설 간접의문문은 「의문사+주어+(조)동사」의 어순을 취한다.

09 **something good to keep yourself busy** │ 만약 당신이 그 허전함을 채울 뭔가 다른 것을 찾게 된다면, 삶에서 무엇을 버리기가 더 쉬워집니다. 계속해서 바쁠 수 있는 좋은 방법을 찾아보세요.

해설 -thing으로 끝나는 명사를 수식하는 형용사는 뒤에 위치한다. to keep yourself busy는 something good을 꾸며 주는 to부정사의 형용사적 역할.

Chapter 03

People

Quick Check

본문 p.38

1	**2**	**3**	**4**	**5**	**6**
01. d	01. b	01. b	01. a	01. b	01. b
02. e	02. e	02. d	02. e	02. c	02. c
03. c	03. f	03. e	03. b	03. a	03. a
04. b	04. a	04. c	04. d	04. d	04. e
05. a	05. c	05. a	05. c	05. e	05. d
	06. d				

1

Before Reading (a)

Getting the BIG PICTURE 01 ② 02 ④ 03 ① 04 ②

Focusing on DETAILS 05 (a) F (b) F (c) T

본문 p.40

해설 & 해석

Before Reading

아마도 이 지문은 '(a) 무함마드'에 관한 내용일 것이다.

(a) 무함마드 (b) 이슬람교

Getting the BIG PICTURE

무함마드가 메디나에 방문했을 때, 모두 무함마드가 그들과 함께 살 것을 원했다.

무함마드는 그가 02 ④ 머물러야 하는 곳을 낙타가 정하도록 01 ② 하였다.

낙타는 두 명의 가난한 아이들의 집으로 되돌아갔다.

무함마드는 그 집에서 살기로 했고, 그곳은 첫 번째 이슬람 사원이 03 ① 되었다.

〈보기〉 ① (~이) 되었다 ② (~하게) 하다 ③ 보여주다 ④ 머무르다 ⑤ 떠나다

04 이슬람교의 창시자인 무함마드는 낙타가 이끄는 대로 가난한 고아의 집을 거처로 정했는데, 그곳이 이슬람 사원인 모스크(mosque)의 기원이 되었다는 내용의 글이다. 따라서 정답은 ②.

'첫 번째 이슬람 사원의 장소는 무함마드의 낙타에 의해 정해졌다.'

	(a)	(b)
①	제목	무함마드
②	장소	무함마드의 낙타
③	첫 시작	모든 가족들
④	제목	무함마드의 낙타
⑤	장소	무함마드

Focusing on DETAILS

05 (a) 무함마드는 메디나 마을에서 살기로 선택했다(He chose to live in the town of Medina.)는 본문의 내용과 일치하지 않으므로 정답은 F.

(b) 무함마드가 가난한 두 아이의 집에서 살기 위해 장소에 대한 비용을 지급했다(So, Muhammad went into the house, paid for the place, ~)는 본문의 내용과 일치하지 않으므로 정답은 F.

(c) 무함마드가 살았던 두 아이의 집이 첫 번째 이슬람 사원이 되었다(This became the first mosque, ~)는 본문 내용과 일치하므로 정답은 T.

직독직해

¹Muhammad was the founder of Islam, the religion of Muslims. ²He
　　　무함마드는 이슬람교, 즉 무슬림 종교의 창시자이다.

chose to live in the town of Medina. ³Every family wanted Muhammad
그는 메디나라는 마을에서 살기로 선택했다.　　　　　　　모든 가정에서는 무함마드가 자신들과 함께

해석

¹무함마드는 이슬람교, 즉 무슬림 종교의 창시자이다. ²무함마드는 메디나라는 마을에서 살기로 선택했다. ³모든 가정에서는 무함마드가 자

to live with them. ⁴But Muhammad said, // "God will show me where
_{살기를 원했다.}   _{하지만, 무함마드는 말했다}   _{"신이 나에게 머무를 곳을 알려줄 것입니다."}

to stay." ⁵He stayed sitting on his camel's back, // and let the camel
_{그는 낙타 등에 앉아서 지냈다}   _{그리고 그 낙타가 자유롭게}

walk freely. ⁶The camel walked to a house where two children lived.
_{걸어 다니도록 했다.}   _{그 낙타는 두 아이가 사는 집으로 걸어갔다.}

⁷The children were very poor because their parents were dead. ⁸The
_{그 아이들은 부모님이 돌아가셔서 매우 가난했다.}

camel went down on its knees, // but Muhammad made it stand up
_{그 낙타는 무릎을 꿇고 앉았지만.}   _{무함마드는 낙타가 다시 일어서도록 했다.}

again. ⁹The camel walked a short distance, // but then went back to the
_{그 낙타는 짧은 거리를 걸었다}   _{하지만 아이들의 집으로 되돌아와 쓰러졌다.}

children's house and fell down. ¹⁰So, Muhammad went into the house,
_{그래서 무함마드는 그 집으로 들어가}

// paid for the place, // and began living there. ¹¹This became the first
_{장소에 대한 비용을 지급했다}   _{그리고 거기서 살기 시작했다.}

mosque, a building where Muslims pray.
_{이곳이 최초의 모스크(이슬람 사원)가 된 곳으로, 모스크는 이슬람교도들이 기도하는 건물을 말한다.}

신들과 함께 살기를 원했다. ⁴하지만, 무함마드는 말했다. "신이 나에게 머무를 곳을 알려 줄 것입니다." ⁵그는 낙타 등에 앉아서 지내면서 그 낙타가 자유롭게 걸어 다니도록 했다. ⁶그 낙타는 두 아이가 사는 집으로 걸어갔다. ⁷그 아이들은 부모님이 돌아가셔서 매우 가난했다. ⁸그 낙타는 무릎을 꿇고 앉았지만, 무함마드는 낙타가 다시 일어서도록 했다. ⁹그 낙타는 짧은 거리를 걷고는 아이들의 집으로 되돌아와 쓰러졌다. ¹⁰그래서 무함마드는 그 집으로 들어가 장소에 대한 비용을 지급하고 거기서 살기 시작했다. ¹¹이곳이 최초의 모스크(이슬람 사원)가 된 곳으로, 모스크는 이슬람교도들이 기도하는 건물을 말한다.

구문해설

4   But Muhammad said, "God will show me **where to stay**."
▶ 「where to+동사원형」은 '~할 곳, 어디에 ~할지'란 뜻.

5   He stayed sitting on his camel's back, and **let** the camel **walk** freely.
       V   O   C
▶ 「let+목적어+동사원형」의 구조로 'O가 C하게 하다'란 뜻.

6   The camel walked to **a house** [**where** two children lived].
▶ where 이하가 a house를 꾸미고 있다.

9   The camel **walked** a short distance, *but* then **went** back to the children's house *and* **fell** down.
▶ 두 개의 동사구(walked ~, went back ~)가 but으로 대등하게 연결되어 있는 구조. but 이하에서 두 개의 동사구(went ~, fell ~)가 또한 and로 대등하게 연결되어 있다.

2

Before Reading	(b)	본문 p.42
Getting the BIG PICTURE	01 ⑤ 02 ③ 03 ① 04 ①	
Focusing on DETAILS	05 ⑤, many world leaders 06 (b)	

해설 & 해석

Before Reading

아마도 이 지문은 '(b) 월드 헬로우 데이'에 관한 내용일 것이다.
(a) 다양한 인사들 (b) 월드 헬로우 데이

Getting the BIG PICTURE

월드 헬로우 데이는 의사소통에 관한 날이다.
이날은 1973년 두 형제에 의해 만들어졌다.
목표는 세계에 01 ⑤ 평화를 가져오는 데 도움을 주는 것이었다.

월드 헬로우 데이는 세계 지도자들에게 02 ③ 지지를 받았고 100개가 넘는 나라들의 03 ① 참여를 받았다.

이것은 매년 11월 셋째 주 일요일에 열린다.

〈보기〉 ① 참여 ② 의사소통 ③ 지지 ④ 노력 ⑤ 평화

04 이 글의 가장 적절한 주제를 고르는 문제이다. 월드 헬로우 데이를 시작한 시기, 시작한 사람, 시작하게 된 계기, 발전 과정에 대한 내용이 이어지므로 월드 헬로우 데이를 설명하는 글이라는 것을 알 수 있다. 따라서 정답은 ①.
  ① 월드 헬로우 데이는 무엇인가
  ② 마이클 매코맥은 누구인가
  ③ 세계 평화를 어떻게 지킬 수 있는가
  ④ 인사하는 것이 얼마나 중요한가
  ⑤ 월드 헬로우 데이에 무엇을 하는가

05 (e)는 매코맥 형제의 노력에 대해 칭찬한 세계의 지도자들(many world leaders)을 가리키며, 나머지는 모두 매코맥 형제를 가리킨다. 따라서 정답은 ⑤.

06 본문의 held는 '개최했다'란 뜻이다. 따라서 정답은 (b).
  (a) 그는 팔로 아이를 안고 있었다.
  (b) 회의는 지역 문화회관에서 개최될 것이다.
  (c) 비행기는 약 300명의 승객을 수용한다.
  (d) 이 자세를 열을 셀 동안 유지하라.

직독직해

¹Hello! *Bonjour! Nihao!* ²Would you like to join in on World Hello
헬로! 봉주르! 니하오!　　　　　　　　　월드 헬로우 데이에 참여하시겠어요?

Day? ³All you need to do is / to say hello to 10 people or more. ⁴World
　　　당신이 해야 할 모든 것은　　　10명 이상의 사람들에게 인사를 하는 것뿐입니다.

Hello Day began in 1973 / because of the war in the Middle East.
월드 헬로우 데이는 1973년에 시작됐습니다　　　중동 지역의 전쟁으로 인해.

⁵American brothers Brian and Michael McCormack / wanted to help
미국인 형제인 브라이언과 마이클 매코맥은　　　　　　　평화를 가져오는 것을

bring peace. ⁶They believed // that bad communication started the war.
돕고 싶었습니다.　매코맥 형제는 믿었습니다　　잘못된 의사소통 때문에 전쟁이 시작되었다고.

⁷So they sent letters / to the leaders of every country / about the first
그래서 그들은 편지를 보냈습니다　　　모든 나라의 지도자들에게

World Hello Day. ⁸They wrote in as many different languages as they
최초의 월드 헬로우 데이에 대한.　　그들은 가능한 한 여러 나라의 언어로 편지를 썼습니다.

could. ⁹The brothers received replies / from 16 leaders. ¹⁰The leaders
　　　매코맥 형제는 답장을 받았습니다　　16개 국가의 지도자들로부터.　그 지도자들은

wanted / them to make World Hello Day a yearly event. ¹¹The holiday
원했습니다　　매코맥 형제가 월드 헬로우 데이를 매년 열리는 행사로 만들기를.　　월드 헬로우 데이는

has been held / on the third Sunday of November every year / since
열리고 있습니다　　　　매년 11월 셋째 주 일요일에　　　　　그때 이후로.

then. ¹²People from 180 countries / have joined in on World Hello Day.
　　　180개 국가의 사람들이　　　　월드 헬로우 데이에 참여했습니다.

¹³The brothers have received praise from many world leaders / for their
매코맥 형제는 많은 세계의 지도자들로부터 칭찬을 받았습니다　　　　　그들의 노력에 대한.

efforts. ¹⁴They include the Pope, the U.S. President, and the Queen of
　　　그 지도자 중에는 교황, 미국 대통령, 영국 여왕이 있습니다.

England.

해석

¹헬로! 봉주르! 니하오! ²월드 헬로우 데이에 참여하시겠어요? ³당신이 해야 할 모든 것은 10명 이상의 사람들에게 인사를 하는 것뿐입니다. ⁴월드 헬로우 데이는 1973년에 중동 지역의 전쟁으로 인해 시작됐습니다. ⁵미국인 형제인 브라이언과 마이클 매코맥은 평화를 가져오는 것을 돕고 싶었습니다. ⁶매코맥 형제는 잘못된 의사소통 때문에 전쟁이 시작되었다고 믿었습니다. ⁷그래서 그들은 모든 나라의 지도자들에게 최초의 월드 헬로우 데이에 대한 편지를 보냈습니다. ⁸그들은 가능한 한 여러 나라의 언어로 편지를 썼습니다. ⁹매코맥 형제는 16개 국가의 지도자들로부터 답장을 받았습니다. ¹⁰그 지도자들은 매코맥 형제가 월드 헬로우 데이를 매년 열리는 행사로 만들기를 원했습니다. ¹¹그때 이후로 월드 헬로우 데이는 매년 11월 셋째 주 일요일에 열리고 있습니다. ¹²180개 국가의 사람들이 월드 헬로우 데이에 참여했습니다. ¹³매코맥 형제는 많은 세계의 지도자들로부터 그들의 노력에 대한 칭찬을 받았습니다. ¹⁴그 지도자 중에는 교황, 미국 대통령, 영국 여왕이 있습니다.

구문해설

8 ~ **as** many different languages **as they could**.
  ▶ 「as ~ as+주어+can[could]」는 '가능한 한 ~한[하게]'이라는 뜻.

10 The leaders **wanted** *them* **to make World Hello Day a yearly event**.

   O′   =   C′

   ▶ 「want A to+동사원형 (A가 ~하길 원하다)」의 구조. 「to+동사원형」이 이끄는 구에는 「make+목적어+명사」의 구조가 쓰였다. '~을 …으로 만들다'라는 뜻.

11 The holiday **has been held** on the third Sunday of November every year **since** then.

   ▶ 「have[has] been p.p.(과거분사) ~ since …」는 '…이래로 계속 ~되고 있다'란 뜻. 현재완료(have p.p.)와 수동태(be p.p.)가 합쳐진 형태이다.

3

Before Reading   (b)   본문 p.44
Getting the BIG PICTURE   01 ②   02 ①   03 ④   04 ⑤
Focusing on DETAILS   05 ②   06 ①

해설 & 해석

Before Reading

아마도 이 지문은 '(b) 쇼핑 카트'에 관한 내용일 것이다.
(a) 초기의 슈퍼마켓들 (b) 쇼핑 카트

Getting the BIG PICTURE

실반 골드만은 1930년대에 슈퍼마켓의 주인이었다.
그는 소비자들이 그들이 01 ② 들고 다닐 수 있는 것보다 더 많이 사는 것을 원했다.
그는 쇼핑 바구니에 바퀴를 달았지만 아무도 그것들을 02 ① 사용하지 않았다.
그래서 그는 쇼핑 카트가 03 ④ 유행하도록 하기 위해 배우들을 고용했다.
〈보기〉 ① 사용하다 ② 들고 다니다 ③ 사다 ④ 유행하는 ⑤ 강한

04 이 글은 최초의 쇼핑 카트가 어떻게 발명되었는지에 관한 내용이다. 따라서 정답은 ⑤.
   ① 오래된 슈퍼마켓에 관한 사실들

② 실버 골드만의 천재성
③ 왜 쇼핑 카트는 소비를 증가시키는가
④ 1930년대에 소비자들은 어떻게 달랐나
⑤ 최초의 쇼핑 카트 발명

Focusing on DETAILS

05 여성들은 쇼핑 카트 모양이 예쁘지 않다(Women thought they were unattractive.)고 생각했다. 따라서 고객들의 반응으로 알맞은 것은 ②.

06 밑줄 친 문장에서 예상치 못한 문제가 있었다고 한 후 여성들, 나이든 손님, 남성들은 카트를 마음에 들어 하지 않았다는 내용이 나온다. 따라서 정답은 ①.
   ① 골드만의 카트는 바로 인기가 있지는 않았다
   ② 소비자들은 그것들을 어떻게 사용하는지를 몰랐다
   ③ 그것들을 사용한 유일한 사람들은 노인들이었다
   ④ 소비자들은 카트를 사용하면서 불편함을 느꼈다
   ⑤ 쇼핑센터에는 충분한 카트가 없었다

직독직해

¹Sylvan Goldman owned several supermarkets / in Oklahoma / in the
   실반 골드만은 여러 개의 슈퍼마켓을 가지고 있었다   오클라호마에서

1930s. ²There were no shopping carts in those days. ³So, customers
   1930년대에.   그 당시에는 쇼핑 카트가 없었다.   그래서 손님들은

only bought // as much as they could carry in a small shopping basket.
   (물건을) 샀다   작은 쇼핑 바구니에 담을 수 있는 만큼만.

⁴He wondered / how to make his customers buy more things. ⁵Then
   그는 궁금했다   어떻게 하면 손님들이 더 많은 물건을 사게 만들 수 있을지.   그러던

one night, / he was looking at a wooden folding chair / and had an
   어느 날 밤,   그는 접이식 나무 의자를 보고   생각이 떠올랐다.

idea. ⁶"I know! / I'll put a basket and wheels on a folding metal frame!"
   "맞아!   접을 수 있는 금속 프레임에 바구니와 바퀴를 달 거야!"

/ said Goldman. ⁷And that's just what he did. ⁸The shopping carts that
   골드만이 말했다.   그리고 그는 그것을 행동으로 옮겼다.   골드만이 만든 쇼핑 카트는

해석

¹실반 골드만은 1930년대에 오클라호마에서 여러 개의 슈퍼마켓을 가지고 있었다. ²그 당시에는 쇼핑 카트가 없었다. ³그래서 손님들은 작은 쇼핑 바구니에 담을 수 있는 만큼만 (물건을) 샀다. ⁴그는 어떻게 하면 손님들에게 더 많은 물건을 사게 할 수 있을지 궁금했다. ⁵어느 날 밤, 그는 접이식 나무 의자를 보고 생각이 떠올랐다. ⁶"맞아! 접을 수 있는 금속 프레임에 바구니와 바퀴를 달 거야!"라고 골드만이 말했다. ⁷그리고 그는 그것을 행동으로 옮겼다. ⁸골드만이 만든 쇼핑 카트는 간편하고 매우 유용했지만, 예상치 못한 문제가 있었다! ⁹여성들은 카트가 예쁘지 않다고 생각했다. ¹⁰나이 든 손님들은 카트를

Goldman made / were simple and very useful, // but there was an
간편하고 매우 유용했다.   하지만 예상치 못한 문제가 있었다!

unexpected problem! ⁹Women thought they were unattractive.
여성들은 카트가 예쁘지 않다고 생각했다.

¹⁰Old customers thought // that using the carts made them look even
나이 든 손님들은 생각했다   카트를 사용하면 자신이 훨씬 더 늙어 보인다고.

older. ¹¹And men thought // that using the carts made them look weak!
그리고 남성들은 생각했다   카트를 사용하면 자신이 약해 보인다고!

¹²So, Goldman hired actors and actresses / to push the carts around
그래서 골드만은 배우들을 고용해   가게 안에서 카트를 밀며

the store / and pretend to shop. ¹³Soon, / other customers began to use
쇼핑하는 척하라고 시켰다.   곧,   다른 손님들도 카트를 사용하기 시작했다.

the carts. ¹⁴At last, success!
마침내, 성공한 것이다!

사용하면 자신이 훨씬 더 늙어 보인다고 생각했다. ¹¹그리고 남성들은 카트를 사용하면 자신이 약해 보인다고 생각했다! ¹²그래서 골드만은 배우들을 고용해 가게 안에서 카트를 밀며 쇼핑하는 척하라고 시켰다. ¹³곧, 다른 손님들도 카트를 사용하기 시작했다. ¹⁴마침내, 성공한 것이다!

구문해설

2   **There were** *no shopping carts* in those days.
         V   S
   ▶ 「There+be동사 ~」구문은 뒤에 나오는 명사를 주어로 해석한다.

4   He wondered **how** *to* **make** *his customers* **buy** more things.
               V'   O'   C'
   ▶ 「how to+동사원형」은 '어떻게 ~해야 할지, ~하는 방법'이란 뜻. 여기서 make는 '~가 …하게 하다'의 뜻으로 「make+목적어+동사원형」 구조.

8   *The shopping carts* [**that** Goldman made] were simple and very useful, but there was an unexpected
         S   V

problem!
   ▶ that 이하가 The shopping carts를 꾸며주고 있다.

4

Before Reading   (a)   본문 p.46

Getting the BIG PICTURE   01 ③ 02 ① 03 ② 04 ⑤ 05 ②

Focusing on DETAILS   06 (a) F (b) T (c) F

                        07 빨간색을 보지 못한다는 것/ 빨간색이 파란색으로 보인다는 것

해설 & 해석

Before Reading

아마도 이 지문은 '(a) 색맹'에 관한 내용일 것이다.

(a) 색맹 (b) 시력 문제

Getting the BIG PICTURE

존 돌턴은 그와 그의 동생이 01 ③ 시각적 문제를 가지고 있다는 것을 발견했다.

그와 그의 동생은 02 ① 빨간색이 파란색으로 보였다.

돌턴은 그 03 ② 이유들을 찾기를 원했지만 그는 찾을 수 없었다.

그는 이것이 그가 04 ⑤ 파란색 눈을 가지고 있기 때문이라고 추측했다.
〈보기〉 ① 빨간색 ② 이유들 ③ 시각적 ④ 결과들 ⑤ 파란색

05   이 글은 존 돌턴이 색맹을 최초로 연구하게 된 배경에 대해 설명해주는 글이다. 따라서 정답은 ②.
① 왜 서로 다른 사람들은 다른 색을 보는가
② 색맹을 연구한 최초의 사람
③ 색맹의 원인
④ 최초의 안과 의사의 이야기
⑤ 색맹을 치료하는 방법

06 (a) 존 돌턴이 색맹에 관해 연구하기로 결심하고 연구 결과를 발표했다는 내용이 나오지만, 친구와 함께했다는 언급은 없으므로 정답은 F.

    (b) 한 과학 잡지에 돌턴이 연구 결과를 발표했다(Dalton published ~ in a science journal.)는 지문의 내용과 일치하므로 정답은 T.

(c) 본인이 색맹이라는 사실은 전해 들은 사실이 아니라 그가 알아낸 사실이므로 정답은 F.

07 밑줄 친 problem은 앞의 다른 사람들이 빨간색이라 말하는 것을 돌턴과 그의 동생이 파란색으로 본다는 내용이다. 따라서 정답은 '빨간색이 파란색으로 보인다는 것' / '빨간색을 보지 못한다는 것'이다.

직독직해

¹John Dalton was an English scientist. ²In 1794, he wrote a paper /
존 돌턴은 영국 과학자였다.　　　　　　1794년, 그는 한 논문을 썼다

which was the first to discuss color blindness. ³The story goes // that
최초로 색맹을 연구한　　　　　　　　　　이 이야기는 비롯된다

Dalton gave his mother stockings / for her birthday. ⁴"They are lovely,
돌턴이 어머니께 스타킹을 드린 데에서　　생신 선물로.　　　　　"존, 스타킹이 참 예쁘구나."

John," she said. ⁵"But such a bright color! They're as red as a cherry!"
어머니께서 말씀하셨다.　　　　　"그런데 매우 밝은 색이네!　　　체리 색처럼 빨갛구나!"

⁶What his mother said made him confused. ⁷To John Dalton, / the
어머니가 하신 말씀은 그를 혼란스럽게 하였다.　　　　　　존 돌턴에게

stockings looked dark blue. ⁸So, he showed his brother the stockings.
그 스타킹은 진청색으로 보였기 때문이다.　　　그래서 그는 동생에게 그 스타킹을 보여주었다.

⁹His brother said, "Nice dark blue color." ¹⁰Then Dalton showed some
동생은　　　　"멋진 진청색인데."라고 말했다.　　　그다음, 돌턴은 친구들에게도 보여주었다.

friends. ¹¹When they all said, "That's the brightest red I've ever seen!", //
그들이 모두 말했을 때　　　　"내가 본 색 중에 가장 밝은 빨간색이야!"라고

Dalton knew // that there must be something wrong with his and his
돌턴은 알았다　　　　자신과 동생의 눈에 틀림없이 문제가 있음을

brother's eyes. ¹²That's when // he decided to study the problem closely.
　　　　　그때가 바로　　돌턴이 그 문제에 대해 자세히 연구하기로 결심한 때이다.

¹³He wanted to find out // what causes it. ¹⁴Dalton published the results
그는 알아내길 원했다　　무엇이 이런 문제를 일으키는지를.　　돌턴은 그의 연구 결과를 발표하였다.

of his study / in a science journal. ¹⁵He called the problem 'color
한 과학 잡지에.　　　　　　그는 이 증상을 '색맹'이라고 불렀지만,

blindness,' // but he couldn't discover what causes it. ¹⁶He just thought //
　　　　무엇이 이런 증상을 일으키는지는 발견하지 못했다.　　　그는 단지 생각했다

the insides of his eyeballs were blue!
자신의 안구 안쪽이 파랗기 때문이라고!

해석

¹존 돌턴은 영국 과학자였다. ²1794년 그는 최초로 색맹을 연구한 논문을 썼다. ³이 이야기는 돌턴이 어머니께 생신 선물로 스타킹을 드린 데에서 비롯된다. ⁴"존, 스타킹이 참 예쁘구나." 어머니께서 말씀하셨다. ⁵"그런데 매우 밝은 색이네! 체리 색처럼 빨갛구나!"⁶어머니가 하신 말씀은 그를 혼란스럽게 하였다. ⁷존 돌턴에게 그 스타킹은 진청색으로 보였기 때문이다. ⁸그래서 그는 동생에게 그 스타킹을 보여주었다. ⁹동생은 "멋진 진청색인데."라고 말했다. ¹⁰그다음, 돌턴은 친구들에게도 보여주었다. ¹¹그들이 모두 "내가 본 색 중에 가장 밝은 빨간색이야!"라고 말했을 때, 돌턴은 자신과 동생의 눈에 틀림없이 문제가 있음을 알았다. ¹²그때가 바로 돌턴이 그 문제에 대해 자세히 연구하기로 결심한 때이다. ¹³그는 무엇이 이런 문제를 일으키는지를 알아내길 원했다. ¹⁴돌턴은 한 과학 잡지에 그의 연구 결과를 발표하였다. ¹⁵그는 이 증상을 '색맹'이라고 불렀지만, 무엇이 이런 증상을 일으키는지는 발견하지 못했다. ¹⁶그는 단지 자신의 안구 안쪽이 파랗기 때문이라고 생각했다!

구문해설

5　"But **such a bright color**! They're **as** *red* **as** a cherry!"

    ▶ 「such+a(n)+형용사+명사」는 '매우 ~한 …, 그렇게 ~한 …'의 뜻. 「as ~ as …」는 '…만큼 ~한'의 뜻으로 동일한 성질인 두 개의 대상을 비교할 때 사용한다.

11　When they all said, "That's *the brightest red* I've ever seen!", ~.

    ▶ 「최상급(the+-est)+that+완료시제」의 구조로 '~한 것 중 가장 …한'이란 뜻.

    e.g. He is **the strongest person** I've ever seen! (그는 내가 본 사람 중 가장 힘이 세!)

해설 & 해석

Before Reading

아마도 이 지문은 '(b) 그림'에 관한 내용일 것이다.

(a) 예술가 (b) 그림

Getting the BIG PICTURE

〈무대 위의 무희〉는 에드가르 드가에 의해 01 ② 그려졌다.

이 그림엔 밝은 조명 아래 무대 위에서 02 ③ 춤추고 있는 한 명의 발레리나가 있다.

이것은 공연 진행팀에서 일하는 누군가의 03 ① 시선을 보여준다.

드가의 다른 그림들처럼, 이것은 04 ④ 실내 장면을 보여주는 독특한 그림이다.

〈보기〉 ① 시선 ② 그리다 ③ 춤추다 ④ 실내의 ⑤ 서다

05 인상파 화가 에드가르 드가의 〈무대 위의 무희〉 작품에 관해 설명해주는 글이다. 따라서 정답은 ①.

① 잘 알려진 드가의 작품

② 무엇이 발레를 그토록 아름답게 만드는가

③ 유명한 인상파 화가들

④ 〈무대 위의 무희〉를 만든 무용수

⑤ 실내 작품들의 독특한 특징들

Focusing on DETAILS

06 ④ 〈무대 위의 무희〉라는 작품은 벽의 구멍을 통해 방을 들여다보는 것과 같은 독특한 시각으로 그려졌다(That's just ~ a hole in a wall.)고 했으므로 글의 내용과 일치한다.

①은 언급되지 않았다. ② 그는 주로 춤추고 있지 않은 무용수들을 그렸고 (Usually, ~ not dancing.). ③ 무대를 담당하는 사람들의 모습을 그린 것이 아니라, 그 사람들의 시선으로 그렸다(Our view ~ and curtains.). ⑤ 다른 인상파 화가들은 실외 풍경을 그렸다(Most Impressionist ~ scenes.)는 내용이므로 글의 내용과 일치하지 않는다.

07 typical이 '전형적인'의 의미이므로, 일반적인 것을 뜻한다. 따라서 다른 상황을 뜻하는 것이 아니라 같은 상황을 뜻하므로 정답은 (a).

'어떠한 것이 전형적이라면, 그것은 대부분의 시간 또는 상황에서 발생하는 것과 같다.'

직독직해

¹*Prima Ballerina* is a famous painting / by the Impressionist artist
〈무대 위의 무희〉는 유명한 그림이다   인상파 화가

Edgar Degas. ²The scene is not typical among his works. ³Usually, / his
에드가르 드가의.   그 (그림의) 장면은 그의 작품에서 흔히 볼 수 있는 것이 아니다.   보통

paintings show dancers who are not dancing. ⁴But in *Prima Ballerina*,
드가의 그림은 춤추고 있지 않은 무용수들을 보여준다.   하지만 〈무대 위의 무희〉에서

/ we see a single ballerina / performing a beautiful dance under bright
우리는 단 한 명의 발레리나를 본다   무대 위 밝은 불빛 아래에서 아름다운 춤을 추는.

lights on a stage. ⁵Our view is from high up above the stage. ⁶This is
우리의 시선은 무대 위 높은 곳에서 (무대로) 향한다.

where the stage crew sat // and controlled the lighting, scenery, and
이곳은 공연 진행팀이 앉아서   조명, 배경, 커튼을 조종하는 곳이다.

curtains. ⁷People watching the ballet in the theater / would not have
극장에서 발레를 보는 사람들은   이런 광경을 보지 못했을 것이다.

had such a view. ⁸That's just what Degas wanted, an unusual or secret
그것이 바로 드가가 원했던 독특하고 비밀스런 시각인데.

view, / like looking at a room through a hole in a wall. ⁹Because he
이는 벽의 구멍을 통해 방을 들여다보는 것과 같은 것이다.

loved indoor scenes, // he is set apart from other Impressionist
그는 실내 장면을 좋아했기 때문에,   다른 인상파 화가들과는 구분된다.

해석

¹〈무대 위의 무희〉는 인상파 화가 에드가르 드가의 유명한 그림이다. ²그 (그림의) 장면은 그의 작품에서 흔히 볼 수 있는 것이 아니다. ³보통 드가의 그림은 춤추고 있지 않은 무용수들을 보여준다. ⁴하지만 〈무대 위의 무희〉에서 우리는 무대 위 밝은 불빛 아래에서 아름다운 춤을 추는 단 한 명의 발레리나를 본다. ⁵우리의 시선은 무대 위 높은 곳에서 (무대로) 향한다. ⁶이곳은 공연 진행팀이 앉아서 조명, 배경, 커튼을 조종하는 곳이다. ⁷극장에서 발레를 보는 사람들은 이런 광경을 보지 못했을 것이다. ⁸그것이 바로 드가가 원했던 독특하고 비밀스런 시각인데, 이는 벽의 구멍을 통해 방을 들여다보는 것과 같은 것이다. ⁹그는 실내 장면을 좋아했기 때문에 다른 인상파 화가들과는 구분된다. ¹⁰대부분의 인상파 화가들은 실외 풍경을 그렸다.

painters. ¹⁰Most Impressionist artists painted outdoor scenes.
대부분의 인상파 화가들은 실외 풍경을 그렸다.

구문해설

4 ~, we **see** *a single ballerina* **performing** a beautiful dance under bright lights on a stage.
　　　　　　　　　 O　　　　　　　　　　 C

▶ 「see+목적어+-ing」는 '~가 …하는 것을 보다'란 뜻.

6 This is // **where** the stage crew sat and controlled the lighting, scenery, and curtains.
　　　　　　　　　 S'　　 V₁'　　　　　 V₂'

▶ 여기서 where는 '~하는 곳'이란 뜻. where가 이끄는 절 전체가 문장 내에서 보어 역할을 하고 있다.

7 **People** [**watching** the ballet in the theater] **would** not **have had** such a view.
　　 S↑└──────────────┘　　　　　　　 V　　　　 O

▶ watching이 이끄는 구가 People을 수식하여 주어가 길어진 구조. 「would have p.p.」는 '(아마) ~했을 것이다'란 뜻으로 과거에 대한 추측을 나타낸다.

8 That's just **what Degas wanted**, *an unusual or secret view*, **like** looking at a room through a hole in a wall.

▶ what Degas wanted는 an unusual or secret view와 동격이다. 즉 '드가가 원했던 것 = 독특하고 비밀스러운 시각', like는 전치사로서 '~처럼'이란 뜻.

6
Before Reading　　　　　(a)　　　　　　　　　　　　　　　　　　　　본문 p.50
Getting the BIG PICTURE　　01 ④　02 ⑤　03 ②　04 ③　05 ②
Focusing on DETAILS　　　06 (c)　07 (c)

해설 & 해석

Before Reading

아마도 이 지문은 '(a) 요리 아이디어'에 관한 내용일 것이다.
(a) 요리 아이디어　(b) 운전하는 법

Getting the BIG PICTURE

크레이그 턴스톨은 그의 음식을 요리할 01 ④ 특이한 방법을 발견했다.
그는 운전하는 동안 요리하기 위해 자동차 엔진의 열을 02 ⑤ 사용한다.
음식을 잘 03 ② 싸는 것은 중요하다.
그는 집에 가는 길에 차 안에서 저녁 식사를 04 ③ 요리한다.
사람들은 이것이 이상하다고 생각하지만 크레이그 턴스톨은 이 음식이 맛있다고 말한다.
〈보기〉 ① 인기 있는　② 싸다　③ 요리하다　④ 특이한　⑤ 사용하다

05　운전하는 동안 자동차 엔진에 요리를 하는 사람을 소개하는 글이므로 세목은 ②가 직절.

① 친구를 위한 특별한 음식 만들기
② 자동차로 요리하는 사람
③ 부엌에 있는 시간을 줄여라!
④ 고기 냄새를 없애는 방법
⑤ 자동차 여행을 즐기는 새로운 방법

Focusing on DETAILS

06　자동차 엔진 위에 음식을 놓고 요리를 한다는 내용이 나오고, 그 이후로 여러 요리들을 자동차로 cook했다는 내용이므로 '요리하다, 뜨겁게 하다'가 적절. 따라서 정답은 (c).
(a) 즐겼다　(b) 놓쳤다　(c) 뜨겁게 하다

07　본문의 saves는 '(경비, 시간, 노력 등을) 덜다'란 뜻. 따라서 정답은 (c).
(a) 그는 물에 빠진 아이를 구했다.
(b) 나는 10만원을 저축해서 MP3 플레이어를 살 것이다.
(c) 비행기로 여행하는 것은 비용이 많이 들지만, 시간을 아낄 수 있나.

직독직해

¹Do you like to cook? ²What's your favorite method of cooking? ³Craig
당신은 요리하는 것을 좋아하나요?　　　요리할 때 가장 좋아하는 방법은 무엇인가요?

해석

¹당신은 요리하는 것을 좋아하나요? ²요리할 때 가장 좋아하는 방법은 무엇인가요? ³영국 샨

Tunstall, from Sharnbrook, England, / loves to cook. And he loves to
영국 산브룩에 사는 크레이그 턴스톨은   요리하는 것을 좋아합니다. 또한, 운전하는 것도 좋아합니다.

drive. ⁴Most of all, though, / he loves to cook // while he drives!
그러나 무엇보다도   그는 요리하는 것을 좋아합니다   운전하는 동안!

⁵Fifteen years ago, / he had a clever idea. "⁶I wrapped up some sausages
15년 전에   그는 기발한 생각을 해냈습니다.   "저는 포일에 소시지를 싸서

in foil, // put them on top of my car's engine, // and drove to my friend's
자동차 엔진 위에 놓고   친구 집까지 운전을 하면서 갔어요.

house. ⁷My friend's house was 40 minutes away. ⁸When I got there, //
친구 집까지는 40분 걸렸어요.   그곳에 도착했을 때

the sausages were cooked perfectly! Delicious!"
소시지는 완벽하게 요리되어 있었어요!   맛있었죠!

⁹Since then, / Craig has cooked many meals in his car. ¹⁰He says // long
그때 이후로   크레이그는 자동차로 여러 요리를 했습니다.   그가 말하길

trips are perfect for cooking a big steak. ¹¹Some people think // it's a
장거리 여행은 큰 스테이크를 요리하기에 완벽하다고 합니다.   몇몇 사람들은 생각합니다   이것이

strange way to cook, / but Craig doesn't care. ¹²"My engine-cooked
이상한 요리법이라고.   하지만 크레이그는 신경 쓰지 않습니다   "엔진으로 요리한

meat always tastes so good!" ¹³He says it's important / to use a lot of
고기는 언제나 아주 맛있습니다!"   그는 (~하는 것이) 중요하다고 말합니다   충분한 포일을 사용해서

foil and wrap the food carefully. ¹⁴"If you don't wrap it up tight, //
음식을 조심스럽게 싸는 것이.   "만약 음식을 단단히 싸지 않으면,

it will smell like gas. Terrible!" ¹⁵Craig has to drive 25 miles to work
휘발유 냄새가 날 것입니다.   끔찍하죠!'   크레이그는 매일 25마일을 운전해서 출근합니다

every day, // and doesn't like to waste time in a kitchen. ¹⁶He saves lots
그래서 부엌에서 시간을 낭비하는 것을 좋아하지 않습니다.   그는 많은 시간을 절약하고 있습니다

of time / by doing his cooking while he drives. ¹⁷Dinner is always ready
운전하는 동안 요리를 함으로써.   저녁은 항상 준비되어 있습니다

// when he gets home from work!
그가 퇴근해서 집에 도착했을 때!

브룩에 사는 크레이그 턴스톨은 요리하는 것을 좋아합니다. 또한, 운전하는 것도 좋아합니다. ⁴그러나 무엇보다도 그는 운전하는 동안 요리하는 것을 좋아합니다! ⁵15년 전에 그는 기발한 생각을 해냈습니다. "⁶저는 포일에 소시지를 싸서 자동차 엔진 위에 놓고 친구 집까지 운전을 하면서 갔어요. ⁷친구 집까지는 40분 걸렸어요. ⁸그곳에 도착했을 때, 소시지는 완벽하게 요리되어 있었어요! 맛있었죠!"

⁹그때 이후로 크레이그는 자동차로 여러 요리를 했습니다. ¹⁰그가 말하길 장거리 여행은 큰 스테이크를 요리하기에 완벽하다고 합니다. ¹¹몇몇 사람들은 이것이 이상한 요리법이라고 생각하지만, 크레이그는 신경 쓰지 않습니다. ¹²"엔진으로 요리한 고기는 언제나 아주 맛있습니다!" ¹³그는 충분한 포일을 사용해서 음식을 조심스럽게 싸는 것이 중요하다고 말합니다. ¹⁴"만약 음식을 단단히 싸지 않으면, 휘발유 냄새가 날 것입니다. 끔찍하죠!" ¹⁵크레이그는 매일 25마일을 운전해서 출근하고 부엌에서 시간을 낭비하는 것을 좋아하지 않습니다. ¹⁶그는 운전하는 동안 요리를 함으로써 많은 시간을 절약하고 있습니다. ¹⁷퇴근해서 집에 도착했을 때 저녁은 항상 준비되어 있습니다!

구문해설

6 I **wrapped up** some sausages in foil, **put** them on top of my car's engine, **and drove** to my friend's house.
   ▶ 3개의 동사구 wrapped up~, put ~, drove ~가 and로 대등하게 연결되어 있다. and, but 등으로 연결되는 어구는 문법적 성격이 같아야 한다.

13 He says **it's** important **to use** a lot of foil and wrap the food carefully.
   가주어   진주어
   ▶ 「it's important to ~」는 '~하는 것이 중요하다'란 뜻. to 이하를 주어로 해석한다.

16 He saves lots of time **by doing** his cooking while he drives.
   ▶ 「by+-ing」는 '~함으로써'라는 뜻.

Grammar & Usage

본문 p.52

01 even **02** walk **03** many **04** which **05** performing
06 × → the brightest **07** × → has been held **08** × → where **09** ③ **10** ⑤

---

01 even | 나이 든 손님들은 쇼핑 카트를 사용하면 자신이 훨씬 더 늙어 보인다고 생각했다.

해설 비교급 older를 수식하고 있으므로 even이 적절. very는 원급 수식.

02 walk | 무함마드는 낙타 등에 앉아서 지내면서 그 낙타가 자유롭게 걸어다니도록 했다.

해설 사역동사 let은 동사원형을 목적격보어로 취하므로 walk가 적절.

03 many | 미국인 형제인 브라이언과 마이클 매코맥은 모든 나라의 지도자들에게 최초의 월드 헬로우 데이에 대한 편지를 보냈습니다. 그들은 가능한 한 여러 나라의 언어로 편지를 썼습니다.

해설 문맥상 '가능한 한 ~한[하게]'라는 의미의 「as+원급+as+주어+can[could]」 형태가 쓰여야 하므로 원급 many가 적절.

04 which | 존 돌턴은 영국 과학자였다. 1794년 그는 최초로 색맹을 연구한 논문을 썼다.

해설 앞에 사물 선행사 a paper가 있고 관계사절의 주어 역할을 하므로 which가 적절.

05 performing | 〈무대 위의 무희〉에서 우리는 무대 위 밝은 불빛 아래에서 아름다운 춤을 추는 단 한 명의 발레리나를 본다.

해설 a single ballerina와 perform은 능동 관계이므로 현재분사 performing이 적절.

06 × → the brightest | 돌턴은 친구들에게 그 스타킹을 보여주었고 그들은 모두 "내가 본 색 중에 가장 밝은 빨간색이야"라고 말했다.

해설 최상급을 나타내는 표현인 「최상급(the+-est) (+that)+완료시제」 형태가 쓰였으므로 the brightest가 적절.

07 × → has been held | 지도자들은 브라이언과 마이클 매코맥이 월드 헬로우 데이를 매년 열리는 행사로 만들기를 원했습니다. 그때 이후로 월드 헬로우 데이는 매년 11월 셋째 주 일요일에 열리고 있습니다.

해설 The holiday(= World Hello Day)는 여는 것이 아니라 열리는 것이므로 수동태가 쓰여야 한다. 과거부터 지금까지 이어지는 상태를 나타내므로 has been held가 적절.

08 × → where | 그 낙타는 두 아이가 사는 집으로 걸어갔다.

해설 뒤에 완전한 절이 오고, '장소'를 나타내는 선행사 a house를 수식하고 있으므로 관계부사 where가 적절.

09 ③ | 골드만은 배우들을 고용해 가게 안에서 카트를 밀며 쇼핑하는 척하라고 시켰다.

해설 pretend 뒤에는 to부정사 목적어가 오므로 to shop이 적절.

10 ⑤ | 드가는 실내 장면을 좋아했기 때문에 다른 인상파 화가들과는 구분된다. 대부분의 인상파 화가들은 실외 풍경을 그렸다.

해설 문맥상 뒤에 나오는 말의 이유를 설명하고 있으므로 '~ 때문에'의 의미의 접속사 because가 적절.

Chapter 04 · Language / Communication

Quick Check

본문 p.54

❶	❷	❸	❹	❺	❻
01. f	**01.** d	**01.** d	**01.** a	**01.** b	**01.** c
02. c	**02.** a	**02.** b	**02.** c	**02.** d	**02.** d
03. b	**03.** b	**03.** c	**03.** f	**03.** a	**03.** a
04. a	**04.** e	**04.** a	**04.** e	**04.** c	**04.** b
05. e	**05.** c		**05.** d		
06. d			**06.** b		

1

Before Reading	(a)	본문 p.56
Getting the BIG PICTURE	01 ④　02 ③　03 ①　04 ③	
Focusing on DETAILS	05 ⑤　06 (a) nonsense　(b) nonstop	

해설 & 해석

Before Reading

아마도 이 지문은 '(a) 대화'에 관한 내용일 것이다.
(a) 대화　(b) 더 나은 의견들

Getting the BIG PICTURE

몇몇 사람들은 대화를 01 ④ 경쟁으로 바꿔놓는다.
그들은 자신이 옳고 다른 사람들은 틀렸다는 것을 보여주려고 노력한다.
이것은 다른 사람들이 의견을 02 ③ 공유하는 것을 두려워하게 한다.
이것은 03 ① 친구들을 사귀는데 안 좋은 방법이다.
〈보기〉
① 친구들을 사귀다 ② 이기다 ③ 공유하다 ④ 경쟁 ⑤ 의견들

04　지문에 가장 적절한 주제를 고르는 문제이다. 이 글은 몇몇 사람들이 대화할 때 자신만이 옳다고 주장하는 나쁜 습관을 가지고 있다는 내용

이다. 따라서 정답은 ③.
① 사람들이 마음을 열도록 도와주는 방법
② 논쟁에서 이기는 방법들
③ 나쁜 대화 습관
④ 사람들이 동의하지 않는 이유들
⑤ 똑똑하게 보이려고 노력하는 데 있는 문제점

Focusing on DETAILS

05　This type of person 뒤에 이런 유형의 사람들에 대한 설명이 이어진다. 자신의 의견이 더 훌륭하다는 것을 내세우려 하고 대화에서 이기는 것을 목표로 한다고 했으므로 정답은 ⑤.

06　(a) 말도 안 되는 소리 그만해. 그건 아무래도 사실일 리가 없어.
　　(b) 직항 비행기를 타면 당신이 가고 싶어 하는 곳에 곧장 갈 것이다.

직독직해

¹Some people have a very bad idea about // what good conversation
　몇몇 사람들은 매우 잘못된 생각을 하고 있다　　　　　　　좋은 대화가 무엇인지에 대해.

means. ²This type of person will try to show // that his opinions are
　　　　　이런 유형의 사람은 보여주려고 애쓴다　　　　　　자신의 의견이

better than those of others. ³His goal is to show that he is right, / and
　다른 사람들의 의견보다 더 훌륭하다는 것을.　　　이 사람의 목표는 자신이 옳다는 것을 보여주고.

to 'win' the conversation. ⁴This type of person often says things like, /
　대화에서 '승리하는' 것이다.　　　　　　　이런 유형의 사람은 종종 (이런) 말을 내뱉는다

해석

¹몇몇 사람들은 좋은 대화가 무엇인지에 대해 매우 잘못된 생각을 하고 있다. ²이런 유형의 사람은 자신의 의견이 다른 사람들의 의견보다 더 훌륭하다는 것을 보여주려고 애쓴다. ³이 사람의 목표는 자신이 옳다는 것을 보여주고, 대화에서 '승리하는' 것이다. ⁴이런 유형의 사람은 종종 "그건 내가 들어본 것 중에 제일 바보 같은

"That's the dumbest thing I've ever heard!" // or "What you are saying
그건 내가 들어본 것 중에 제일 바보 같은 말이야!   또는 '네가 하는 말은

is total nonsense!" ⁵This sends a clear message: "Only one of us can be
이것은 분명한 메시지를 전달해주는데.   바로 "우리 중에 한 사람만이 옳고

right, // and I'm right, so you are wrong." ⁶There's another message
내가 옳으니까 당신은 틀렸어."라는 것이다.   그 안에는 또 다른 메시지가 있는데.

inside that one: "Since I'm right, I'm better and smarter than you." ⁷If
바로 "내가 옳으니까 난 당신보다 더 훌륭하고 똑똑해."라는 것이다.   만약

you have this closed and competitive view, // others will not open up
당신이 이렇게 폐쇄적이고 경쟁적인 관점을 갖고 있다면.   다른 사람들은 당신에게 마음을 열지 않을 것이다.

to you. ⁸You make people feel foolish and stupid. ⁹They feel bad about
당신은 사람들이 어리석고 멍청하게 느끼도록 한다.   그들은 당신에게도 불쾌함을 느낀다

you / as well as about themselves.
자기 자신뿐만 아니라.

말이야!" 또는 "네가 하는 말은 말이 안 돼!"와 같은 말을 내뱉는다. ⁵이것은 분명한 메시지를 전달해주는데, 바로 "우리 중에 한 사람만이 옳고 내가 옳으니까 당신은 틀렸어."라는 것이다. ⁶그 안에는 또 다른 메시지가 있는데, 바로 "내가 옳으니까 난 당신보다 더 훌륭하고 똑똑해."라는 것이다. ⁷만약 당신이 이렇게 폐쇄적이고 경쟁적인 관점을 갖고 있다면, 다른 사람들은 당신에게 마음을 열지 않을 것이다. ⁸당신은 사람들이 어리석고 멍청하게 느끼도록 한다. ⁹그들은 자기 자신뿐만 아니라 당신에게도 불쾌함을 느낀다.

구문해설

2 ~ to show that his opinions are better than **those** of others.
   ▶ those가 앞에 나온 명사 opinions의 반복을 피하기 위해 쓰였다. 단수명사는 that, 복수명사는 those로 대신한다.

3 His goal is **to show** that he is right, **and to 'win'** the conversation.
     S   V   C₁   C₂
   ▶ 문장의 보어로 쓰인 두 개의 to부정사구가 and로 연결되었다.

4 ~, "That's **the dumbest thing** I've ever heard!" ~!"
   ▶ 「the+최상급+주어+have ever p.p.」는 '~해본 중에 가장 …한'의 뜻.

9 They feel bad about you **as well as** about themselves.
   ▶ 「A as well as B」는 'B뿐만 아니라 A도'란 뜻.

---

2 Before Reading   (a)   본문 p.58
    Getting the BIG PICTURE   01 ② 02 ① 03 ③ 04 ② 05 ① 06 ④ 07 ②
    Focusing on DETAILS   08 ②

해설 & 해석

Before Reading

아마도 이 지문은 '(a) 표현'에 관한 내용일 것이다.
(a) 표현 (b) 행복한 시간

Getting the BIG PICTURE

'할시온 데이즈'는 행복한 시절을 나타낸다.
이것은 01 ② 케익스와 02 ① 알키오네에 관한 그리스 이야기로부터 왔다.
그들이 03 ③ 제우스를 화나게 만들었고, 그래서 그는 04 ② 케익스를 죽였다.
05 ① 알키오네는 슬픔에 잠겨 자살했다.
그러고 나서 그들은 새가 되었다.

매년, 06 ④ 알키오네의 아버지는 안 좋은 날씨로부터 그들을 보호하였다.
〈보기〉
① 알키오네 ② 케익스 ③ 제우스 ④ 알키오네의 아버지

07 지문에 가장 적절한 주제를 고르는 문제이다. 이 글은 '굿바이, 할시온 데이즈'라는 표현이 그리스 신화에서 유래했다는 내용이다. 따라서 정답은 ②.
   ① 우리가 여전히 믿는 그리스 신화
   ② 한 표현의 기원
   ③ 그리스의 날씨
   ④ 그리스 신들 간의 전쟁
   ⑤ 행복한 시절이 끝날 때

08 빈칸에 적절한 말을 고르는 문제이다. 빈칸 앞부분에서 바람의 신인 알키오네의 아버지가 할시온이라는 새로 변해 버린 딸과 그 연인을 보호

하려고 바람을 멈췄다(He stopped the winds ~ building their nests.)고 했으므로 ②번이 정답.
① 좋지 않은   ② 잔잔한   ③ 뜨거운
④ 바람 부는   ⑤ 눈 내리는

직독직해

¹"Goodbye, Halcyon days." ²Have you ever heard this expression?
'굿바이, 할시온 데이즈.'   당신은 이런 표현을 들어본 적 있는가?

³It means // that a happy and peaceful time is ending. ⁴You can say it //
이 표현은 의미한다   행복하고 평온한 시절이 곧 끝난다는 것을.   이런 말을 할 수 있다

when you are entering your final year of high school. ⁵Or you can say
당신이 고3이 될 때.   또는 이러한 말을 할 수 있다

it // if your winter vacation is ending tomorrow.
겨울 방학이 내일 끝난다면.

⁶The expression comes from a Greek myth about the weather. ⁷Two
이 표현은 날씨에 관한 그리스 신화에서 유래한다.   두 연인,

lovers, Ceyx and Alcyone, / made the god Zeus angry. ⁸Zeus sent a
케익스와 알키오네는   제우스 신을 화나게 했다.

storm to the sea where Ceyx's ship was sailing // and Ceyx died in the
제우스는 케익스가 항해하고 있던 바다에 폭풍우를 보냈고   케익스는 그 폭풍우에 휩쓸려 죽었다.

storm. ⁹Because she loved Ceyx so much, // Alcyone threw herself into
        알키오네는 케익스를 매우 사랑했기 때문에   그녀 역시 바다에 몸을 던져 죽었다.

the sea and died too. ¹⁰The dead lovers were changed into halcyons, /
                      죽은 두 연인은 할시온이 되었는데,

birds that were believed to build nests / on the sea surface. ¹¹Alcyone's
할시온은 동지를 짓는다고 여겨지는 새이다   바다 표면에.   알키오네의

father was a god of the winds. ¹²He stopped the winds for seven days
아버지는 바람의 신이었다.   그는 매년 7일 동안 바람을 멈춰서

each year / to protect the birds building their nests. ¹³In Greece, / this
            동지를 짓는 할시온들을 보호했다.   그리스에서

week of calm weather soon became known as the 'halcyon days.'
이 일주일간의 잔잔한 날씨는 곧 '할시온 데이즈'로 알려지게 됐다.

해석

¹'굿바이, 할시온 데이즈.' ²당신은 이런 표현을 들어본 적 있는가? ³이 표현은 행복하고 평온한 시절이 곧 끝난다는 것을 의미한다. ⁴당신이 고 3이 될 때 이런 말을 할 수 있다. ⁵또는 겨울 방학이 내일 끝난다면, 이러한 말을 할 수 있다. ⁶이 표현은 날씨에 관한 그리스 신화에서 유래한다. ⁷두 연인, 케익스와 알키오네는 제우스 신을 화나게 했다. ⁸제우스는 케익스가 항해하고 있던 바다에 폭풍우를 보냈고 케익스는 그 폭풍우에 휩쓸려 죽었다. ⁹알키오네는 케익스를 매우 사랑했기 때문에 그녀 역시 바다에 몸을 던져 죽었다. ¹⁰죽은 두 연인은 할시온이 되었는데, 할시온은 바다 표면에 둥지를 짓는다고 여겨지는 새이다. ¹¹알키오네의 아버지는 바람의 신이었다. ¹²그는 매년 7일 동안 바람을 멈춰서 둥지를 짓는 할시온들을 보호했다. ¹³그리스에서 이 일주일간의 잔잔한 날씨는 곧 '할시온 데이즈'로 알려지게 됐다.

구문해설

3   It means that a happy and peaceful time **is ending**.
    ▶ 여기서 「be -ing」는 진행형이 아니라 가까운 미래를 나타낸다.

8   Zeus sent a storm to the sea [**where** Ceyx's ship was sailing] ~.
    ▶ where ~ sailing이 앞에 있는 the sea를 꾸며준다.

10   The dead lovers were changed into **halcyons, birds** [**that** *were believed to build* nests on the sea surface].
    ▶ birds 이하가 halcyons를 구체적으로 설명하고 있다. birds를 수식하는 that절 내에 「be believed to+동사원형 (~한다고 믿어지다)」의 구조가 쓰였다.

3
Before Reading   (b)
Getting the BIG PICTURE   01 ⑤   02 ④   03 ①   04 ②   05 ②
Focusing on DETAILS   06 the simple dictionary meaning of the words   07 ④   08 (b)

해설 & 해석

Before Reading

아마도 이 지문은 말투의 '(b) 의미'에 관한 내용일 것이다.
(a) 사용 (b) 의미

Getting the BIG PICTURE

말하는 모든 문장들 뒤엔 두 가지 01 ⑤ 의미들이 있다.
첫 번째는 02 ④ 글자 그대로의 의미이다. 두 번째는 03 ① 메타메시지이다.
메타메시지는 어떤 단어들이 04 ② 강조되는지에 의해 결정될 수 있다.
〈보기〉
① 메타메시지 ② 강조하다 ③ 속담 ④ 글자 그대로의 ⑤ 의미

05 말하는 데에는 글자 그대로의 의미와 메타메시지가 있다는 것을 알려
주는 글이다. 따라서 정답은 ②.
① 왜 영어는 어려운 언어인가
② 말하는 방법 뒤에 숨겨진 메시지
③ 올바른 메타메시지를 보내는 방법
④ 어떻게 글자 그대로의 의미가 메타메시지에 영향을 주는가
⑤ 명료하게 말하는 것의 중요성

Focusing on DETAILS

06 literal meaning은 '글자 그대로의 의미'의 뜻이며, 단어의 단순한 사
전적 의미(the simple dictionary meaning of the words)를
뜻한다.

07 빈칸에 들어갈 적절한 말을 고르는 문제이다. 빈칸 앞에는 화자의 감정
을 드러내는 '메타메시지'가 무엇인지 설명하고 있다. 또한, 강하게 발음
하는 단어에 따라서 하나의 문장이 여러 가지 의미로 해석될 수 있음을
예시를 통해 보여주고 있다. 따라서 정답은 ④.
① 잘 기억될
② 진실과 거짓 둘 다 될
③ 잘못된 메시지를 보여줄
④ 매우 다른 의미를 가질
⑤ 다른 문장과 관련되지 않을

08 본문의 metamessage는 화자의 감정에 대해 정보를 주는 것(gives
information about the speaker's feelings)이란 의미이므로
빈칸에 들어갈 말은 (b).
메타메시지는 단어 뒤에 숨겨진 메시지이다.
(a) 당신이 크게 말한 것이다
(b) 단어 뒤에 숨겨진 메시지이다

직독직해

¹There are two levels of meaning // when people say something. ²One
두 가지 수준의 의미가 있다   사람들이 어떤 것을 말할 때는.

level is the simple dictionary meaning of the words. ³This is also called
한 가지 (의미) 수준은 그 단어의 단순한 사전적 의미이다.   이를 글자 그대로의

the literal meaning. ⁴The second level gives information about the
의미라고 부른다.   두 번째 (의미) 수준은 화자의 느낌에 대한 정보를 준다.

speaker's feelings. ⁵It's called the 'metamessage.'
이를 메타메시지라고 부른다.

⁶Consider the sentence // "I'm not going home with you."
다음 문장을 보자.   "나는 너와 함께 집에 가지 않을 거야."

⁷The metamessage of the sentence can be communicated / by speaking
이 문장의 메타메시지는 전달될 수 있다

certain words more strongly than others. ⁸The metamessage when 'I'm'
특정한 단어를 다른 단어보다 더 강하게 말함으로써.   '나는'을 강하게 말할 때의 메타메시지는

is spoken strongly is, // "Somebody else might go home with you, //
"다른 사람이 너와 함께 집에 갈지는 몰라도

but I won't." ⁹But when 'home' is spoken strongly, // the message is, //
난 안 갈 거야."이다.   그러나 '집'을 강하게 말하면   메타메시지는

해석

¹사람들이 어떤 것을 말할 때는 두 가지 수준의
의미가 있다. ²한 가지 (의미) 수준은 그 단어의
단순한 사전적 의미이다. ³이를 글자 그대로의
의미라고 부른다. ⁴두 번째 (의미) 수준은 화자
의 느낌에 대한 정보를 준다. ⁵이를 메타메시지
라고 부른다.
⁶다음 문장을 보자. "나는 너와 함께 집에 가지
않을 거야." ⁷이 문장의 메타메시지는 특정한 단
어를 다른 단어보다 더 강하게 말함으로써 전
달될 수 있다. ⁸'나는'을 강하게 말할 때의 메타
메시지는 "다른 사람이 너와 함께 집에 갈지는
몰라도 난 안 갈 거야."이다. ⁹그러나 '집'을 강하
게 말하면 메타메시지는 "나는 집이 아니라면
다른 곳에는 너와 함께 갈 수도 있어."이다.
¹⁰'너'라는 단어가 강조되면 메타메시지는 "나
는 다른 사람하고 집에 갈지 몰라도 분명히 너
랑은 안 가."이다. ¹¹당신이 보는 바와 같이 특정
단어를 강하게 말하면 한 문장이 매우 다른 의

"I might go somewhere with you, // but not home." ¹⁰And if the word
"나는 다른 곳에는 너와 함께 갈 수도 있어   집이 아니라면."이다.

'you' is emphasized, // the metamessage says, // "I might go home with
'너'라는 단어가 강조되면   메타메시지는 말한다   "나는 다른 사람하고 집에 갈지 몰라도

someone, // but certainly not with you." ¹¹As you can see, // one
분명히 너랑은 안 가."이다.   당신이 보는 바와 같이

sentence can have very different meanings // when certain words are
한 문장이 매우 다른 의미를 가질 수도 있다   특정 단어를 강하게 말하면.

spoken strongly.

미를 가질 수도 있다.

구문해설

3   This **is** also **called** the literal meaning.
           V   C

▶ 「be called A」는 'A라고 불리다'란 뜻. (= We also call this the literal meaning.)

---

4   Before Reading   (a)   본문 p.62
        Getting the BIG PICTURE   01 ③   02 ①   03 ④   04 ②   05 ⑤
        Focusing on DETAILS   06 (a) F (b) T (c) F   07 (a)

해설 & 해석

Before Reading

아마도 이 지문은 '(a) 보편문법'에 관한 내용일 것이다.
(a) 보편문법 (b) 인간의 뇌

Getting the BIG PICTURE

놈 촘스키는 그의 보편문법 이론으로 유명하다.
그 이론은 인간의 뇌가 01 ③ 언어를 위해 프로그램된다고 말한다.
이것이 아이들이 02 ① 가르침을 받지 않아도 말을 배울 수 있는 이유이다.
보편문법은 어느 언어의 문법과는 03 ④ 다르다.
모든 사람들이 촘스키에 04 ② 동의하는 것은 아니다.
〈보기〉
① 가르치다 ② 동의하다 ③ 언어 ④ 다른 ⑤ 가능한

05 지문에 가장 적절한 제목을 고르는 문제이다. 이 글은 놈 촘스키의 '보
    편문법'에 관한 설명을 다룬 글이다. 따라서 정답은 ⑤.
    ① 하나의 문법은 많은 언어들을 설명한다
    ② 촘스키가 문법 교육을 어떻게 바꿨는가
    ③ 한 언어를 배우기 위해선, 문법을 배워야만 한다

④ 촘스키의 유명한 이론의 문제점들
⑤ 촘스키의 주장: 뇌는 언어를 위해 프로그램된다

Focusing on DETAILS

06 놈 촘스키는 우리의 뇌가 언어학적 능력을 타고난다고 말했지만 아기들
    이 몇몇 단어를 알고 태어난다고 주장진 않았으므로 (a)의 정답은 F.
    Instead, he ~ each part works.라는 문장에서 '모든 사람은 품
    사를 구분하고, 어떻게 작용하는지 이해하는 능력이 있다'고 했으므로
    (b)의 정답은 T.
    놈 촘스키가 인간의 뇌와 언어를 연구한 최초의 학자라는 언급은 없
    으므로 (c)의 정답은 F.
    (a) 놈 촘스키는 모든 아기가 몇몇 기본적인 단어를 알고 태어난다고 말
        한다.
    (b) 놈 촘스키는 언어에서 품사가 어떻게 작용하는지를 강조했다.
    (c) 놈 촘스키는 인간의 뇌와 언어를 연구한 최초의 학자이다.

07 본문의 natural은 '타고난'이란 뜻이다. 따라서 정답은 (a).
    (a) 그녀는 타인의 동기를 이해하는 타고난 능력을 지녔다.
    (b) 자연재해들은 세계 어디서나 일어날 수 있다.

직독직해

¹Noam Chomsky is one of the world's most famous and respected
놈 촘스키는 세계에서 가장 유명하고 존경받는 학자 중 한 명이다.

scholars. ²He is well known for his scientific studies / of how language
그는 과학적 연구로 잘 알려져 있다   언어가 어떻게 작용하는지에 대한.

해석

¹놈 촘스키는 세계에서 가장 유명하고 존경받
는 학자 중 한 명이다. ²그는 언어가 어떻게 작
용하는지에 대한 과학적 연구로 잘 알려져 있

works. ³Especially, he is known for his idea / called 'universal grammar.'
특히, 그는 그의 개념으로 유명하다   '보편문법'이라고 불리는.

⁴The idea is // that the human brain has a natural language program.
이 개념은   인간의 뇌가 자연적인 언어 프로그램을 가지고 있다는 것이다.

⁵Chomsky says this program allows children to learn language /
촘스키는 이 프로그램으로 인해 아이들이 언어를 배운다고 말한다.

without being taught. ⁶He does not say // that the program includes
가르침을 받지 않아도   그는 말하지 않는다

words or rules from any specific language. ⁷Instead, he says // that all
이 프로그램이 어떤 특정 언어의 단어나 규칙을 내재하고 있다고.   대신, 그는 말한다

humans have a natural ability / to identify parts of speech (such as
모든 사람이 타고난 능력을 갖추고 있다고   (명사와 동사 같은) 품사를 구별하는

nouns and verbs) / and understand how each part works. ⁸This idea is
그리고 각 품사가 어떻게 작용하는지 이해하는.

accepted by many language scholars, // but there are a number of
이 개념은 많은 언어학자들에 의해 받아들여지고 있다.   그러나 이 개념에 동의하지 않는 학자들도 많이 있다.

others who do not agree with it.

다. ³특히, 그는 '보편문법'이라고 불리는 그의 개념으로 유명하다. ⁴이 개념은 인간의 뇌가 자연적인 언어 프로그램을 가지고 있다는 것이다. ⁵촘스키는 이 프로그램으로 인해 아이들이 가르침을 받지 않아도 언어를 배운다고 말한다. ⁶그는 이 프로그램이 어떤 특정 언어의 단어나 규칙을 내재하고 있다고 말하지 않는다. ⁷대신, 그는 모든 사람이 (명사와 동사 같은) 품사를 구별하고 각 품사가 어떻게 작용하는지 이해하는 타고난 능력을 갖추고 있다고 말한다. ⁸이 개념은 많은 언어학자들에 의해 받아들여지고 있지만, 이 개념에 동의하지 않는 학자들도 많이 있다.

구문해설

2 He **is well known for** his scientific studies **of how** language works.
▶ 「be well known for」는 '~로 잘 알려져 있다'란 뜻. 전치사 of의 목적어로 how가 이끄는 절이 왔다.

5 Chomsky says // (that) this program **allows** children **to learn** language *without* **being taught**.
▶ that절 내에 「allow A to+동사원형 (A가 ~하게 (허락)하다)」의 구조가 쓰였다. 전치사 without의 목적어인 being taught는 '배우다, 가르침을 받다'의 의미로 해석한다.

7 Instead, he says // that all humans have **a natural ability** [**to identify** parts of speech (such as nouns and verbs) *and* **(to) understand** how each part works].
▶ a natural ability는 뒤에 오는 두 개의 to부정사구(to identify ~, (to) understand ~)의 수식을 받는다.

8 ~, but there **are** *a number of others* [**who** do not agree with it].
▶ 「a number of+복수명사」는 복수 취급하므로 복수동사(are)가 쓰였다. who 이하가 a number of others를 수식하는 구조.

---

5 Before Reading   (b)   본문 p.64
Getting the BIG PICTURE   01 ③ 02 ① 03 ④
Focusing on DETAILS   04 ④, ⑤   05 Don't tell them why

해설 & 해석

Before Reading

아마도 이 지문은 언어의 '(b) 유형'에 관한 내용일 것이다.
(a) 발견 (b) 유형

Getting the BIG PICTURE

성인들은 01 ③ 특별한 방식으로 아기들에게 말을 걸 거다.

"어머니 말투"는 이런 종류의 말하는 것을 뜻한다.
대부분의 사람들은 02 ① 자연스럽게 아기들에게 이것(어머니 말투)을 사용한다.
〈보기〉
① 자연스럽게 ② 도움이 되는 ③ 특별한 ④ 보통의 ⑤ 고의로

03 지문에 가장 적절한 주제를 고르는 문제이다. 이 글은 아기들에게 말할 때 자연스럽게 나오는 '어머니 말투'에 관해 설명하는 글이다. 따라서 정

답은 ④.
① 어머니 말투를 배우는 것의 중요성
② 아기들은 어떻게 그들의 요구를 전하는가
③ 어머니와 어머니가 아닌 사람들과의 차이점
④ 아기들에게 하는 말투
⑤ 언어능력 발달의 단계

04 어머니 말투(Motherese)로 말할 때는 목소리의 높낮이를 여러 번 바꾼다(change the pitch of their voice many times)고 했고, 아기의 언어 발달에 중요하다는 언급은 없으므로 정답은 ④, ⑤.

05 조동사의 부정형인 Don't가 맨 앞으로 나오며, 동사 tell은 4형식으로 쓰여 간접목적어(them), 직접목적어(why)가 나왔다.
Don't tell them why → 그들에게 이유를 말하지 마라

직독직해

¹You've heard of Chinese, Japanese, and Portuguese. ²But have you
당신은 중국어와 일본어, 포르투갈어를 들어본 적이 있을 것이다.　　　　　　　하지만,

ever heard of a language called "Motherese", or "baby talk"? ³"Motherese"
어머니 말투(Motherese) 혹은 아기말(baby talk)이라고 불리는 언어를 들어본 적이 있는가?　　'어머니 말투'는

is not a language. ⁴It's the way that most adults as well as all mothers
언어가 아니다.　　　　그것은 모든 어머니들뿐만 아니라 대부분의 성인들이 아기에게 말하는 방식이다.

talk to babies. ⁵They speak in a sing-song voice. ⁶They speak very clearly
　　　　그들은 노래를 부르는 듯한 목소리로 말한다.　　　　그들은 매우 또박또박

and slowly. ⁷They repeat things a lot. ⁸They also change the pitch of their
그리고 천천히 말한다.　그들은 단어를 여러 번 반복한다.　또한, 목소리의 높낮이를 여러 번 바꾸기도 한다.

voice many times. ⁹Here's a test to try: // if you have a baby in your
　　　　여기 시도해볼 만한 실험이 있다.　　　당신 가족 중 아기가 있다면

family, bring some of your friends to see the baby. ¹⁰Don't tell them
　　　친구 몇 명을 데려와서 아기를 보여줘라.　　　　친구들에게 이유를 말하지 마라.

why. ¹¹Ask them to hold the baby. ¹²It is almost 100 percent certain //
　　　친구들에게 아기를 안아달라고 부탁해라.　　　거의 100% 확실하게

that they will start speaking in "Motherese." ¹³And they won't even
친구들은 '어머니 말투'로 말하기 시작할 것이다.　　　그리고 그들은 자신이 어머니 말투로

know that they are doing it! ¹⁴Another test: tell a friend to talk to the
말하고 있다는 것조차 모를 것이다!　　또 다른 실험이 있다.　친구에게 아기에게 말을 하라고 해라

baby // like she does to an adult. ¹⁵With a stopwatch, / check how long
어른들에게 말하는 것처럼.　　　초시계를 가지고　　　얼마가 걸리는지 재봐라

it takes // before she starts talking in "Motherese" by accident. ¹⁶It
친구가 우연히 '어머니 말투'로 말하기 시작할 때까지.

won't be very long! ¹⁷Speaking "Motherese" to a baby is just so natural.
별로 오래 걸리지 않을 것이다!　　　아기에게 '어머니 말투'로 말하는 것은 아주 자연스러운 것이다.

해석

¹당신은 중국어와 일본어, 포르투갈어를 들어본 적이 있을 것이다. ²하지만, 어머니 말투(Motherese) 혹은 아기말(baby talk)이라고 불리는 언어를 들어본 적 있는가? ³'어머니 말투'는 언어가 아니다. ⁴그것은 모든 어머니들뿐만 아니라 대부분의 성인들이 아기에게 말하는 방식이다. ⁵그들은 노래를 부르는 듯한 목소리로 말한다. ⁶그들은 매우 또박또박 그리고 천천히 말한다. ⁷그들은 단어를 여러 번 반복한다. ⁸또한, 목소리의 높낮이를 여러 번 바꾸기도 한다. ⁹여기 시도해볼 만한 실험이 있다. 당신 가족 중 아기가 있다면 친구 몇 명을 데려와서 아기를 보여줘라. ¹⁰친구들에게 이유를 말하지 마라. ¹¹친구들에게 아기를 안아달라고 부탁해라. ¹²거의 100% 확실하게 친구들은 '어머니 말투'로 말하기 시작할 것이다. ¹³그리고 그들은 자신이 어머니 말투로 말하고 있다는 것조차 모를 것이다! ¹⁴또 다른 실험이 있다. 친구에게 어른들에게 말하는 것처럼 아기에게 말을 하라고 해라. ¹⁵초시계를 가지고 친구가 우연히 '어머니 말투'로 말하기 시작할 때까지 얼마가 걸리는지 재봐라. ¹⁶별로 오래 걸리지 않을 것이다! ¹⁷아기에게 '어머니 말투'로 말하는 것은 아주 자연스러운 것이다.

구문해설

2　But **have you ever heard of** a language [**called** "Motherese" or "baby talk"]?

▶ 「have you ever heard of ~?」는 '~을 들어본 적 있는가?'란 뜻. called 이하가 a language를 꾸며준다.

4　It's **the way that** most adults as well as all mothers talk to babies.

▶ 「the way (that) ~」은 '~하는 방식'이란 뜻. that을 생략하고 쓰기도 한다. how로 바꿔 쓸 수 있다.

14　Another test: **tell** *a friend* **to** *talk* to the baby // **like** she *does* to an adult.
　　　　　　　　　　　　　　　　　　　　　　　　　　　　　　　　　　= talks

▶ 「tell A to+동사원형 (A에게 ~하라고 말하다)」의 구조가 쓰였다. 여기서 like는 '~같이, ~하듯이'란 뜻의 접속사로 '주어+동사' 형태의 절을 이끌고 있다. does는 앞에 나온 동사의 반복을 피하고자 쓰인 것으로 talks를 대신한다.

해설 & 해석

Before Reading

아마도 이 지문은 '(a) 소리'에 관한 내용일 것이다.

(a) 소리   (b) 대화

Getting the BIG PICTURE

말해지는 단어들 중 6%는 01 ① 실제 단어들이 아니다.
그것들은 단지 우리가 생각할 때 내는 소리일 뿐이다.
몇몇은 그것들이 02 ② 안 좋은 것이라 생각한다.
그러나 연구들은 이러한 소리들이 듣는 사람이 03 ④ 기억하는 데 도움을
준다는 것을 보여준다.
〈보기〉
① 실제의 ② 안 좋은 ③ 유용한 ④ 기억하다 ⑤ 응답하다

04 지문에 가장 적절한 주제를 고르는 문제이다. 대화 도중에 "음", "아" 등
의 소리를 내면서 말할 때 다른 사람들이 더 잘 기억한다는 내용이므로
정답은 ③.
① "어", "아"라고 말하는 것을 멈추는 방법
② 사람들이 당신을 이해하는 데 도움을 주는 방법

③ 말을 멈출 때 내는 소리들의 놀라운 사용
④ 학생들의 기억력 테스트
⑤ 대화 속의 실제 단어들

Focusing on DETAILS

05 빈칸 뒤에 '음', '아' 등의 소리가 문장을 기억하는 데 도움을 주었다는
연구 결과가 이어지고 있다. 이 연구 결과를 통해 이러한 소리가 다른
사람이 말을 이해하는 데 도움이 된다는 것을 알 수 있으므로 정답은
⑤.
① 듣는 사람을 편안하게 해준다
② 대화를 즐기도록 돕는다
③ 말하는 동안 생각할 시간을 준다
④ 단어를 암기하기에 좋은 방법이다
⑤ 대화를 이해하기 쉽도록 해준다

06 본문의 suggest는 '보여주다, 시사하다'란 뜻이다. 따라서 정답은 (b).
(a) 내가 내 차로 가자고 제안했다.
(b) 이 결과들은 너에게 무엇을 시사하는가?

직독직해

¹Did you know // that six of every 100 words in any conversation /
알고 있었는가   어느 대화에서건 100단어 중 6개는

are not even real words? ²*Um, ah, er, oh* — we make these sounds //
실제로 단어가 아니라는 것을?   '음(um), 아(ah), 에에(er), 오(oh)', 우리는 이러한 소리를 낸다

when we pause to think for a moment. ³Some people think // that these
잠시 멈추어 생각할 때.   어떤 사람들은 생각한다

noisy pauses are bad. ⁴But some scientists have shown // that *um's* and
이렇게 소리를 내며 멈추는 건 좋지 않다고.   그러나 몇몇 과학자들이 보여주었다

ah's can actually make conversations easier to understand. ⁵The
실제로는 '음', '아'와 같은 소리로 인해 대화를 이해하기가 더 쉬울 수 있다는 것을.

scientists tested 12 students. ⁶Each student listened to 160 recorded
그 과학자들은 12명의 학생을 실험했다.   각 학생은 160개의 녹음된 문장을 들었다.

sentences. ⁷Some sentences had *um's* and *ah's*. Others had none. ⁸After
어떤 문장에는 '음'과 '아' 소리가 섞여 있었고,   다른 문장에는 없었다.

the students listened to the sentences, // they were tested on // how
학생들은 문장을 들은 후에,   테스트를 받았다

much they could remember. ⁹The students remembered 66 percent of
얼마나 많이 기억할 수 있는지에 대해서.   학생들은 '음'과 '아' 소리를 포함한 문장들의 66%를 기억했다.

sentences that included *um's* and *ah's*. ¹⁰But they only remembered
그러나 이들은 '음'과 '아' 소리 없는 문장들은

해석

¹어느 대화에서건 100단어 중 6개는 실제로 단
어가 아니라는 것을 알고 있었는가? ²'음(um),
아(ah), 에에(er), 오(oh)', 우리는 잠시 멈추어 생
각할 때 이러한 소리를 낸다. ³어떤 사람들은 이
렇게 소리를 내며 멈추는 건 좋지 않다고 생각
한다. ⁴그러나 몇몇 과학자들이 실제로는 '음',
'아'와 같은 소리로 인해 대화를 이해하기가 더
쉬울 수 있다는 것을 보여주었다. ⁵그 과학자들
은 12명의 학생을 실험했다. ⁶각 학생은 160개의
녹음된 문장을 들었다. ⁷어떤 문장에는 '음'과
'아' 소리가 섞여 있었고, 다른 문장에는 없었다.
⁸학생들은 문장을 들은 후에, 얼마나 많이 기억
할 수 있는지에 대해서 테스트를 받았다. ⁹학생
들은 '음'과 '아' 소리를 포함한 문장들의 66%를
기억했다. ¹⁰그러나 이들은 '음'과 '아' 소리가 없
는 문장들은 그 중 62%만 기억했다. ¹¹큰 차이
는 아니지만, 이 실험은 소리를 내며 멈추는 것
은 듣는 사람이 들리는 것에 더 집중할 수 있도
록 한다는 것을 보여준다. ¹²그러니까 당신이 말

62 percent of sentences that had no *um's* and *ah's*. ¹¹It's not a great
그 중 62%만 기억했다.   큰 차이는 아니지만.

difference, // but the test suggests that // noisy pauses make listeners
                        이 실험은 (~을) 보여준다   소리를 내며 멈추는 것은 듣는 사람이

pay more attention / to what is being said. ¹²So, maybe it's okay / to say
더 집중할 수 있도록 한다는 것을   들리는 것에.   그러니까 아마도 괜찮을 거다

'*um*' and '*ah*' // when you're talking. ¹³It might help / people
'음'이나 '아' 소리를 내는 건   당신이 말할 때.   그렇게 하는 것은 도와줄 것이다

understand // what you said to them!
사람들이 이해하도록   당신이 하는 말을!

할 때 '음'이나 '아' 소리를 내는 건 아마도 괜찮을 거다. ¹³그렇게 하는 것은 사람들이 당신이 하는 말을 이해하도록 도와줄 것이다!

구문해설

7 **Some** sentences had *um's* and *ah's*. **Others** had none.
   ▶ 막연한 다수 중 몇몇은 some, 다른 몇몇은 others.

8 ~, they were tested **on how much** they could remember.
   ▶ 여기서 on은 '~에 대해서'란 뜻. how much가 이끄는 절이 on의 목적어로 쓰였다.

13 It might **help people understand** what you said to them!
   ▶ 「help+목적어+동사원형」의 구조로 '~가 …하도록 돕다'란 뜻.

Grammar & Usage

본문 p.68

01 Speaking	**02** that	**03** called	**04** those	**05** where
06 × → a number of	**07** × → being taught	**08** ○	**09** ⑤	**10** ④

01 Speaking | '어머니 말투', 즉 어머니들이 아기에게 말하는 방식으로 말하는 것은 아주 자연스러운 것이다.

해설 문장의 동사인 is가 있는 것으로 보아 주어 자리이므로 동명사 Speaking이 적절.

02 that | 그리스 신화에서 케익스와 알키오네는 할시온이 되었는데, 할시온은 바다 표면에 둥지를 짓는다고 여겨지는 새이다.

해설 문맥상 앞에 있는 선행사 birds를 수식하면서 뒤에 있는 절을 이끌고 있으므로 관계대명사 that이 적절.

03 called | 놈 촘스키는 특히 '보편문법'이라고 불리는 그의 개념으로 유명하다.

해설 his idea와 call의 관계는 수동이므로 과거분사 called가 적절.

04 those | 몇몇 사람들은 좋은 대화가 무엇인지에 대해 매우 잘못된 생각을 하고 있다. 이런 유형의 사람은 자신의 의견이 다른 사람들의 의견보다 더 훌륭하다는 것을 보여주려고 애쓴다.

해설 앞에 나온 opinions를 대신하는 복수형 those가 적절.

05 where | 케익스와 알키오네는 제우스 신을 화나게 했다. 제우스는

케익스가 항해하고 있던 바다에 폭풍우를 보냈고 케익스는 그 폭풍우에 휩쓸려 죽었다.

해설 문맥상 앞에 있는 선행사 the sea를 수식하면서 뒤에 완전한 절을 이끌고 있으므로 '장소를 나타내는 관계부사 where가 적절.

06 × → a number of | 촘스키의 개념은 모든 사람이 품사를 구별하고 각 품사가 어떻게 작용하는지 이해하는 능력을 자연적으로 갖추고 있다는 것이다. 이 개념은 많은 언어학자들에 의해 받아들여지고 있지만, 이 개념에 동의하지 않는 학자들도 많이 있다.

해설 the number of는 '~의 수'를 의미한다. 문맥상 '많은, 얼마간의'의 의미를 나타내는 a number of가 적절.

07 × → being taught | 촘스키는 자연적인 언어 프로그램으로 인해 아이들이 가르침을 받지 않아도 언어를 배운다고 말한다.

해설 전치사 without의 목적어 자리이고 문맥상 가르침을 받는 수동의 의미이므로 동명사의 수동형 being taught가 적절.

08 ○ | 알키오네의 아버지는 매년 7일 동안 바람을 멈춰서 둥지를 짓는 할시온들을 보호했다. 그리스에서 이 일주일간의 잔잔한 날씨는 곧 '할시온 데이즈'로 알려지게 됐다.

해설 문맥상 '~로 알려지다'라는 의미이므로 as가 적절.

09 ⑤ | 만약 당신이 폐쇄적이고 경쟁적인 관점을 갖고 있다면, 다른 사람들은 당신에게 마음을 열지 않을 것이다. 당신은 사람들이 어리석고 멍청하게 느끼도록 한다. 그들은 자기 자신뿐만 아니라 당신에게도 불쾌함을 느낀다.

해설 문맥상 '그들 자신'의 의미이므로 재귀대명사 themselves가 적절.

10 ④ | 다음 문장을 보자. "나는 너와 함께 집에 가지 않을 거야." 이 문장의 메타메시지는 특정한 단어를 다른 단어보다 더 강하게 말함으로써 전달될 수 있다.

해설 전치사 by의 목적어 자리이므로 동명사 speaking이 적절.

Quick Check

본문 p.70

❶	❷	❸	❹	❺	❻
01. a	**01.** e	**01.** b	**01.** a	**01.** f	**01.** c
02. e	**02.** c	**02.** d	**02.** d	**02.** b	**02.** d
03. d	**03.** a	**03.** f	**03.** c	**03.** c	**03.** a
04. b	**04.** f	**04.** a	**04.** b	**04.** e	**04.** b
05. c	**05.** d	**05.** c		**05.** a	
	06. b	**06.** e		**06.** d	

1

Before Reading	(a)	
Getting the BIG PICTURE	01 ③ 02 ② 03 ⑤ 04 ⑤	
Focusing on DETAILS	05 (a) 06 (a) 07 (c) 08 It's nice to eat something icy on hot days.	

본문 p.72

해설 & 해석

Before Reading

아마도 이 지문은 날씨와 '(a) 음식'에 관한 내용일 것이다.
(a) 음식 (b) 장소들

Getting the BIG PICTURE

매운 음식은 많은 더운 나라에서 01 ③ 인기 있다.
이것에는 몇 가지 이유가 있다.
첫째, 향신료는 더운 날씨에 고기가 02 ② 상하는 것을 방지하는 데 도움을 준다.
또한, 매운 음식은 우리가 03 ⑤ 땀을 흘리게 하고, 땀 흘리는 것은 우리를 시원하게 한다.
〈보기〉 ① 맛있는 ② 상한 ③ 인기 있는 ④ 머무르다 ⑤ 땀나다

04 이 글은 더운 지역의 음식이 매운 이유가 무엇일까(Why are hot ~ in hot countries?)란 질문을 던진 다음, 그에 대한 답을 제시하는 구조이다. 매운 향신료가 음식이 상하는 것을 막아주고, 매운 음식을 먹으면 땀이 나서 시원해지기 때문이라고 했으므로 정답은 ⑤.
① 세계의 더운 지역들
② 더운 나라의 주식
③ 더운 날씨에 시원하게 지내는 방법
④ 음식이 상하는 것을 막아주는 향신료
⑤ 더운 나라의 음식이 몹시 매운 이유

Focusing on DETAILS

05 밑줄 친 they 앞 문장에 더운 지역들의 유명한 음식들(the famous foods ~ places)을 생각하라고 한 후 그들이 가지는 공통점이 무엇인지 묻고 있다. 따라서 정답은 (a).
(a) 그 유명한 음식들 (b) 이러한 장소들

06 밑줄 친 They 앞 문장에 더운 지역의 음식들이 가지는 공통점이 무엇일까?(What do they have in common?)라고 한 후 그들이 모두 맵다고 말하고 있으므로 앞 문장의 they와 같은 것을 가리킨다. 따라서 정답은 (a).
(a) 그 유명한 음식들 (b) 이러한 장소들

07 땀은 사람의 피부에서 나오는 액체를 뜻한다. 따라서 정답은 (c) skin. 땀을 흘리면, 피부에서 소금기 있는 물방울이 나온다.

08 「It's nice to ~」는 '~하는 것은 좋다'란 뜻이다. 따라서 to 이하의 진주어(to eat something icy)가 뒤로 가고 가주어(It)가 앞으로 나온 문장이 와야 한다. something은 형용사(icy)가 뒤에서 꾸며준다. 따라서 정답은 It's nice to eat something icy on hot days.(더울 때 차가운 것을 먹는 것은 좋다.)

¹Think of / places in the world where the weather is usually hot, /
생각해보라   세계에서 날씨가 대체로 더운 지역들을

like Thailand, India, and Mexico. ²Now, / think of the famous foods
태국, 인도, 그리고 멕시코와 같이.   자.   이러한 지역의 유명한 음식들을 생각해봐라.

that come from these places. ³What do they have in common? ⁴They
그 음식들이 가지는 공통점은 무엇일까?   그것은

are all hot. ⁵Why are hot and spicy dishes so popular / in hot countries?
이들이 모두 맵다는 것이다.   왜 맵고 맛이 강한 음식이 그렇게 인기가 있을까   더운 나라에서는?

⁶There are a few reasons for this. ⁷Meat goes bad very quickly /
여기에는 몇 가지 이유가 있다.   고기가 매우 빨리 상한다

in hot weather. ⁸When spices and chili peppers are added to meat, //
더운 날씨에는.   고기에 향신료와 고추를 넣으면.

it can last longer. ⁹Also, eating hot food / makes you sweat. ¹⁰As the
고기가 더 오래갈 수 있다.   또한, 매운 음식을 먹으면   땀이 난다.

sweat dries, // your skin cools down. ¹¹It's nice to eat something icy on
땀이 마르면서   피부가 식는다.   더울 때 차가운 것을 먹는 것은 좋다.

hot days. ¹²But it can feel even better / to have something super hot
하지만 훨씬 더 좋을 것이다   아주 맵고 맛이 강한 것을 먹으면.

and spicy.

¹태국, 인도, 그리고 멕시코와 같이 세계에서 날씨가 대체로 더운 지역들을 생각해보라. ²자, 이러한 지역의 유명한 음식들을 생각해봐라. ³그 음식들이 가지는 공통점은 무엇일까? ⁴그것은 이들이 모두 맵다는 것이다. ⁵왜 더운 나라에서는 맵고 맛이 강한 음식이 그렇게 인기가 있을까? ⁶여기에는 몇 가지 이유가 있다. ⁷더운 날씨에는 고기가 매우 빨리 상한다. ⁸고기에 향신료와 고추를 넣으면, 고기가 더 오래갈 수 있다. ⁹또한, 매운 음식을 먹으면 땀이 난다. ¹⁰땀이 마르면서 피부가 식는다. ¹¹더울 때 차가운 것을 먹는 것은 좋다. ¹²하지만 아주 맵고 맛이 강한 것을 먹으면 훨씬 더 좋을 것이다.

구문해설

1   Think of *places in the world* [**where** the weather is usually hot, like ~].

    ▶ where 이하는 places in the world를 꾸미고 있다.

7   Meat **goes bad** very quickly in hot weather.

    ▶ 「go+형용사」는 '(~한 상태로) 되다'란 뜻. go bad는 '상하게 되다'의 의미.

9   Also, **eating** hot food **makes** you *sweat*.
               S   V   O   C

    ▶ 동명사구(eating hot food)가 주어로 쓰였다. '~하는 것'으로 해석한다. 여기서 make는 '~가 …하게 하다'란 뜻으로 「make+목적어+동사원형」의 구조를 취한다.

---

2   Before Reading   (a)   본문 p.74

       Getting the BIG PICTURE   01 ③   02 ②   03 ①   04 ④   05 ①

       Focusing on DETAILS   06 ④   07 ③

해설 & 해석

Before Reading

아마도 이 지문은 '(a) 부적'에 관한 내용일 것이다.
(a) 부적 (b) 소망

Getting the BIG PICTURE

다루마상은 일본에 있는 달걀 모양의 01 ③ 부적이다.
다루마상은 02 ② 눈이 없다.
03 ① 소원을 빌 때 다루마상의 한쪽 눈을 그린다.

소원이 이루어질 때 다른 한쪽 눈을 그린다.

다루마상은 또한 절대 04 ④ 포기하지 않는 상징이기도 하다.

〈보기〉 ① 소원 ② 눈 ③ 부적 ④ 포기하다 ⑤ 무너뜨리다

05 지문에 가장 적절한 주제를 고르는 문제이다. 이 글은 일본의 '다루마상'이란 부적을 설명해주고 있는 글이다. 따라서 정답은 ①.
① 일본의 마력이 있는 부적 인형
② 일본의 신년 축하 행사
③ 다루마상을 만드는 방법
④ 왜 힘들게 일하는 것은 행운을 가져오는가
⑤ 행운의 부적에 관한 믿음

06 주어진 문장은 다른 한쪽 눈을 마저 그림으로써 다루마상에게 감사하라는 내용이다. 따라서 이 주어진 문장 뒤에는 두 눈을 가진 다루마상에 관한 설명이 나올 것이다. ④ 뒤 문장에 두 개의 눈을 가진 다루마상에 대한 설명이 나오므로 주어진 문장이 ④에 들어가야 적절.

07 밑줄 친 문장의 이어지는 문장(It means that ~ tries again.)에서 Seven downs and eight ups의 의미를 파악할 수 있다. 여러 번 쓰러져도 다시 일어서서 노력하라는 의미이므로 정답은 ③.
① 늦더라도 안 하는 것보다 낫다.
② 올라간 것은 내려가야 한다. (좋은 게 있으면, 나쁜 것도 있다.)
③ 처음에 성공하지 못한다면, 계속해서 노력해라.
④ 행운은 반복되지 않는다.
⑤ 누구에게나 평생 세 번의 행운이 찾아온다.

직독직해

¹People think // that charms can bring them good fortune. ²In Japan,
사람들은 생각한다   부적이 자신에게 행운을 가져다줄 수 있다고.

the most popular good-luck charm / is called "Daruma-san."
일본에서 가장 인기 있는 행운의 부적은   "다루마상"이라고 불린다.

³Daruma-san is an egg-shaped doll, // and it has two empty circles for
다루마상은 달걀 모양의 인형인데,   눈 자리에 두 개의 빈 원이 있다.

eyes. ⁴Daruma-san is usually used for making wishes / on New Year's
        다루마상은 보통 소원을 비는 데 쓰인다   새해 첫날에.

Day. ⁵To make a wish on a Daruma-san, / you paint one eye on his
        다루마상에게 소원을 빌려면,   이 인형의 얼굴에 눈을 하나 그린다.

face. ⁶Then you tell Daruma-san your wish, and wait. ⁷If your wish
        그런 다음 다루마상에게 소원을 말하고 기다린다.   소원이 이루어지면,

comes true, // you have to thank him / by painting his other eye.
        당신은 다루마상에게 감사해야 한다   다른 쪽 눈을 그림으로써.

⁸With this second eye, / Daruma-san is said to have "both eyes open."
두 번째 눈을 가지게 되면,   다루마상이 "두 개의 눈을 떴다"라고 한다.

⁹This means // that he has brought success to somebody.
이것은 의미한다   그 인형이 누군가에게 성공을 가져다준 것을.

¹⁰Daruma-san is not only a good-luck charm // but also a symbol for
다루마상은 행운의 부적일 뿐만 아니라   노력과 용감함의 상징이기도 하다.

trying hard and being brave. ¹¹There is a popular saying in Japan about
        일본에는 다루마상에 대한 대중적인 속담이 있는데

Daruma-san: / "Seven downs and eight ups." ¹²It means // that no
        "일곱 번 넘어져도 여덟 번 일어난다."란 속담이다.   이 말은 의미한다

matter how many times he gets knocked down, // he always stands up
        아무리 여러 번 그가 쓰러질지라도,   항상 일어서서 다시 노력한다는 것을.

and tries again.

¹³Daruma-san may not actually bring you good fortune, //
        다루마상은 실제로 당신에게 행운을 가져다주지 않을지도 모르지만.

but if he reminds you / to work hard to make your wishes
만약 이 인형이 당신에게 (~을) 상기시켜준다면   소원을 이루기 위해서는 열심히 노력해야 한다는 것을.

come true, // then that's the best luck of all!
        그러면 그게 바로 최고의 행운이다!

해석

¹사람들은 부적이 자신에게 행운을 가져다줄 수 있다고 생각한다. ²일본에서 가장 인기 있는 행운의 부적은 "다루마상"이라고 불린다. ³다루마상은 달걀 모양의 인형인데, 눈 자리에 두 개의 빈 원이 있다. ⁴다루마상은 보통 새해 첫날에 소원을 비는 데 쓰인다. ⁵다루마상에게 소원을 빌려면, 이 인형의 얼굴에 눈을 하나 그린다. ⁶그런 다음 다루마상에게 소원을 말하고 기다린다. ⁷소원이 이루어지면, 당신은 다루마상의 다른 쪽 눈을 그림으로써 다루마상에게 감사해야 한다. ⁸두 번째 눈을 가지게 되면, 다루마상이 "두 개의 눈을 떴다"라고 한다. ⁹이것은 그 인형이 누군가에게 성공을 가져다준 것을 의미한다. ¹⁰다루마상은 행운의 부적일 뿐만 아니라 노력과 용감함의 상징이기도 하다. ¹¹일본에는 다루마상에 대한 대중적인 속담이 있는데 "일곱 번 넘어져도 여덟 번 일어난다."란 속담이다. ¹²이 말은 아무리 여러 번 그가 쓰러질지라도, 항상 일어서서 다시 노력한다는 것을 의미한다. ¹³다루마상은 실제로 당신에게 행운을 가져다주지 않을지도 모르지만, 만약 이 인형이 소원을 이루기 위해서는 열심히 노력해야 한다는 것을 당신에게 상기시켜준다면, 그게 바로 최고의 행운이다!

구문해설

8   With this second eye, Daruma-san **is said to have** "both eyes open."
> ▶ 「be said to+동사원형」은 '~라고 하다'란 뜻. (= People say Daruma-san has "both eyes open.")

10   Daruma-san is **not only** *a good-luck charm* **but also** *a symbol for trying hard and being brave.*
> ▶ 「not only A but also B」의 구조로 'A뿐만 아니라 B도'라는 뜻.

12   It means that **no matter how** many times he gets knocked down, // he always stands up and tries again.
>   S'   V'
> ▶ 「no matter how ~」는 '아무리[비록] ~일지라도'의 뜻.

3

Before Reading   (b)   본문 p.76
Getting the BIG PICTURE   01 ②   02 ⑤   03 ③   04 ①   05 ②
Focusing on DETAILS   06 ②, ⑤

07 Britain has a high percentage of citizens who can't read or write well.

해설 & 해석

Before Reading

아마도 이 지문은 '(b) 영국'에 관한 하나의 사실에 대한 내용일 것이다.
(a) 유명한 지도자들 (b) 영국

Getting the BIG PICTURE

영국은 많은 01 ② 자랑거리를 가지고 있다.
영국엔 많은 유명한 작가들과 노벨상 02 ⑤ 수상자들이 있어왔다.
영국의 03 ③ 대학교들은 세계에서 일류 대학들이다.
그래서 많은 영국 사람들이 잘 읽거나 쓰지 못한다는 것은 04 ① 놀라운 일이다.
〈보기〉 ① 놀라게 하다 ② 자랑스러움 ③ 대학 ④ 기술 ⑤ 수상자

05   이 글은 영국이 언어와 교육, 문학 분야에서 분명 위대하지만, 문맹률은 높다는 사실을 보여주고 있다. 따라서 (A)에는 great가, (B)에는 high가 알맞다. 따라서 정답은 ②.

'영국의 예술적, 문학적 (글을 쓰거나 읽는 활동) 문화는 (a) 위대하다고 널리 여겨지지만, 오늘날 글을 읽거나 쓰지 못하는 영국민의 수는 (b) 많다.'

Focusing on DETAILS

06   빈칸 앞에 나온 내용들(영국의 지도자의 연설 능력, 신문과 매체, 대학교, 노벨상 수상자, 작가, 책)을 종합하여 보면, 빈칸에 들어갈 수 없는 것은 앞에 나오지 않은 기술과 과학이다. 따라서 정답은 ②, ⑤.
① 교육 ② 기술 ③ 언어 ④ 문학 ⑤ 과학

07   밑줄 친 부분의 다음 문장을 보면 영국인들의 문맹률이 높다(Britain has a high ~ can't read or write well.)는 것을 말해주고 있다. 따라서 그다음 소식(following news)의 내용은 'Britain has a high percentage of citizens who can't read or write well.'(영국은 읽거나 쓰지 못하는 국민의 비율이 높다.)이다.

직독직해

¹Leaders in Britain's government / are well known around the world /
   영국 정부의 지도자들은   전 세계적으로 매우 유명하다

for their excellent skills in public speaking. ²British newspapers and
   뛰어난 대중 연설 능력으로   영국 신문과 매체는 세계적으로 유명하다

media are world famous / for their high quality. ³And Britain is home
                      높은 수준으로   또 영국은

to the great universities / of Oxford and Cambridge. ⁴These universities
   유명한 대학이 있는 곳이다   옥스퍼드와 케임브리지와 같이.   이들 대학은 배출했다

have produced / more than 120 Nobel Prize winners. ⁵Also, British
            120명 이상의 노벨상 수상자를.   또한, 영국의

해석

¹영국 정부의 지도자들은 뛰어난 대중 연설 능력으로 전 세계적으로 매우 유명하다. ²영국 신문과 매체는 그 높은 수준으로 세계적으로 유명하다. ³또 영국은 옥스퍼드와 케임브리지와 같이 유명한 대학이 있는 곳이다. ⁴이들 대학은 120명 이상의 노벨상 수상자를 배출했다. ⁵또한, 영국의 작가들은 역사상 가장 위대한 작가로 널리 여겨지는데, 셰익스피어, 찰스 디킨스, 제인 오스틴, J. K. 롤링만 생각해봐도 그렇다. ⁶(반

writers are widely believed to be among the greatest in history; / just
작가들은 역사상 가장 위대한 작가로 널리 여겨지는데.

think of Shakespeare, Charles Dickens, Jane Austen, and J. K. Rowling.
셰익스피어, 찰스 디킨스, 제인 오스틴, J. K. 롤링만 생각해봐도 그렇다.

⁶Think of books such as *The Lord of the Rings* and the *Harry Potter*
《반지의 제왕》과 《해리포터》 시리즈와 같은 책들을 생각해보라.

series. ⁷Clearly, Britain is great in the fields of language, education, and
분명 영국은 언어와 교육, 그리고 문학 분야에서 위대하다.

literature. ⁸That's why the following news is so shocking. ⁹A report says
그렇기 때문에 다음 소식은 매우 충격적이다.   한 보고서에 의하면,

// that Britain has a high percentage of citizens who can't read or write
영국은 읽거나 쓰지 못하는 국민의 비율이 높다고 한다.

well.

지의 제왕》과 《해리포터》 시리즈와 같은 책들을 생각해보라. ⁷분명 영국은 언어와 교육, 그리고 문학 분야에서 위대하다. ⁸그렇기 때문에 다음 소식은 매우 충격적이다. ⁹한 보고서에 의하면, 영국은 읽거나 쓰지 못하는 국민의 비율이 높다고 한다.

구문해설

5   Also, British writers **are** widely **believed to be** among the greatest in history; ~.
    ▶ 「be believed to+동사원형」은 '~라고 여겨지다'란 뜻.

9   A report says that Britain has a high percentage of <u>citizens</u> [**who** can't read or write well].

    ▶ who가 이끄는 절이 citizens를 꾸며준다.

---

4   Before Reading   (a)   본문 p.78
        Getting the BIG PICTURE   01 ⑤ 02 ① 03 ② 04 ⑤
        Focusing on DETAILS   05 ⑤ 06 ④

해설 & 해석

Before Reading

아마도 이 지문은 핀란드의 '(a) 사우나'에 관한 내용일 것이다.
(a) 사우나 (b) 활동

Getting the BIG PICTURE

사우나는 핀란드에서 매우 01 ⑤ 인기 있다.
핀란드 사람들은 1,500년 동안 사우나를 만들어왔고, 그들은 이제 백만 개가 넘는 사우나를 가지고 있다.
그들에게 사우나는 그들의 몸과 마음을 02 ① 진정시키기 위한 조용한 장소이다.
겨울에 그들은 때때로 사우나를 이용한 후 03 ② 얼음물에 뛰어들어가기도 한다.
〈보기〉 ① 진정하다 ② 얼음에 뒤덮인 ③ (값이) 싼 ④ 앉다 ⑤ 인기 있는

04 지문에 가장 적절한 제목을 고르는 문제이다. 이 글은 핀란드의 사우나를 설명하는 글이다. 따라서 정답은 ⑤.

① 한국과 핀란드: 다른 점보다 닮은 점이 더 많다
② 사우나에서 행동하는 방법
③ 사우나에서 당신의 몸과 마음을 진정시켜라!
④ 왜 핀란드 사람들은 차가운 사우나를 좋아하는가
⑤ 핀란드의 사우나는 어떠한가?

Focusing on DETAILS

05 핀란드 사람들은 추위 또한 좋아해서 한겨울에 사우나에서 나와 얼음물에 뛰어들기도 한다고 했으므로 일치하지 않는 것은 ⑤.

06 밑줄 친 부분에서 사우나에 가는 것은 교회에 가는 것과 같다고 하였으므로, 다른 말로 표현한 것은 ④.
    ① 사우나를 휴일에 이용한다.
    ② 사우나는 배움의 장소이다
    ③ 사우나를 가는 것은 중요하다
    ④ 사우나는 신성한 장소이다
    ⑤ 그들은 사우나를 정기적으로 간다

직독직해

¹Did you know that Korea is not the only country // where people love
한국은 유일한 나라가 아니라는 것을 알고 있었는가   사람들이 사우나에

to go to the sauna? ²Finland is another country // where saunas are
가기를 좋아하는?   핀란드는 또 다른 나라이다   사우나가 곳곳에 있는.

everywhere. ³One of the best-loved activities for Finns is / to sit in a
          핀란드 사람들이 가장 좋아하는 활동 중 하나는

super-hot wooden room. ⁴The Finns built their first wooden saunas
엄청나게 뜨거운 목조식 방에 앉아 있는 것이다.   핀란드인들은 약 1,500년 전에 처음 목조식 사우나를 지었다.

around 1,500 years ago, // and today there are more than 1.6 million
          그리고 오늘날 핀란드 전역에는 160만 개 이상의 사우나가 있다.

saunas across the land. ⁵In the sauna rooms, / many Finns like to hit
          사우나실에서.   많은 핀란드인들은

themselves with birch tree branches / to relax their bodies or /
자작 나뭇가지로 자기 자신을 때리는 것을 좋아하는데.   몸의 긴장을 풀거나

to calm their skin // if they have insect bites. ⁶For many Finns, / going
피부를 진정시키기 위해서이다   벌레에 물린 상처가 있는 경우에.   많은 핀란드인에게

to the sauna is like going to church. ⁷So, conversation is quiet // and
사우나에 가는 것은 교회에 가는 것과 같다.   그래서 대화는 조용하게 하고

nobody fights or talks about topics / that make people angry.
싸우거나 (~한) 화제에 관해 이야기하는 사람이 없다   사람들을 화나게 만드는.

⁸The Finns also love the cold. ⁹In the middle of winter, / some Finns
          핀란드 사람들은 또한 추위를 좋아한다.   한겨울에.   일부 핀란드인들은

like to run from the sauna / and jump into water filled with ice.
사우나에서 뛰어나오는 것을 좋아한다   그리고 얼음으로 가득 찬 물에 뛰어드는 것을 좋아한다.

해석

¹한국은 사람들이 사우나에 가기를 좋아하는 유일한 나라가 아니라는 것을 알고 있었는가? ²핀란드는 사우나가 곳곳에 있는 또 다른 나라이다. ³핀란드 사람들이 가장 좋아하는 활동 중 하나는 엄청나게 뜨거운 목조식 방에 앉아 있는 것이다. ⁴핀란드인들은 약 1,500년 전에 처음 목조식 사우나를 지었고, 오늘날 핀란드 전역에는 160만 개 이상의 사우나가 있다. ⁵사우나실에서 많은 핀란드인들은 자작 나뭇가지로 자기 자신을 때리는 것을 좋아하는데, 몸의 긴장을 풀거나 벌레에 물린 상처가 있는 경우에 피부를 진정시키기 위해서이다. ⁶많은 핀란드인에게 사우나에 가는 것은 교회에 가는 것과 같다. ⁷그래서 대화는 조용하게 하고 싸우거나 사람들을 화나게 만드는 화제에 관해 이야기하는 사람도 없다. ⁸핀란드 사람들은 또한 추위를 좋아한다. ⁹한겨울에 일부 핀란드인들은 사우나에서 뛰어나와 얼음으로 가득 찬 물에 뛰어드는 것을 좋아한다.

구문해설

1 Did you know that Korea is not <u>the only country</u> [**where** people love to go to the sauna]?

  ▶ where 이하가 the only country를 꾸미고 있다.

3 **One of** *the best-loved activities* for Finns **is to sit** in a super-hot wooden room.
  　　　　　　　　　　　　　S　　　　　　V　　　　　　C

  ▶ 주어는 「one of+복수명사」의 구조. One에 수 일치하므로 단수동사 is가 쓰였다. to부정사구가 be동사의 보어 역할을 한다.

5 ~, many Finns like to hit themselves with birch tree branches **to relax** their bodies **or to calm** their skin if they have insect bites.

  ▶ 두 개의 to부정사구(to relax ~, to calm ~)가 or로 대등하게 연결되어 있다. '~하기 위해서'라는 뜻으로 쓰였다.

5	Before Reading	(a)			본문 p.80
	Getting the BIG PICTURE	01 ④ 02 ③ 03 ① 04 ③			
	Focusing on DETAILS	05 ②, ③			

Before Reading

아마도 이 지문은 아기 '(a) 이름을 지어주는 것'에 관한 것이다.

(a) 이름을 지어주는 것 (b) 갖는 것

Getting the BIG PICTURE

많은 문화에서 신생아를 01 ④ 환영하는 그들만의 특별한 방법을 가지고 있다.

중국에선 이것을 붉은색 계란과 생강 파티라고 부른다.

붉은색은 행운의 색깔이며, 계란은 특별한 음식이고, 생강은 산모에게 02 ③ 힘을 주는 것이다.

파티에서 신생아는 조부모로부터 03 ① 애칭뿐만 아니라 이름을 받는다.

이 시간은 모두에게 행복한 시간이다.

〈보기〉 ① 애칭 ② 파티 ③ 힘 ④ 환영하는 ⑤ 특별한 음식

04 이 글은 중국에서 아이가 태어난 것을 축하하며 이름을 지어주는 파티에 대해 설명하는 글이다. 따라서 정답은 ③.

① 붉은색 계란과 생강 파티의 기원
② 어떻게 '아명(兒名, 별칭)'이 실제 이름과 다른가
③ 중국 아기의 이름 짓는 축하의식
④ 신생아를 축하하는 다른 방식들
⑤ 새롭게 부모가 된 사람들을 위한 전통 음식들

Focusing on DETAILS

05 ② 중국에서 붉은색은 행운의 상징(Red is ~ in China)이라는 언급은 있지만, Red Egg and Ginger Party에서 아기에게 붉은색 옷을 입힌다는 내용은 없다. ③ 생강은 산모에게 좋은 음식(Ginger is ~ giving birth.)이지만 생강 요리가 손님들에게 대접된다는 언급은 없다. 따라서 정답은 ②, ③.

직독직해

¹A baby may receive many gifts when it is born, // but the most
아기는 태어날 때 많은 선물을 받을지도 모른다.   하지만 가장

special one is a name. ²Many cultures have a unique way / of
특별한 선물은 이름이다.   많은 문화는 독특한 방식을 갖는다

celebrating the arrival of a newborn. ³In some countries, / a baby
신생아의 등장을 축하하는.   어떤 나라에서는

naming party is thrown by family and friends. ⁴In China, / a baby is
아기 이름 짓기 파티가 가족과 친구들 사이에서 열린다.   중국에서는

traditionally named one month after it is born. ⁵Then the family
전통적으로 아기가 태어난 지 한 달 후에 이름을 지어준다.   그런 다음 가족들은

throws a Red Egg and Ginger Party. ⁶Red is considered a lucky color
붉은색 계란과 생강 파티를 연다.   중국에서 붉은색은 행운의 색으로 여겨진다

in China // and eggs are a special treat. ⁷Ginger is thought to be
그리고 계란은 특별한 음식이다.   생강은 산모에게 좋은 것으로 여겨진다

good for new mothers // who are tired and weak after giving birth.
                                    출산 후 지치고 약해진.

⁸At the party, / grandparents choose a name for the baby. ⁹Parents
파티에서   조부모님들은 아기의 이름을 지어주신다.   부모는

introduce the baby to the guests // and everyone celebrates with a feast.
아기를 손님들에게 소개한다   그리고 모든 사람이 잔치를 벌여 축하해준다.

¹⁰Also, a 'milk name,' or nickname, may be given. ¹¹The child may use
또한 아명(兒名) 즉, 애칭을 지어주기도 한다.   아이는 이 애칭을 사용할지 모른다

this name // until he or she starts school or gets married.
                학교에 다니기 시작할 때까지 혹은 결혼할 때까지.

¹²Babies are named and welcomed in many different ways / around the
많은 다양한 방식으로 아기의 이름을 짓고, 아기를 환영한다   전 세계에서.

world. ¹³These celebrations are special and joyful events!
                이런 축하 의식은 특별하면서도 즐거운 행사이다!

해석

¹⁰아기는 태어날 때 많은 선물을 받을지도 모르지만, 가장 특별한 선물은 이름이다. ²많은 문화에서 독특한 방식으로 신생아의 등장을 축하한다. ³어떤 나라에서는 아기 이름 짓기 파티가 가족과 친구들 사이에서 열린다. ⁴중국에서는 전통적으로 아기가 태어난 지 한 달 후에 이름을 지어준다. ⁵그런 다음 가족들은 붉은색 계란과 생강 파티를 연다. ⁶중국에서 붉은색은 행운의 색으로 여겨지고 계란은 특별한 음식이다. ⁷생강은 출산 후 지치고 약해진 산모에게 좋은 것으로 여겨진다. ⁸파티에서 조부모님들은 아기의 이름을 지어주신다. ⁹부모는 아기를 손님들에게 소개하고 모든 사람이 잔치를 벌여 축하해준다. ¹⁰또한 아명(兒名) 즉, 애칭을 지어주기도 한다. ¹¹아이는 이 애칭을 학교에 다니기 시작할 때까지 혹은 결혼할 때까지 사용할지 모른다. ¹²전 세계에서 많은 다양한 방식으로 아기의 이름을 짓고, 아기를 환영한다. ¹³이런 축하 의식은 특별하면서도 즐거운 행사이다!

7 Ginger **is thought to be** good for **new mothers** [**who** are tired and weak after giving birth].

▶ 「A is thought to be ~」는 'A가 ~로 여겨지다, 생각되다'란 뜻. who 이하는 new mothers를 수식하고 있다.

6

Before Reading   (a)   본문 p.82

Getting the BIG PICTURE   01 ② 02 ① 03 ⑤ 04 ③ 05 ③

Focusing on DETAILS   06 history 07 (a) T (b) T (c) F

해설 & 해석

Before Reading

아마도 이 지문은 '(a) 악수하는 것'에 관한 내용일 것이다.

(a) 악수하는 것 (b) 인사의 종류

Getting the BIG PICTURE

악수하는 것은 서구 문화에서 01 ② 인사의 흔한 형태이다.
손을 02 ① 만지는 것은 사랑과 이해의 표시이다.
손을 03 ⑤ 펴 보이는 것은 또한 당신이 무기를 가지고 있지 않다는 것을 보여주는 방식이다.
여자들은 보통 무기를 가지고 있지 않아서 남자들보다 04 ③ 나중에 악수하기 시작했다.
〈보기〉 ① 만지다 ② 인사 ③ 나중에 ④ 안전한 ⑤ 펼쳐진

05 악수를 하게 된 유래에 대해 가능성 있는 몇 가지 견해를 제시하고 있다. 따라서 정답은 ③.
  ① 영화 속에 나온 악수
  ② 악수의 진정한 의미
  ③ 악수의 여러 가지 기원
  ④ 문화마다 다른 악수(법)
  ⑤ 여성들이 악수를 자주 하지 않는 이유

Focusing on DETAILS

06 빈칸이 포함된 문장 뒤에서 고대 이집트, 미켈란젤로의 그림, 영화 "E.T." 등의 예를 들면서 악수가 어디서 비롯되었는지에 대한 견해를 역사를 통해 제시하고 있다. 따라서 정답은 history(역사).

07 (a) 고대 이집트인들은 손을 만짐으로써 신이 왕에게 힘을 준다고 믿었다(The Ancient Egyptians ~ by touching)는 내용이 본문과 일치하므로 정답은 T.
  (b) 손가락이 닿으면서 서로를 사랑하고 이해하고 있음을 안다(~ they love and understanding each other.)는 내용이 본문과 일치하므로 정답은 T.
  (c) 중세시대에서 손을 펴 보이는 것은 낯선 남자들이 만났을 때, 서로 무기를 가지고 있지 않음을 확인하기 위한 것(In those days, ~ a weapon.)이므로 본문과 일치하지 않아 정답은 F.

직독직해

¹Especially in western cultures, / adults usually shake hands when
특히 서구 문화에서   어른들은 만났을 때 보통 악수를 한다.

they meet. ²No one is sure where this kind of greeting comes from, //
아무도 이러한 인사가 어디에서 비롯되었는지 확실히 알지 못한다

but history gives us some ideas. ³The Ancient Egyptians believed //
하지만, 역사는 우리에게 몇 가지 견해를 제시한다.   고대 이집트인들은 믿었다

that gods gave power to a king / by touching his hand. ⁴The same
신이 왕에게 힘을 준다고   왕의 손을 만짐으로써.

idea is in Michelangelo's Sistine Chapel painting. ⁵In the painting, /
동일한 사상이 미켈란젤로의 시스티나 성당 그림에도 존재한다.   그 그림에서

God reaches out to touch Adam's hand / to give him life. ⁶And when
하나님은 아담의 손에 닿으려고 손을 뻗는데   그에게 생기를 불어넣기 위함이다.

Elliott and E.T. touch fingers in the movie "E.T.," // we know that they
그리고 영화 "E.T."에서 엘리엇과 E.T.의 손가락이 닿을 때,   우리는 그들이 서로

해석

¹특히 서구 문화에서 어른들은 만났을 때 보통 악수를 한다. ²아무도 이러한 인사가 어디에서 비롯되었는지 확실히 알지 못하지만, 역사는 우리에게 몇 가지 견해를 제시한다. ³고대 이집트인들은 신이 왕의 손을 만짐으로써 왕에게 힘을 준다고 믿었다. ⁴동일한 사상이 미켈란젤로의 시스티나 성당 그림에도 존재한다. ⁵그 그림에서 하나님은 아담의 손에 닿으려고 손을 뻗는데 그에게 생기를 불어넣기 위함이다. ⁶그리고 영화 "E.T."에서 엘리엇과 E.T.의 손가락이 닿을 때, 우리는 그들이 서로 사랑하고 이해하고 있음을 안다. ⁷그러므로 손을 닿게 하는 것은 사랑과 이해의 강력한 상징으로 보일지 모른다. ⁸또 다른 이유는 중세시대에서 유래한 것인지

love and understand each other. ⁷So, touching hands may be seen /
사랑하고 이해하고 있음을 안다.   그러므로 손을 닿게 하는 것은 (~로) 보일지 모른다

as a powerful symbol of love and understanding. ⁸Another reason may
사랑과 이해의 강력한 상징으로.   또 다른 이유는

come from medieval times. ⁹In those days, when male strangers met, //
중세시대에서 유래한 것인지도 모른다.   그 당시에는 낯선 남자들끼리 마주쳤을 때

they held open their right hands to each other, / to show that neither
그들은 서로에게 자신의 오른손을 펴 보였는데.   그들 중 누구도 무기를

man was holding a weapon. ¹⁰It helps to explain // why women didn't
갖고 있지 않다는 것을 보여주기 위해서였다.   이것은 설명하는 데 도움을 준다

shake hands until modern times. ¹¹Since women did not carry
현대에 이르러서야 여성들이 악수하게 된 이유를.   여자는 무기를 가지고 다니지 않았기 때문에,

weapons, // a man did not need to see a woman's right hand / to feel
남자는 여자의 오른손을 볼 필요가 없었다   안전함을 느끼기 위해.

safe.

도 모른다. ⁹그 당시에는 낯선 남자들끼리 마주쳤을 때 서로에게 자신의 오른손을 펴 보였는데, 그들 중 누구도 무기를 갖고 있지 않다는 것을 보여주기 위해서였다. ¹⁰이것은 현대에 이르러서야 여성들이 악수하게 된 이유를 설명하는 데 도움을 준다. ¹¹여자는 무기를 가지고 다니지 않았기 때문에, 남자는 안전함을 느끼기 위해 여자의 오른손을 볼 필요가 없었다.

구문해설

3 ~ believed that **gods gave power** *to a king* by touching his hand.
                  S'   V'   O'
    ▶ 「give A to B」는 'A를 B에게 주다'란 뜻으로 「give B A」로 바꿔 쓸 수 있다. (=~ gods gave a king power ~.)

10 It helps to explain why women did**n't** *shake hands* **until** *modern times*.
    ▶ 「not A until B」는 'B해서야 비로소 (A하다)'란 뜻.

Grammar & Usage
본문 p.84

01 where	**02** bad	**03** To make	**04** are	**05** ○
06 × → built	**07** ○	**08** × → until	**09** ②	**10** ③

01 where │ 태국, 인도, 그리고 멕시코와 같이 세계에서 날씨가 대체로 더운 지역들을 생각해보라. 맵고 맛이 강한 음식이 이 나라들에서 인기가 있다.

해설 관계부사절이 문맥상 선행사 places in the world를 꾸며주므로 관계부사 where가 적절. when은 시간을 선행사로 취한다.

02 bad │ 더운 날씨에는 고기가 매우 빨리 상한다.

해설 이때의 goes는 become(~이 되다)의 뜻으로 쓰였고 주격보어를 필요로 하므로 형용사인 bad가 적절.

03 To make │ 다루마상에게 소원을 빌려면, 이 인형의 얼굴에 눈을 하나 그린다.

해설 문장의 동사는 paint이고, 문맥상 네모는 준동사 형태로 '~하기 위해'의 의미를 나타내는 to부정사가 적절.

04 are │ 영국 정부의 지도자들은 뛰어난 대중 연설 능력으로 전 세계적으로 매우 유명하다.

해설 주어 Leaders가 전치사구 in Britain's government의 수식을 받고 있으므로 복수동사인 are가 적절.

05 ○ │ 한 보고서에 의하면, 영국은 읽거나 쓰지 못하는 국민의 비율이 높다고 한다.

해설 선행사인 citizens를 꾸며주고 관계사절 내에서 주어의 역할을 하므로 주격 관계대명사 who는 적절.

06 × → built │ 핀란드인들은 약 1,500년 전에 처음 목조식 사우나를 지었고, 오늘날 핀란드 전역에는 160만 개 이상의 사우나가 있다.

해설 과거의 때를 나타내는 around 1,500 years ago가 쓰였으므로 과거형인 built가 적절. 현재완료는 과거를 나타내는 어구와 함께 쓸 수 없다.

07 ○ │ 어떤 나라에서는 아기 이름 짓기 파티가 가족과 친구들 사이에서 열린다.

해설 주어인 a baby naming party는 사람들에 의해 열리는 것이므로 수동태인 is thrown은 적절.

08   × → until │ 중국에서, 아기는 '아명(兒名)', 즉 애칭을 받을지도 모른다. 아이는 이 애칭을 학교에 다니기 시작할 때까지, 혹은 결혼할 때까지 사용할지 모른다.

해설 문맥상 아이가 학교에 다니거나 결혼할 때까지 쭉 이어지는 상황을 나타내므로 until이 적절. by는 어떠한 것이 완료되어야 하는 기간을 나타낸다.

09   ② │ 다루마상은 행운의 부적일 뿐만 아니라 노력과 용감함의 상징이기도 하다.

해설 문맥상 「not only A but also B」의 구조로 'A뿐만 아니라 B도'의 의미를 나타내므로 but이 적절.

10   ③ │ 고대 이집트인들은 신이 왕의 손을 만짐으로써 왕에게 힘을 준다고 믿었다.

해설 문맥상 동사 believed의 목적어 역할을 하는 명사절의 자리이므로 접속사 that이 적절.

Quick Check

본문 p.86

❶	❷	❸	❹	❺
01. d	**01.** c	**01.** b	**01.** f	**01.** f
02. c	**02.** f	**02.** c	**02.** g	**02.** g
03. f	**03.** b	**03.** e	**03.** b	**03.** c
04. e	**04.** a	**04.** d	**04.** e	**04.** e
05. a	**05.** d	**05.** a	**05.** d	**05.** a
06. b	**06.** e		**06.** c	**06.** d
			07. a	**07.** b

1

Before Reading   (a)   본문 p.88

Getting the BIG PICTURE   01 ③   02 ①   03 ⑤   04 ②   05 ①

Focusing on DETAILS   06 별들이 작게 보이는 것   07 (a)   08 (b)

해설 & 해석

Before Reading

아마도 이 지문은 '(a) 별'에 관한 내용일 것이다.

(a) 별   (b) 빛

Getting the BIG PICTURE

우리가 01 ③ 대기층을 통과하는 별들을 보기 때문에 별들은 반짝거린다.
그들의 빛은 대기층의 02 ① 다른 온도에 의해 굴절된다.
별들은 수평선 03 ⑤ 가까이에서 더 반짝거린다.
그들은 04 ② 우주에선 전혀 반짝이지 않는다.
〈보기〉 ① 다른 ② 우주 ③ 대기층 ④ 하늘 ⑤ ～에서 가까이

05   이 글은 별이 반짝거리는 것은 빛이 대기층을 통과하며 굴절되기 때문
이라는 내용이다. 따라서 정답은 ①.
① 별들은 왜 반짝이는가
② 별들은 어떻게 만들어지는가
③ 별들의 빛은 왜 다른가

④ 우리는 별빛으로 날씨를 예측하는 것
⑤ 빛은 어떻게 굴절되는가

Focusing on DETAILS

06   밑줄 친 it 문장 앞에 '우리에게 별은 반짝이는 작은 점으로 보인다(we
see stars as tiny twinkling points of light)'라는 내용이므로
it은 별들이 작게 보이는 것을 가리킨다.

07   별빛이 두꺼운 대기층을 통과할 때 빛이 굴절되어 별들이 반짝거리는
것이다. 수평선 가까이 있는 별들은 더 반짝인다고 했으므로 대기층은
더 두꺼워야 할 것이다. 따라서 정답은 thicker.
(a) 더 두꺼운   (b) 더 얇은

08   본문의 as는 '～때문에'란 뜻이다. 따라서 정답은 (b).
(a) 그녀가 준비하는 동안 그는 앉아서 그녀를 지켜보고 있었다.
(b) 당신이 외출하고 없었기 때문에 내가 메시지를 남겼어.
(c) 저 유리잔을 꽃병으로 쓸 수 있다.

직독직해

¹When we look up into the night sky, // we see stars as tiny twinkling
밤하늘을 올려다보면.   우리에게 별은 반짝이는 작은 점으로 보인다.

points of light. ²We think it's because they are far away. ³But actually
우리는 별들이 멀리 있기 때문에 작게 보인다고 생각한다.   그러나 사실

해석

¹밤하늘을 올려다보면, 우리에게 별은 반짝이는
작은 점으로 보인다. ²우리는 별들이 멀리 있기
때문에 작게 보인다고 생각한다. ³그러나 사실
우리는 이동하고 있는 수많은 두꺼운 대기층을

we see them through many thick layers of moving air; / stars twinkle

우리는 이동하고 있는 수많은 두꺼운 대기층을 통해 별을 보는 것이다

because air on Earth is thick and bends light. ⁴The light is bent in

즉, 지구의 대기가 두껍고 이 대기가 빛을 굴절시켜서 별이 반짝이는 것이다.　　　　그 빛은

different directions // as it travels through areas of hot and cold air, //

서로 다른 방향으로 굴절되는데,　　　　그 빛이 뜨겁고 차가운 대기층을 통해 이동할 때,

and that's why stars seem to twinkle. ⁵Stars closer to the horizon

이것이 바로 별이 반짝이는 것처럼 보이는 이유이다.　　　수평선 가까이에 있는 별들은 더 반짝인다

twinkle more / than ones directly overhead. ⁶That's because the air

바로 위에 있는 별들보다.　　　　이것은 수평선 가까이에 있는 대기층이

nearer to the horizon is thicker. ⁷The starlight has to travel through

더 두껍기 때문이다.　　　별빛은 이 대기층을 통과해야만 한다

this air / to reach your eyes. ⁸If you could look at the stars from space,

당신의 눈에 보이기 위해선.　　　만약 당신이 우주에서, 또는 달에서 별을 바라본다면,

or from the Moon, // they wouldn't twinkle, // as their light wouldn't

별은 반짝이지 않을 것인데,

have any air to travel through.

이는 빛이 통과할 대기층이 없기 때문이다.

통해 별을 보는 것이다. 즉, 지구의 대기가 두껍고 이 대기가 빛을 굴절시켜서 별이 반짝이는 것이다. ⁴그 빛은 뜨겁고 차가운 대기층을 통해 이동할 때, 서로 다른 방향으로 굴절되는데, 이것이 바로 별이 반짝이는 것처럼 보이는 이유이다. ⁵수평선 가까이에 있는 별들은 바로 위에 있는 별들보다 더 반짝인다. ⁶이것은 수평선 가까이에 있는 대기층이 더 두껍기 때문이다. ⁷별빛은 이 대기층을 통과해야만, 당신의 눈에 보이게 된다. ⁸만약 당신이 우주에서, 또는 달에서 별을 바라본다면, 빛이 통과할 대기층이 없기 때문에 별은 반짝이지 않을 것이다.

구문해설

4　~, and that's why stars **seem to** *twinkle*.

▶ 「seem to+동사원형」은 '~처럼 보이다'란 뜻.

8　~, as their light wouldn't have *any air* [**to travel through**].

▶ to부정사구가 any air를 수식하고 있다. 대기를 '통해' 이동하는 것이므로 전치사 through가 쓰였다.

2	Before Reading	(b)		본문 p.90
	Getting the BIG PICTURE	01 ⑤　02 ②　03 ①　04 ②	
	Focusing on DETAILS	05 ②　06 (a) careless　(b) homeless	

해설 & 해석

Before Reading

아마도 이 지문은 '(b) 음식 쓰레기'에 관한 내용일 것이다.

(a) 맛있는 음식　(b) 음식 쓰레기

Getting the BIG PICTURE

대규모 행사 후 많은 여분의 음식들이 남겨진다.

과거에, 음식은 01 ⑤ 낭비되었다.

론 델스너와 시드 맨델바움은 더 좋은 생각을 02 ② 떠올렸다.

그들은 여분의 음식들을 노숙자들에게 주었다.

그들은 많은 사람들에게 03 ① (음식을) 주었다!

〈보기〉① (음식을) 주다　② 떠오르다　③ 동의하다　④ 모으다　⑤ 낭비하다

04　이 글은 대규모 행사에서 제공되는 음식에서 남은 음식을 노숙자들에게 주는 운동을 설명하는 내용이다. 따라서 정답은 ②.

① 음식이 낭비되는 것을 막는 방법들

② 노숙자를 돕는 현명한 방법

③ 자선 록 콘서트

④ 노숙자들의 임시 숙소를 위해 자원봉사하는 방법

⑤ 그들의 지역사회에 관심을 가지는 기업들

Focusing on DETAILS

05　Rock and Wrap It Up! 운동은 콘서트나 대규모 행사에서 제공되는 음식 중 남은 것을 모아 노숙자 보호 시설에 가져다준 것에서부터 시작되었다. 따라서 이 정답은 ②.

06　〈보기〉homeless 노숙자들(집 없는 사람들)　careless 부주의한

(a) 나는 부주의한 실수 때문에 수학 시험에서 낙제했다.

(b) 모든 큰 도시에는 길거리에서 잠을 자는 노숙자들(집 없는 사람들)이 있다.

¹At many concerts and big sports events, / companies prepare delicious
많은 콘서트와 대규모 스포츠 행사에서.　　　　　　　기업들은 맛있는 음식과 음료를 준비한다

food and drinks / for special guests. ²The problem is // that the
특별한 손님들을 위해.　　　　　　문제는

companies prepare more food than is needed. ³So, at the end of every
그러한 기업들이 필요한 양보다도 더 많은 음식을 준비한다는 것이다.　　　　그래서 매 행사가 끝날 때

event, / a lot of food is thrown away with the trash. ⁴In 1990, / a rock
많은 음식이 쓰레기와 함께 버려진다.　　　　　1990년.

concert planner, Ron Delsener, / told scientist Syd Mandelbaum /
록 콘서트 기획자 론 델스너는　　　　　　과학자인 시드 맨덜바움에게 이야기했다

about all the food that was being thrown away. ⁵Six months later, /
버려지는 모든 음식에 관해.　　　　　　6개월 후에.

Syd collected all the food left after a concert // and took it to a homeless
시드는 콘서트 후에 남은 음식을 모두 모아　　　　　　노숙자 보호 시설로 가져갔다.

shelter. ⁶That's how *Rock and Wrap It Up!* began. ⁷Then, Syd talked to
이것이 바로 Rock and Wrap It Up! 운동이 시작된 계기이다.　　　　　그 후에. 시드는

many stadiums, theaters and food companies. ⁸They agreed to give
많은 경기장. 극장. 식품회사에 말했다.　　　　　　그들은 시드에게 주는 것에 동의했다

him / any food left after big events. ⁹In New York in 1994, / at the end
큰 행사 후 남는 음식을 모두.　　　　　1994년 뉴욕에서는

of a Rolling Stones concert, / 500kg of food was given to 700 people.
롤링 스톤스의 콘서트가 끝나고 나서.　　　　500킬로그램의 음식이 700명에게 제공되었다.

¹⁰By the end of 2005, / *Rock and Wrap It Up!* had given 40 million
2005년 말까지.　　　　　　Rock and Wrap It Up! 운동을 통해 4천만 끼의 식사가 전달되었다

meals / to 41,000 homeless shelters.
41,000개의 노숙자 보호 시설에.

¹많은 콘서트와 대규모 스포츠 행사에서, 기업들은 특별한 손님들을 위해 맛있는 음식과 음료를 준비한다. ²문제는 그러한 기업들이 필요한 양보다도 더 많은 음식을 준비한다는 것이다. ³그래서 매 행사가 끝날 때 많은 음식이 쓰레기와 함께 버려진다. ⁴1990년, 록 콘서트 기획자 론 델스너는 과학자인 시드 맨덜바움에게 버려지는 모든 음식에 관해 이야기했다. ⁵6개월 후에, 시드는 콘서트 후에 남은 음식을 모두 모아 노숙자 보호 시설로 가져갔다. ⁶이것이 바로 Rock and Wrap It Up! 운동이 시작된 계기이다. ⁷그 후에, 시드는 많은 경기장, 극장, 식품회사에 말했다. ⁸그들은 시드에게 큰 행사 후 남는 음식을 모두 주는 것에 동의했다. ⁹1994년 뉴욕에서는 롤링 스톤스의 콘서트가 끝나고 나서, 500킬로그램의 음식이 700명에게 제공되었다. ¹⁰2005년 말까지, Rock and Wrap It Up! 운동을 통해 4천만 끼의 식사가 41,000개의 노숙자 보호 시설에 전달되었다.

구문해설

2　The problem is **that** the companies prepare more food than is needed.
　▶ that 이하가 be동사의 보어로 쓰였다. '~라는 것'으로 해석한다.

4　~, Ron Delsener, told scientist Syd Mandelbaum about ***all the food*** [**that** was being thrown away].
　▶ that 이하가 all the food를 수식하고 있다. 「be being p.p.」는 '~되고 있다'란 뜻으로 진행형(be -ing)과 수동태(be p.p.)가 합쳐진 형태이다.

6　**That's how** *Rock and Wrap It Up!* began.
　　　　　　　　　S'　　　　　　V'
　▶ 「That's how ~」는 '그것이 바로 ~한 방식이다'란 뜻으로 뒤에 주어와 동사를 갖춘 절이 온다.
　e.g. **That's how** I relax. (그것이 바로 제가 휴식을 취하는 방식입니다.)

3	Before Reading	(b)		본문 p.92
	Getting the BIG PICTURE	01 ③ 02 ②		
	Focusing on DETAILS	03 ③ 04 (a)		

해설 & 해석

Before Reading

아마도 이 지문은 '(b) 빙하기'에 관한 내용일 것이다.
(a) (지구의) 극 (b) 빙하기

Getting the BIG PICTURE

01 빙하기란 지구의 남/북극이 얼음으로 되어있을 때이다.
지금 우리는 빙하기에 있다.
몇몇 과학자들은 흑사병이 (지구를) (a) 더 차가운 온도로 이끌었을지도 모른다고 믿는다.
왜냐하면, 그땐 (b) 더 많은 나무들과 (c) 더 적은 사람들이 있었기 때문이다.

	(a)	(b)	(c)
①	더 차가운	더 많은	더 많은
②	더 차가운	더 적은	더 적은
③	더 차가운	더 많은	더 적은
④	더 뜨거운	더 적은	더 많은
⑤	더 뜨거운	더 많은	더 적은

02 이 글은 빙하기(Ice Age), 간빙기(an 'interglacial' time)에 대해 설명하고 나서 15세기에 300년간 지속된 소빙하기(the Little Ice Age)의 원인에 대해 이야기하고 있다. 따라서 정답은 ②.
① 소빙하기란 무엇인가?
② 언제 그리고 왜: 빙하기에 대한 사실들
③ 지구가 점점 추워지고 있다!
④ 빙하기엔 무슨 일이 일어났을까?
⑤ 이뉴잇들은 빙하기에도 살아남았다!

Focusing on DETAILS

03 소빙하기에는 영국 북쪽 지방에 이뉴잇들과 북극곰이 나타나기도 했다 (Ice spread so far ~ reached northern Britain!)고 했으므로 일치하는 정답은 ③.

04 본문의 covers는 '덮다, 감싸다'란 뜻이다. 따라서 정답은 (a).
(a) 댄은 손으로 얼굴을 감쌌다.
(b) 그 프로그램은 학교에서의 건강과 안전 문제를 다룬다.
(c) 해 질 무렵이 되었을 때 우리는 30마일을 간 상태였다.

직독직해

¹When did the most recent Ice Age end? ²The answer is — it hasn't.
언제 가장 최근의 빙하기가 끝났을까? 정답은 '아직 끝나지 않았다'이다.

³We're still in it. ⁴'Ice Age' means any time // when ice covers the North
우리는 여전히 빙하기에 있다. '빙하기'는 (어떤) 시기를 뜻한다 얼음이 북극과 남극을 덮고 있는.

Pole and South Pole. ⁵Right now, / we are in an 'interglacial' time.
바로 지금, 우리는 '간빙기의(interglacial)' 시대에 살고 있다.

⁶'Glacial' means 'of ice' // and 'inter-' means 'between.' ⁷It describes a
'Glacial'은 '얼음의'란 뜻이다 그리고 'inter-'는 '사이에'란 뜻이다. 간빙기란

time within an Ice Age // when the Earth warms up and there is less
빙하기 내의 어떤 시기를 말하는데, 이때는 지구가 따뜻해지고 얼음이 적다.

ice. ⁸Our 'interglacial' time started ten thousand years ago.
우리의 '간빙기'는 만 년 전에 시작됐다.

⁹Around the year 1500, / temperatures on Earth dropped and stayed
약 1500년쯤에, 지구의 기온이 떨어져서 (기온이) 낮은 상태로 지속되었다

low / for the next three hundred years. ¹⁰It's called the Little Ice Age.
그 이후 300년 동안. 이것은 소빙하기라 불린다.

¹¹Ice spread so far south // that Inuits and polar bears reached northern
얼음이 남쪽 아주 멀리까지 퍼져서 이뉴잇들과 북극곰이 영국 북부지방까지 오게 되었다!

Britain!

¹²Some scientists believe // that the Black Death may have
몇몇 과학자들은 믿는다 흑사병이 소빙하기의 원인이었을 거라고.

caused the Little Ice Age. ¹³The Black Death was a disease // that killed
흑사병은 병이었다

millions of people in Europe. ¹⁴After so many people died, // millions
수백만 명의 유럽인을 죽인 매우 많은 사람이 죽은 후에,

of trees grew up on their empty farmland. ¹⁵Over the following ten to
수백만 그루의 나무가 그들의 빈 농경지에서 자랐다. 그 이후 10년에서 50년간.

해석

¹언제 가장 최근의 빙하기가 끝났을까? ²정답은 '아직 끝나지 않았다'이다. ³우리는 여전히 빙하기에 있다. ⁴'빙하기'는 얼음이 북극과 남극을 덮고 있는 시기를 뜻한다. ⁵바로 지금, 우리는 '간빙기의(interglacial)' 시대에 살고 있다. ⁶'Glacial'은 '얼음의'란 뜻이고 'inter-'는 '사이에'란 뜻이다. ⁷간빙기란 빙하기 내의 어떤 시기를 말하는데, 이때는 지구가 따뜻해지고 얼음이 적다. ⁸우리의 '간빙기'는 만 년 전에 시작됐다.

⁹약 1500년쯤에, 지구의 기온이 떨어져서 그 이후 300년 동안 (기온이) 낮은 상태로 지속되었다. ¹⁰이것은 소빙하기라 불린다. ¹¹얼음이 남쪽 아주 멀리까지 퍼져서 이뉴잇들과 북극곰이 영국 북부지방까지 오게 되었다!

¹²몇몇 과학자들은 흑사병이 소빙하기의 원인이었을 거라고 믿는다. ¹³흑사병은 수백만 명의 유럽인을 죽인 병이었다. ¹⁴매우 많은 사람이 죽은 후에, 수백만 그루의 나무가 그들의 빈 농경지에서 자랐다. ¹⁵그 이후 10년에서 50년간, 나무들이 대기 속의 이산화탄소를 엄청나게 흡수해서 기후가 추워진 것이다.

fifty years, / the trees absorbed so much CO_2 from the air // that the

나무들이 대기 속의 이산화탄소를 엄청나게 흡수해서

climate cooled.

기후가 추워진 것이다.

구문해설

4 'Ice Age' means **any time** [**when** ice covers the North Pole and South Pole].

▶ '시간'을 나타내는 관계부사 when이 이끄는 절이 any time을 수식하고 있다.

11 Ice spread **so** far south **that** Inuits and polar bears reached northern Britain!

▶ 「so+형용사[부사]+that ...」은 '매우 ~해서 …하다'란 뜻.

12 Some scientists believe that the Black Death **may have caused** the Little Ice Age.

▶ 「may have p.p.」는 '어쩌면 ~였을지도 모른다'란 뜻으로 '과거에 대한 불확실한 추측'을 나타낸다.

4
Before Reading (a)   본문 p.94
Getting the BIG PICTURE   01 ⑤ 02 ② 03 ① 04 ②
Focusing on DETAILS   05 ①, ④ 06 (c)

해설 & 해석

Before Reading

아마도 이 지문은 '(a) 번개를 유인하는 것'에 관한 내용일 것이다.
(a) 번개를 유인하는 것 (b) 전기

Getting the BIG PICTURE

번개는 물체의 특성 때문에 그 물체를 치는 것이다.
예를 들어, 만약 당신이 차보다 더 키가 크다면, 번개는 당신을 01 ⑤ 칠 것이다.
그래서 피뢰침은 금속이어서가 아니라 (높이가) 높기 때문에 02 ② 기능하는 것이다.
금속은 지면으로 전기를 쉽게 03 ① 움직이게 한다.
〈보기〉① 움직이게 하다 ② 기능하다 ③ 가리키다 ④ 오다 ⑤ 치다

04 사람들은 왜 금속이 번개를 유인한다고 생각하는지(why do people ~ attracts lightning?)에 대한 질문을 한 다음 이에 대한 답이 나와야 할 것이므로 (B)가 처음에 나와야 하며, (B)의 내용을 부가 설명하는 (A)가 그다음에 나와야 한다. 또한, (D)는 (A)에 설명된 피뢰침이 금속으로 만들어진 이유(That's why ~ metal.)이므로 (A) 다음에 와야 하며, 마지막에는 이러한 과정이 결국 어떻게 되는지에 대해 나와야 하므로 (C)가 이어져야 한다. 따라서 정답은 ②.

Focusing on DETAILS

05 번개를 유인하는 특성이 아닌 것을 고르는 문제이다. '차보다 키가 클 경우 차 밖에 있을 때 번개를 맞을 확률이 더 높다(you are ~ your car)'고 하였으므로 물체의 높이가 그 특성이며, '평평한 야외 한복판에서 차에서 멀리 걸어갈 때(when you walk away from it in the middle of flat and open land)' 번개에 맞을 확률이 높다고 했으므로 다른 물체와의 거리가 또 다른 특성이다. 또한, '길고 뾰족한 모자를 쓰고 있으면(If your are also wearing a very tall and pointy hat)' 굉장히 위험하다고 했으므로 모양 역시 특성임을 알 수 있다. 따라서 이 특성이 아닌 것은 ①, ④.
① 폭 ② 높이 ③ 거리 ④ 속도 ⑤ 모양

06 본문의 struck은 '치다'란 뜻이다. 따라서 정답은 (c).
(a) 우리가 상황을 개선할 수 있을 방법이 내게 갑자기 떠올랐다.
(b) 이틀 후에 비극이 발생했다.
(c) 그 돌이 그녀의 이마를 쳤다.

직독직해

¹Some people say // you should get out of your car during a storm, //

어떤 사람들은 말한다   폭풍이 치면 차에서 빠져나와야 한다고.

because metal attracts lightning. ²But it's not true! ³Three qualities

금속이 번개를 끌어당기기 때문에   하지만 그건 사실이 아니다!

해석

¹어떤 사람들은 금속이 번개를 끌어당기기 때문에 폭풍이 치면 차에서 빠져나와야 한다고 말한다. ²하지만 그건 사실이 아니다! ³세 가지 특성이 번개를 물체로 유인한다. 물체의 높이,

attract lightning to an object: / the object's height, its shape, and its
세 가지 특성이 번개를 물체로 유인한다.   물체의 높이, 모양, 그리고 다른 물체로부터의 거리가 이 세 가지 특성에

distance from other objects. ⁴Let's say that you are taller than your
해당한다.   당신이 차보다 키가 더 크다고 해보자

car, // and you walk away from it / in the middle of flat and open land /
그리고 차를 피해 걸어간다고   평평한 야외 한복판에서.

during a storm. ⁵You are more likely than your car / to be struck
폭풍이 치는 동안   당신은 차보다 (~할) 확률이 더 높다   번개에 맞을.

by lightning. ⁶If you are also wearing a very tall and pointy hat, // then
당신이 길고 뾰족한 모자도 쓰고 있다면.

you are in serious danger. ⁷So, why do people think // that it's the metal
당신은 굉장히 위험한 상황에 처해 있는 것이다.   그렇다면 사람들은 왜 (~한다고) 생각하는 걸까?

that attracts lightning? ⁸It's because electricity moves easily through
금속이 번개를 유인한다고   그것은 전기가 금속을 쉽게 통과하기 때문이다.

metal. ⁹When lightning strikes metal, // it travels through the metal
번개가 금속에 내리치면,   번개는 금속을 매우 빠르게 통과하는데.

very quickly // because metal allows electricity to pass through it well.
이는 금속이 전기를 잘 통과시키기 때문이다.

¹⁰That's why a lightning rod is made of metal. ¹¹A long metal stick at
그것이 바로 피뢰침이 금속으로 만들어진 이유이다.   집 꼭대기의 길쭉한 금속 막대가

the top of a house / takes the electric current safely / around the house
전류를 안전하게 흘려보낸다   집을 돌아 땅속으로.

and into the ground. ¹²Through this process, the lightning rod makes
이런 과정을 통해 피뢰침은 번개를 덜 위험하게 만든다.

lightning less dangerous.

모양, 그리고 다른 물체로부터의 거리가 이 세 가지 특성에 해당한다. ⁴당신이 차보다 키가 더 크고 폭풍이 치는 동안 차에서 멀리 평평한 야외 한복판에서 걸어간다고 해보자. ⁵당신은 차보다 번개에 맞을 확률이 더 높다. ⁶당신이 길고 뾰족한 모자도 쓰고 있다면, 당신은 굉장히 위험한 상황에 처해 있는 것이다. ⁷그렇다면 사람들은 왜 금속이 번개를 유인한다고 생각하는 걸까? ⁸그것은 전기가 금속을 쉽게 통과하기 때문이다. ⁹번개가 금속에 내리치면, 번개는 금속을 매우 빠르게 통과하는데, 이는 금속이 전기를 잘 통과시키기 때문이다. ¹⁰그것이 바로 피뢰침이 금속으로 만들어진 이유이다. ¹¹집 꼭대기의 길쭉한 금속 막대가 전류를 안전하게 집을 돌아 땅속으로 흘려보낸다. ¹²이런 과정을 통해 피뢰침은 번개를 덜 위험하게 만든다.

구문해설

3   **Three qualities** attract lightning to an object: the object's height, its shape, and its distance from other objects.
   ▶ 콜론 이하가 앞의 Three qualities의 종류를 구체적으로 설명해 주고 있다.

5   You **are more likely** *than your car* **to be struck** by lightning.
   ▶ 「be more likely to+동사원형」의 구조로 '~할 가능성이 더 많다'란 뜻. 비교대상(your car)을 강조하려고 likely 뒤에 둔 형태. You **are more likely to be struck** by lightning *than your car*의 어순도 가능.

9   ~ because metal **allows** *electricity* **to pass through** it well.
   ▶ 「allow A to+동사원형」은 'A가 ~하게 하다'란 뜻.

11 <u>A long metal stick [at the top of a house]</u> <u>takes</u> the electric current safely ~.
                            S   V
   ▶ 전치사 at이 이끄는 구가 A long metal stick을 수식하여 주어가 길어진 구조. 동사는 takes.

해설 & 해석

아마도 이 지문은 '(a) 기후 변화'에 의해 발생하는 문제들에 관한 내용일 것이다.
(a) 기후 변화 (b) 벌과 같은 곤충들

지구 온난화는 서로를 필요로 하는 식물과 동물들에게 재앙이다.
예를 들어, 제왕나비는 남쪽 식물들로부터 01 ④ 양분을 필요로 한다.
남쪽 식물들은 02 ① 번식하기 위해 제왕나비가 필요하다.
03 ⑤ 더 따뜻해진 겨울은 나비들이 북쪽을 떠나야 할 때를 모른다는 것을 의미한다.
그들이 남쪽에 도착하면 04 ② 그 식물들은 죽어 있고, 그래서 제왕나비도 죽고 만다.
〈보기〉 ① 번식하다 ② 그 식물들 ③ 꽃가루를 옮기다 ④ 양분을 필요로 한다 ⑤ 더 따뜻한 겨울

05 이 글은 지구 온난화 때문에 곤충과 식물들이 피해를 받는다는 내용이다. 따라서 정답은 ④.

① 사나운 날씨는 어떻게 곤충에게 영향을 미치는가
② 벌과 나비의 공통점들
③ 곤충 없이 살지 못하는 식물들
④ 지구 온난화는 어떻게 꽃가루 매개 곤충에게 피해를 주는가
⑤ 나비들은 왜 더 먼 북쪽 지방으로 이동하는가

06 글의 세부사항을 정확히 파악했는지 묻는 유형이다. 지구 온난화 때문에 제왕나비가 남쪽으로 내려가도 꽃이 일찍 시들어 영양분을 얻을 수 없어 죽는다고 했다. 남쪽으로 이동하지 않는 것은 아니므로 정답은 (d).
(a) 기후 변화는 식물이 언제 꽃을 피우고 곤충이 언제 이동하는지에 영향을 미친다.
(b) 꽃이 피는 식물은 꽃가루 매개 곤충에게 양분을 공급하기 때문에 번식할 수 있다.
(c) 식물과 꽃가루 매개 곤충이 기후 변화 때문에 죽어가고 있다.
(d) 지구 온난화 때문에 제왕나비가 더 이상 남쪽으로 이동하지 않는다.

07 본문의 reproduce는 '번식하다'란 뜻이다. 따라서 정답은 (c).
(a) 꽃이 피다 (b) 숨쉬다 (c) 번식하다; 증가하다 (d) 발달하다

직독직해

¹Global warming is causing big problems / for insects, like bees.
지구 온난화는 큰 문제를 야기하고 있다   벌과 같은 곤충들에게.

²These insects get food from flowers // and are called pollinators.
이러한 곤충들은 꽃에서 양분을 얻으며,   이들을 꽃가루 매개 곤충이라고 부른다.

³As they travel from flower to flower, // they carry pollen, the powder
이들은 꽃에서 꽃으로 이동하며   꽃의 수술이 만들어낸 가루인 화분(花粉)을

produced by the male parts of flowers, / to the female parts of flowers.
암술에 옮긴다.

⁴This is how flowering plants reproduce. ⁵Pollinators depend on
이것이 꽃이 피는 식물이 번식하는 방법이다.   꽃가루 매개 곤충은 꽃이 피는 식물에 의존해

flowering plants for food.
양분을 얻는다.

⁶The monarch butterfly is an important pollinator. ⁷Since it prefers
제왕나비는 중요한 꽃가루 매개 곤충이다.   이 나비는 따뜻한 기후를

warm temperatures, // it travels south in the winter. ⁸But as the planet
좋아하기 때문에   겨울에는 남쪽 지방으로 이동한다.   그러나 지구의 기온이 올라가면서

heats up, // the monarch butterfly is staying up north for longer and
제왕나비는 북쪽 지방에서 점점 더 오래 머물고 있다.

longer. ⁹Without the butterflies, / plant populations in the south are
나비가 없어서   남쪽 지방의 식물 개체 수가 줄어들고 있다.

shrinking. ¹⁰And climate change is causing great problems with
또한, 기후 변화는 시기를 적절히 맞추는 데 있어 큰 문제를 야기하고 있다.

timing. ¹¹Flowers bloom early because of unusual warm weather, // but
비정상적으로 따뜻한 날씨 때문에 꽃이 일찍 피지만,

then a frost comes and kills them. ¹²Then, when the pollinators arrive,
서리가 내려 꽃이 시든다.   그로 인해, 꽃가루 매개 곤충이 와도

해석

¹지구 온난화는 벌과 같은 곤충들에게 큰 문제를 야기하고 있다. ²이러한 곤충들은 꽃에서 양분을 얻으며, 이들을 꽃가루 매개 곤충이라고 부른다. ³이들은 꽃에서 꽃으로 이동하며 꽃의 수술이 만들어낸 가루인 화분(花粉)을 암술에 옮긴다. ⁴이것이 꽃이 피는 식물이 번식하는 방법이다. ⁵꽃가루 매개 곤충은 꽃이 피는 식물에 의존해 양분을 얻는다.

⁶제왕나비는 중요한 꽃가루 매개 곤충이다. ⁷이 나비는 따뜻한 기후를 좋아하기 때문에 겨울에는 남쪽 지방으로 이동한다. ⁸그러나 지구의 기온이 올라가면서 제왕나비는 북쪽 지방에서 점점 더 오래 머물고 있다. ⁹나비가 없어서 남쪽 지방의 식물 개체 수가 줄어들고 있다. ¹⁰또한, 기후 변화는 시기를 적절히 맞추는 데 있어 큰 문제를 야기하고 있다. ¹¹비정상적으로 따뜻한 날씨 때문에 꽃이 일찍 피지만, 서리가 내려 꽃이 시든다. ¹²그로 인해, 꽃가루 매개 곤충이 와도 양분공급원이 없어 꽃가루 매개 곤충도 죽고 만다.

// their food source is gone and they die too.
양분공급원이 없어 꽃가루 매개 곤충도 죽고 만다.

구문해설

3   ~, they carry **pollen**, the powder [produced by the male parts of flowers], to the female parts of flowers.
▶ 콤마 다음의 the powder ~ of flowers가 앞의 pollen을 구체적으로 설명해주고 있다.

7   **Since** it prefers warm temperatures, it travels south in the winter.
▶ 여기서 Since는 '~ 때문에'란 뜻의 '이유'를 나타내는 접속사로 쓰였다.

8   ~, the monarch butterfly is staying up north for **longer and longer**.
▶ 「비교급 and 비교급」의 구조로 '점점 더 ~한'의 의미.

Grammar & Usage

본문 p.98

01 that   **02** when   **03** are   **04** during   **05** that
06 ○   **07** × → started   **08** × → because of [due to]   **09** ①
10 ⑤

---

01   that | 약 1500년쯤에, 지구의 기온이 떨어져서 그 이후 300년 동안 (기온이) 낮은 상태로 지속되었다. 얼음이 남쪽 아주 멀리까지 퍼져서 이뉴잇들과 북극곰이 영국 북부지방까지 오게 되었다!

해설 문맥상 '매우 ~해서 …하다'의 뜻을 나타내는 「so+형용사[부사]+that …」이 쓰였으므로 that이 적절.

02   when | '빙하기'는 얼음이 북극과 남극을 덮고 있는 시기를 뜻한다.

해설 선행사인 any time을 꾸며 주고 뒤에 완전한 절을 이끌고 있으므로 관계부사 when이 적절.

03   are | 제왕나비는 중요한 꽃가루 매개 곤충이다. 지구의 기온이 올라가면서 제왕나비는 북쪽 지방에서 점점 더 오래 머물고 있다. 나비가 없어서 남쪽 지방의 식물 개체 수가 줄어들고 있다.

해설 주어 plant populations가 전치사구 in the south의 수식을 받고 있으므로 복수동사인 are가 적절.

04   during | 어떤 사람들은 금속이 번개를 끌어당기기 때문에 폭풍이 치면 차에서 빠져나와야 한다고 말한다.

해설 뒤에 명사인 a storm이 있으므로 전치사 during이 적절. while은 주어와 동사가 있는 절을 이끄는 접속사.

05   that | 1990년, 록 콘서트 기획자 론 델스너는 과학자인 시드 맨델바움에게 버려지는 모든 음식에 관해 이야기했다.

해설 앞에 있는 선행사 all the food를 수식하고 있으므로 관계대명사 that이 적절. what은 선행사를 포함하는 관계대명사.

06   ○ | 지구의 대기가 두껍고 이 대기가 빛을 굴절시켜서 별이 반짝이는

것이다. 그 빛은 뜨겁고 차가운 대기층을 통해 이동할 때, 서로 다른 방향으로 굴절된다.

해설 빛은 대기에 의해 굴절되어지는 것이므로 bend의 수동태인 is bent는 적절.

07   × → started | 바로 지금, 우리는 '간빙기의(interglacial)' 시대에 살고 있다. 우리의 '간빙기'는 만 년 전에 시작됐다.

해설 과거(ten thousand years ago)를 나타내는 부사구가 쓰였으므로 과거형인 started가 적절. 현재완료는 과거를 나타내는 어구와 함께 쓸 수 없다.

08   × → because of [due to] | 기후 변화는 시기를 적절히 맞추는 데 있어 큰 문제를 야기하고 있다. 비정상적으로 따뜻한 날씨 때문에 꽃이 일찍 피지만 서리가 내려 꽃이 시든다.

해설 뒤에 명사인 unusual warm weather가 있으므로 전치사인 because of [due to]가 적절. because는 접속사.

09   ① | 번개가 금속에 내리치면, 번개는 금속을 매우 빠르게 통과하는데, 이는 금속이 전기를 잘 통과시키기 때문이다.

해설 원급인 quickly를 강조하는 건 very이다. 나머지는 모두 비교급을 강조하는 부사.

10   ⑤ | 벌과 같은 곤충들은 꽃에서 꽃으로 이동하며 꽃의 수술이 만들어낸 가루인 화분(花粉)을 암술에 옮긴다. 이것이 꽃이 피는 식물이 번식하는 방법이다.

해설 문맥상 꽃이 피는 식물이 어떻게 번식하는지에 대한 내용이 앞 문장에 오므로 방법을 나타내는 how가 적절.

Quick Check

본문 p.100

❶	❷	❸	❹	❺	❻
01. b	**01.** b	**01.** f	**01.** d	**01.** a	**01.** d
02. a	**02.** c	**02.** c	**02.** a	**02.** d	**02.** c
03. d	**03.** a	**03.** d	**03.** e	**03.** e	**03.** b
04. c	**04.** e	**04.** a	**04.** b	**04.** b	**04.** e
	05. d	**05.** e	**05.** c	**05.** c	**05.** a
		06. b			

1

Before Reading   (b)

Getting the BIG PICTURE   01 ①   02 ⑤   03 ④   04 ②   05 ②

Focusing on DETAILS   06 ②, ③   07 (a)   08 too late to be useful

본문 p.102

해설 & 해석

Before Reading

아마도 이 지문은 날씨 '(b) 예측'에 관한 내용일 것이다.

(a) 정보   (b) 예측

Getting the BIG PICTURE

루이스 프라이 리처드슨은 날씨를 예측하기 위해 수학을 01 ① 사용한 첫 번째 사람이다.

그의 방정식은 며칠 전에 날씨를 02 ⑤ 추측할 수 있었다.

하지만 수학은 매우 03 ④ 어려웠고, 컴퓨터가 없었다.

그래서 그것은 수년 후까지 04 ② 유용하지 않았다.

〈보기〉 ① 사용하다 ② 유용한 ③ 간단한 ④ 어려운 ⑤ 추측하다

05   이 글은 리처드슨이 날씨를 예측하는 데 수학을 최초로 사용하였다는 내용이다. 따라서 정답은 ②.

    ① 오늘날 날씨는 어떻게 예측되는가

    ② 리처드슨의 날씨 예측 방법

    ③ 수학의 기발한 이용

    ④ 왜 리처드슨은 실패했는가

    ⑤ 컴퓨터는 어떻게 예측을 바꾸었는가

Focusing on DETAILS

06   ② 리처드슨은 그의 방법이 다가올 수일간(for several days in the future)의 날씨를 알려줄 거라고 생각했지만, 이튿날의 날씨 예보가 정확했다는 것은 알 수 없다. ③ 컴퓨터가 없어 수작업으로 수학 계산을 해야 해서 유용하지 못했다(But since ~ to be useful.)고 했지 컴퓨터 개발에 도움이 되었는지는 알 수 없다. 따라서 정답은 ②, ③.

07   본문의 since는 '~ 때문에'란 뜻이다. 따라서 정답은 (a).

    (a) 다른 사람들로부터 도움을 기대할 수 없기 때문에 우리 스스로 최선을 다하자.

    (b) 내가 그녀를 본 지 20년이 되었다.

08   「too+부사[형용사]+to부정사」의 구조로 '너무 ~해서 …할 수 없다'의 의미이다. 따라서 정답은 too late to be useful(너무 늦어서 유용하지 못했다.).

직독직해

¹One of the first people to use math to predict the weather / was
<small>날씨를 예측하는 데 수학을 사용한 최초의 사람 중 한 명은</small>

English scientist Lewis Fry Richardson. ²In 1922, / he said that it
<small>영국인 과학자 루이스 프라이 리처드슨이다.   1922년에   그는 가능할 것이라 말했다</small>

해석

¹날씨를 예측하는 데 수학을 사용한 최초의 사람 중 한 명은 영국인 과학자 루이스 프라이 리처드슨이다. ²1922년에 그는 일기예보를 하기 위해 (미분 방정식이라 불리는) 수학 방법을 사

would be possible / to use a math method (called differential equations)
<small>(미분 방정식이라 불리는) 수학 방법을 사용하는 것이</small>

/ to make weather forecasts. ³He believed // that his math method and
<small>일기예보를 하기 위해.</small>　　　　　<small>그는 믿었다</small>

the information collected from weather stations / would show the
<small>그의 수학 방법과 기상대에서 수집한 정보가</small>

weather coming for several days in the future. ⁴But since there were no
<small>앞으로 다가올 수일간의 날씨를 알려줄 것이라고.</small>　　　　　<small>하지만, 그 시대에는 컴퓨터가 없었기에,</small>

computers at the time, // Richardson's math had to be done by hand.
<small>리처드슨의 수학은 손으로 계산해야만 했다.</small>

⁵It required a very large amount of work // and took a very long time.
<small>그것은 매우 많은 노동력을 필요로 했다</small>　　　　　<small>그리고 아주 오랜 시간이 걸렸다.</small>

⁶Richardson said // that he would need 60,000 people doing the math /
<small>리처드슨은 말했다</small>　　　　　<small>계산하는 사람이 60,000명이나 필요할 것이라고</small>

to predict the next day's weather! ⁷So, Richardson's weather forecasts
<small>다음 날의 날씨를 예측하려면!</small>　　　　　<small>따라서 리처드슨의 일기예보는</small>

would come too late to be useful. ⁸The weather they predicted / would
<small>너무 늦어서 유용하지 못했을 것이다.</small>　　　　　<small>그들이 예측한 날씨는</small>

have already passed. ⁹But Richardson's ideas / did eventually lead to
<small>이미 (날짜가) 지나가버렸을 것이다.</small>　　　　　<small>그러나 리처드슨의 아이디어는</small>　　　　　<small>결국 현대 기상 관측으로 이끌었다.</small>

modern weather forecasting.

용하는 것이 가능할 것이라 말했다. ³그는 그의 수학 방법과 기상대에서 수집한 정보가 앞으로 다가올 수일간의 날씨를 알려줄 것이라고 믿었다. ⁴하지만, 그 시대에는 컴퓨터가 없었기에, 리처드슨의 수학은 손으로 계산해야만 했다. ⁵그것은 매우 많은 노동력을 필요로 했고 아주 오랜 시간이 걸렸다. ⁶리처드슨은 다음 날의 날씨를 예측하려면 계산하는 사람이 60,000명이나 필요할 것이라고 말했다! ⁷따라서 리처드슨의 일기예보는 너무 늦어서 유용하지 못했을 것이다. ⁸그들이 예측한 날씨는 이미 (날짜가) 지나가버렸을 것이다. ⁹그러나 리처드슨의 아이디어는 결국 현대 기상 관측으로 이끌었다.

구문해설

1　**One of** *the first people* [**to use** math to predict the weather] was English scientist Lewis Fry Richardson.
　　　　S　　　　　　　　　　　　　　　　　　　　　V

　▶ 「one of+복수명사 (~중 하나)」의 구조로 to부정사구가 the first people을 꾸며주어 주어가 길어졌다. One에 수일치하므로 단수동사 was가 쓰였다.

2　In 1922, he said that **it** would **be possible to use** a math method (called differential equations) to make
　　　　　　　　　　　<small>가주어</small>　　　　　　　　　<small>진주어</small>

weather forecasts.

　▶ 「it is possible to+동사원형」은 '~하는 게 가능하다'란 뜻. to부정사구를 대신해 가주어 it이 쓰였다.

3　He believed // that his math method and *the information* [**collected** from weather stations] / would show
　　　　　　　　　　　　　　　　S'

the weather [**coming** for several days in the future].

　▶ collected ~ stations가 the information을 꾸며주어 believed의 목적어절 내의 주어가 길어졌다. coming 이하는 the weather를 수식하고 있다.

8　*The weather* [(**that**) they predicted] / **would have** already **passed**.

　▶ that 이하가 The weather를 꾸미고 있다. 「would have p.p.」는 '과거'에 대한 추측을 나타내며, '(아마) ~했을 것이다'란 뜻.

2　Before Reading　　　(a)　　　　　　　　　　　　　　　　　<small>본문 p.104</small>
　　　Getting the BIG PICTURE　　01 ④　02 ⑤　03 ②　04 ④
　　　Focusing on DETAILS　　　05 ④　06 ③　07 ⑥, 인도

해설 & 해석

Before Reading

아마도 이 지문은 '(a) 공기로 가는 차'에 관한 내용일 것이다.
(a) 공기로 가는 차 (b) 새로운 에너지 자원

Getting the BIG PICTURE

프랑스의 한 회사는 압축된 공기로 가는 자동차를 발명했다.
전기는 압축된 공기를 만드는 데 사용되며, 그래서 차를 운전하기에 01 ④
비용이 저렴하다.
오염물질이 02 ⑤ 거의 없어서 환경에 이롭다.
인도 같이 03 ② 붐비는 나라들에 특히 좋다.
〈보기〉 ① 빠른 ② 붐비는 ③ 먼 ④ 비용이 저렴한 ⑤ 거의 없는

04 이 글은 프랑스의 한 자동차 제조업자가 발명한 공기 연료로 달리는 친
환경 자동차에 관한 내용이다. 따라서 정답은 ④.
① 공기 에너지: 전기 생산의 미래

② 붐비는 나라들을 위한 창의적인 해결책
③ 어떤 흥미로운 발명품이 미래에 나올까?
④ 꿈의 자동차: 값싸고 환경에 좋은 자동차
⑤ 자동차 만드는 사람들은 왜 친환경적으로 되는가?

Focusing on DETAILS

05 위 내용은 공기 연료로 달리는 차에 관한 내용이다. ①, ②, ③, ⑤는 모
두 이 차의 긍정적인 면에 대해 이야기하고 있다. ④는 한국이 이 자동
차를 수입하기 전에, 새로운 환경법을 제정해야 한다는 내용으로 나머
지 내용과 관계가 없다. 따라서 정답은 ④.

06 연료를 가득 채우면 200킬로미터의 거리를 달릴 수 있다(as far as
200 kilometers per full tank)는 내용이 나오지만, 연료를 자주
넣어야 하는지는 알 수 없다. 따라서 정답은 ③.

07 ⓐ, ⓑ, ⓒ, ⓓ는 공기로 달리는 자동차를 가리키지만 ⓔ는 '인도'(India)
를 말한다. 따라서 정답은 ⓔ.

직독직해

¹A car that can run on air instead of gas? ²It sounds like a dream, //
(휴발유 대신 공기로 가는 자동차가 있다?) (꿈같은 일로 들리지만,)

but it's real. ³The car runs using only air. ⁴It means there's no dirty
(진짜다.) (이 자동차는 오로지 공기만을 이용하여 달린다.) (이것은 매연이 없다는 것을 의미한다.)

smoke, / only cool air. ⁵A French car maker invented it / in partnership
(오직 시원한 공기만 있다는 것.) (프랑스의 한 자동차 제조업자가 이 차를 발명했다)

with India's largest car company. ⁶It can go as fast as 120 kilometers
(인도의 가장 큰 자동차 회사와 제휴하여.) (이 차는 최고 시속 120킬로미터로 달릴 수 있다)

per hour, / and as far as 200 kilometers per full tank. ⁷You only need to
(그리고 연료를 가득 채우면 200킬로미터의 거리를 달릴 수 있다.)

spend three dollars to fill the tank, / instead of fifty dollars! ⁸That's
(당신은 연료탱크를 채우는 데 겨우 3달러만 필요하다.) (50달러가 아니라!)

because // it is so lightweight // and the compressed air produced
(왜냐하면) (이 차는 무게가 매우 가볍다) (그리고 전기로 생성된 압축 공기의 가격이)

by electricity / is so cheap. ⁹This is the kind of exciting new thing //
(매우 싸기 때문이다.) (이는 신나고 새로운 것이기도 하다)

that makes our green minds happy, too. ¹⁰It's especially good for
(환경을 생각하는 사람들을 행복하게 하는.) (이 차는 특히 인도와 같은 나라들에 도움이 되는데.)

countries like India, // because India may not be able to get enough
(왜냐하면 인도는 충분한 에너지를 얻지 못하게 될 수도 있기 때문이다)

energy / for its huge population. (¹¹Before Korea can start to import
(엄청난 인구로 인해.) (한국이 이 자동차를 수입하기 전에,)

these cars, // government leaders should create new environment laws.)
(정부 지도자들은 새로운 환경법을 제정해야 한다.)

¹²So, a car that runs on air / would be good for both human beings and
(따라서 공기로 가는 차는) (인간과 자연 모두에게 득이 될 것이다.)

nature.

해석

¹휴발유 대신 공기로 가는 자동차가 있다? ²꿈
같은 일로 들리지만, 진짜다. ³이 자동차는 오로
지 공기만을 이용하여 달린다. ⁴이것은 매연이
없고 시원한 공기만 있다는 것을 의미한다. ⁵프
랑스의 한 자동차 제조업자가 인도의 가장 큰
자동차 회사와 제휴하여 이 차를 발명했다. ⁶이
차는 최고 시속 120킬로미터로 달리며 연료를
가득 채우면 200킬로미터의 거리를 달릴 수 있
다. ⁷당신은 연료탱크를 채우는 데 50달러가 아
니라 겨우 3달러만 필요하다! ⁸이 차는 무게가
매우 가볍고 전기로 생성된 압축 공기의 가격이
매우 싸기 때문이다. ⁹환경을 생각하는 사람들
을 행복하게 하는 신나고 새로운 것이기도 하
다. ¹⁰이 차는 특히 인도와 같은 나라들에 도움
이 되는데, 왜냐하면 인도는 엄청난 인구로 인
해 충분한 에너지를 얻지 못하게 될 수도 있기
때문이다. (¹¹한국이 이 자동차를 수입하기 전
에, 정부 지도자들은 새로운 환경법을 제정해야
한다.) ¹²따라서 공기로 가는 차는 인간과 자연
모두에게 득이 될 것이다.

구문해설

6 It can go **as** *fast* **as** 120 kilometers per hour, and **as** *far* **as** 200 kilometers per full tank.
  ▶ 「as ~ as ...」는 '…만큼 ~하게'란 뜻.

8 ~ and <u>**the compressed air** [produced by electricity]</u> <u>is</u> so cheap.
                                S′   V′
  ▶ 과거분사구(produced by electricity)가 the compressed air를 수식하여 주어가 길어졌다.

12 So, a car that runs on air would be good for **both** *human beings* **and** *nature*.
  ▶ 「both A and B」는 'A와 B 둘 다'란 뜻.

---

3 Before Reading   (a)   본문 p.106
Getting the BIG PICTURE   01 ⑤ 02 ④ 03 ② 04 ③ 05 ① 06 ③
Focusing on DETAILS   07 ③ 08 (b) 09 라틴어로 번역하면 / 번역했을 때

해설 & 해석

Before Reading

아마도 이 지문은 '(a) 0의 기호'에 관한 내용일 것이다.
(a) 0의 기호 (b) 단어와 기호들

Getting the BIG PICTURE

숫자 0은 5,000년 전에는 01 ⑤ 존재하지 않았다.
그 후에 수메르인들이 0의 새로운 기호를 02 ④ 발명했다.
이것은 그리스 천문학자들이 일을 하는 데 있어 03 ② 유용했다.
서기 500년에, 인도 사람들은 이것을 사용하기 시작했고 이것을 "sunya"
라고 04 ③ 불렀다.
라틴어에서 "sunya"는 "zero"로 05 ① 번역되었다.
〈보기〉 ① 번역하다 ② 유용한 ③ 부르다 ④ 발명하다 ⑤ 존재하다

06 고대 이집트, 수메르, 그리스, 인도를 거치면서 오늘날 0의 기호와 이름
이 발전한 과정을 설명하고 있다. 따라서 이 글의 제목은 ③.
① 0과 함께하는 즐거움
② 0의 유용성

③ 0의 역사
④ 0은 진짜 숫자인가?
⑤ 숫자와 그 의미

Focusing on DETAILS

07 100은 달팽이 껍데기 위의 원 모양(the pattern of circles on a
snail shell)으로, 5는 다섯 개의 직선(Five straight lines)으로 나
타냈다고 했으므로 알맞게 표기한 것은 ③.

08 본문의 tell은 '~을 구별하다'란 뜻이다. 따라서 정답은 (b).
(a) 내가 그를 보고 싶어 한다고 네가 그에게 말하지 않았니?
(b) 그 가방들은 너무 비슷해서, 나는 어느 가방이 진품인지 절대 구별
할 수 없다.

09 밑줄 친 부분은 'When it(= sunya) was translated ~'란 의미의
분사구문이다. 따라서 'When it was translated into Latin'으로
바꾸어 쓸 수 있으며, 해석은 '라틴어로 번역했을 때' 혹은 '리틴어로 번
역하면'이 정답.

직독직해

¹Five thousand years ago, / there was no word nor symbol for 'zero.'
   5,000년 전에는.   '0'을 표현하는 단어나 기호가 없었다.

²To write the number 105, / the ancient Egyptians used two symbols
   숫자 105를 쓰기 위해.   고대 이집트인은 두 개의 기호를 사용했다

— one for 100 and one for 5. ³'100' looked like the pattern of circles
   하나는 100을 상징했고, 다른 하나는 5를 상징했다.   '100'은 달팽이 껍데기 위의 원 모양처럼 생겼다.

on a snail shell. ⁴Five straight lines made '5.' ⁵Then / a civilization
                    다섯 개의 직선이 '5'였다.   그 후.

해석

¹5,000년 전에는 '0'을 표현하는 단어나 기호가
없었다. ²숫자 105를 쓰기 위해, 고대 이진트인
은 두 개의 기호를 사용했다. 하나는 100을 상
징했고, 다른 하나는 5를 상징했다. ³'100'은 달
팽이 껍데기 위의 원 모양처럼 생겼다. ⁴다섯 개
의 직선이 '5'였다. ⁵그 후, (오늘날의 중동 지방
인) 수메르에서 문명이 발달했다. ⁶수메르인 또

---

grew in Sumer (today's Middle East). ⁶The Sumerians also used two
(오늘날의 중동 지방인) 수메르에서 문명이 발달했다.　　　　　수메르인 또한 '105'를 쓰는 데 두 개의 기호를 사용했다.

symbols for '105,' // but put a space between them. ⁷When '1 5' was
하지만 그 두 개의 기호 사이에 간격을 주었다.

written poorly, // it was hard to tell // if it was actually '105' or '15.'
'1 5'를 잘못 쓰면,　　(~인지 아닌지) 구별하기가 어려웠다　　실제로 그 숫자가 '105'인지 '15'인지.

⁸So, they invented a new symbol / to replace the empty space.
그래서 수메르인은 새로운 기호를 만들었다　　　　빈 공간을 대체하기 위한.

⁹However, it wasn't like today's '0.' ¹⁰Greek astronomers liked the
그러나 그 기호는 오늘날의 '0'과 달랐다.　　　　그리스의 천문학자들은 수메르인의 생각이 마음에 들었다.

Sumerians' idea, // and used the symbol '0' / in books about planets
그래서 '0'이라는 기호를 사용했다　　　행성과 별에 관한 책에.

and stars. ¹¹Maybe they got it / from the first letter of the Greek word
아마도 그들은 그 기호를 따왔을 것이다　　　'무(無)'를 뜻하는 그리스어 'ouden'의 첫 글자에서

'ouden,' for 'nothing.' ¹²Then, in 500 A.D., / the word *sunya* meaning
그 이후, 서기 500년에　　　　'비어 있는'을 뜻하는 단어인 sunya가

'empty' / appeared in India's number system. ¹³Translated into Latin, /
인도의 숫자 체계에 등장했다.　　　　라틴어로 번역했을 때,

sunya became zero.
sunya는 zero라는 단어가 되었다.

한 '105'를 쓰는 데 두 개의 기호를 사용했지만, 그 두 개의 기호 사이에 간격을 주었다. ⁷'1 5'를 잘못 쓰면, 실제로 그 숫자가 '105'인지 '15'인지 구별하기가 어려웠다. ⁸그래서 수메르인은 빈 공간을 대체하기 위한 새로운 기호를 만들었다. ⁹그러나 그 기호는 오늘날의 '0'과 달랐다. ¹⁰그리스의 천문학자들은 수메르인의 생각이 마음에 들었고, 행성과 별에 관한 책에 '0'이라는 기호를 사용했다. ¹¹아마도 그들은 '무(無)'를 뜻하는 그리스어 'ouden'의 첫 글자에서 그 기호를 따왔을 것이다. ¹²그 이후, 서기 500년에 '비어 있는'을 뜻하는 단어인 sunya가 인도의 숫자 체계에 등장했다. ¹³라틴어로 번역했을 때, sunya는 zero라는 단어가 되었다.

구문해설

1 Five thousand years ago, there was **no** *word* **nor** *symbol* for 'zero.'
　▶ nor는 not, no 등 '부정'을 나타내는 어구와 함께 쓰여 '~도 또한 …하지 않는'이란 뜻.

7 When '1 5' was written poorly, **it was hard to tell** *if* it was actually '105' or '15.'
　　　　　　　　　　　　가주어　　　　　　　　　　진주어
　▶ 「it was hard to부정사」는 '~하기가 어려웠다'란 뜻. to부정사 이하를 주어로 해석한다. 여기서 if는 '~인지, 아닌지'란 뜻으로 if 이하가 tell의 목적어 역할을 한다. 이때의 tell은 '~을 구별하다'란 뜻.

4

Before Reading	(b)	본문 p.108
Getting the BIG PICTURE	01 ② 02 ⑤ 03 ① 04 ④	
Focusing on DETAILS	05 ② 06 ②	

해설 & 해석

Before Reading

아마도 이 지문은 '(b) 발명'에 관한 내용일 것이다.
(a) 가스　(b) 발명

Getting the BIG PICTURE

조셉 프리스틀리는 01 ② 진짜 과학자가 아니었지만, 많은 발견을 했다.
그의 발견들 중 하나는 맥주 공장에서 이루어졌다.
그는 맥주의 이산화탄소와 02 ⑤ 물을 섞었다.
이것은 최초의 03 ① 소다수였다!

오늘날, 이것은 탄산음료에 쓰이고 전 세계의 수백만 명의 사람들이 즐겨 마신다.
〈보기〉 ① 소다수 ② 진짜의 ③ 성공한 ④ 콜라 ⑤ 물

04 조셉 프리스틀리라는 사람이 소다수를 발명하게 된 이야기로, 오늘날 우리가 즐기는 탄산음료가 프리스틀리의 아이디어에서 비롯된 것이라는 내용이다. 따라서 정답은 ④.
① 맥주의 역사
② 기체 과학
③ 맥주가 치아에 미치는 영향
④ 탄산음료의 아버지
⑤ 소다수가 건강에 주는 이점

05 본문은 프리스틀리가 소다수를 발명했다는 내용이다. ②는 거품이 보통 공기압 때문에 오래 지속되지 않는다는 내용이므로 본문의 내용과 무관하다. 또한, 바로 뒤 문장과 흐름이 이어지지 않는다. 따라서 정답은 ②.

06 맥주를 만들면 이산화탄소 가스가 발생한다(Making ~ CO₂.)는 문장이 나온 후, 이산화탄소는 공기보다 무겁다(It is ~ than air)는 내용이

온다. 따라서 이산화탄소가 증발되지 않고 맥주에 남게 됨을 추론할 수 있으므로 정답은 ②.

① 이것은 눈으로 볼 수 없다
② 이것은 맥주 표면 위에 남아 있다
③ 이것은 맥주와 섞인다
④ 이것은 잡기 힘들다
⑤ 이것은 매우 유용하지는 않다

직독직해

¹Joseph Priestley had never studied science formally. ²But he is
조셉 프리스틀리는 과학을 정식으로 공부해본 적이 없었다.

remembered for many discoveries. ³He spent much time finding out
그러나 그는 수많은 발견을 한 사람으로 기억된다.   그는 가스에 대해 알아내는 데 많은 시간을 보냈다

about gases / at a beer-maker's workplace next to his house. ⁴Making
집 옆에 있는 맥주 제조업자의 작업장에서.

beer produces the gas CO₂. ⁵It is heavier than air, // so it stays above
맥주를 만들면 이산화탄소 가스가 발생한다.   이산화탄소는 공기보다 무겁다

the surface of the beer. ⁶Priestley held an empty glass upside-down /
그래서 맥주 표면 위에 그대로 남아 있다.   프리스틀리는 빈 유리잔을 거꾸로 들었다

over the bubbling beer / for a while // and then poured water into it
거품이 나는 맥주 위에서   잠시 동안   그리고 나서 다른 유리잔에 있던 물을

from another glass. ⁷The water mixed with the CO₂ gas. ⁸By repeating
그 유리잔 안에 부었다.   그 물은 이산화탄소 가스와 섞였다.

the process of pouring the water back-and-forth a few times, / he
물을 이리저리 붓는 과정을 여러 번 반복함으로써.

created a drink full of little bubbles. (⁹Bubbles usually don't last long /
그는 작은 거품들로 가득한 음료를 만들어냈다.   보통 거품은 오래가지 않는다

because of air pressure.) ¹⁰We now call it soda water. ¹¹Adding sugar
공기압 때문에   우리는 현재 그것을 소다수라고 부른다.

and other things to soda water / turns it into soft drinks such as cola.
소다수에 설탕과 다른 재료를 첨가하면   콜라와 같은 탄산음료로 바뀐다.

¹²Even today, / we enjoy soft drinks // that come from Priestley's idea.
오늘날에도   우리는 탄산음료를 즐겨 마신다   프리스틀리의 아이디어에서 비롯된

해석

¹조셉 프리스틀리는 과학을 정식으로 공부해본 적이 없었다. ²그러나 그는 수많은 발견을 한 사람으로 기억된다. ³그는 집 옆에 있는 맥주 제조업자의 작업장에서 가스에 대해 알아내는 데 많은 시간을 보냈다. ⁴맥주를 만들면 이산화탄소 가스가 발생한다. ⁵이산화탄소는 공기보다 무거워서 맥주 표면 위에 그대로 남아 있다. ⁶프리스틀리는 빈 유리잔을 거품이 나는 맥주 위에서 잠시 동안 거꾸로 들었다가 다른 유리잔에 있던 물을 그 유리잔 안에 부었다. ⁷그 물은 이산화탄소 가스와 섞였다. ⁸물을 이리저리 붓는 과정을 여러 번 반복함으로써, 그는 작은 거품들로 가득한 음료를 만들어냈다. (⁹공기압 때문에 거품은 보통 오래가지 않는다.) ¹⁰우리는 현재 그것을 소다수라고 부른다. ¹¹소다수에 설탕과 다른 재료를 첨가하면 콜라와 같은 탄산음료로 바뀐다. ¹²오늘날에도 우리는 프리스틀리의 아이디어에서 비롯된 탄산음료를 즐겨 마신다.

구문해설

3 He **spent much time finding out** about gases at a beer-maker's workplace ~.
▶ 「spend time[money]+-ing」는 '~하는 데 시간[돈]을 들이다'란 뜻.

8 **By repeating** the process [**of** pouring the water back-and-forth] a few times, / he created a drink [**full of** little bubbles].
▶ 「By+-ing」는 '~함으로써'란 뜻으로 '수단'을 나타낸다. 전치사 of가 이끄는 구와 형용사 full이 이끄는 구가 각각 앞의 명사를 수식해주는 구조.

11 **Adding** sugar and other things **to** soda water turns it into soft drinks such as cola.
                                    S   V
▶ 동명사구(Adding ~ water)가 주어인 구조. 「add A to B (B에 A를 첨가하다)」가 쓰였다. 동명사구가 주어일 때 단수 취급하므로 단수동사 turns가 쓰였다.

5

Before Reading (a)
Getting the BIG PICTURE 01 ② 02 ① 03 ⑤ 04 ④ 05 ⑤
Focusing on DETAILS 06 ⓐ: 기상학자들 ⓑ: 기상 풍선들 07 (a) F (b) T (c) F
08 weather scientists 09 (c)

해설 & 해석

Before Reading

아마도 이 지문은 'ⓐ 특별한 풍선'에 관한 내용일 것이다.
(a) 특별한 풍선 (b) 날씨 정보

Getting the BIG PICTURE

기상 과학자들은 날씨에 관한 정보를 얻기 위해 기상 풍선을 01 ② 사용한다.
풍선은 정보를 02 ① 모으기 위해 라디오존데를 하늘 위로 운반한다.
풍선은 하늘로 03 ⑤ 더 높이 올라갈수록 결국 터질 때까지 크기가 커진다.
라디오존데는 지상에 04 ④ 안전하게 돌아오기 위해 낙하산을 사용하고, 이것은 재사용될 수 있다.
〈보기〉 ① 모으다 ② 사용하다 ③ 가지고 다니다 ④ 안전하게 ⑤ 더 높이

05 이 글은 기상학자들이 날씨를 예측하는 데 사용하는 풍선에 관한 내용이다. 따라서 정답은 ⑤.
① 새로운 종류의 풍선
② 풍선의 유용함
③ 큰 풍선의 기압
④ 풍선을 높이 띄우는 방법
⑤ 날씨를 예측하기 위한 풍선

Focusing on DETAILS

06 당신이 기상학자라면 기상 정보를 모으기 위해 풍선을 사용할 것이다(Well, if ~ about the weather.)라는 내용 후 'ⓐ그들'이 사용하는 풍선에 관한 내용이 이어지므로 ⓐ는 기상학자들.
기상 풍선은 파티 풍선과 같지 않다(Weather balloons ~ party balloons.)는 문장 다음에 'ⓑ 그들은' 특별히 할 일이 있다(They ~ to do.)고 했으므로 ⓑ는 기상 풍선들.

07 (a) 라디오존데는 온도, 기압, 풍속의 측정치를 모으며(The radiosonde collects ~ and so on), 이것을 기상청으로 보낸다(and sends them to the weather station)고 했지만 풍선이 가야 할 위치를 알려준다고는 하지 않았으므로 정답은 F.
(b) 풍선이 높이 올라갈수록, 기압이 약해져 풍선이 커진다(As the balloon rises ~ and grows)고 했으므로 본문과 내용과 일치한다. 따라서 정답은 T.
(c) 라디오존데 안에 들어 있는 것은 기상청의 주소가 적힌 봉투이다. 날씨 풍선은 라디오존데와 낙하산을 가지고 있지만, 낙하산이 라디오존데 안에 있는지는 알 수 없다. 따라서 정답은 F.

08 밑줄 친 Meteorologists의 뜻이 세 번째 문장의 be동사 are 뒤에 설명되어 있다. 날씨 과학자, 즉 Meteorologists는 '기상학자'의 의미이므로 정답은 weather scientists.

09 밑줄 친 단어 뒤 대시(—) 뒷부분에 measurements의 예시가 열거되고 있다. measurements는 온도, 기압, 풍속 등 날씨에 관한 정보로서 모두 측정할 수 있는 '수치'이다. 따라서 정답은 (c).
'측정치는 우리 주변 세계에 대해 우리에게 정보를 주는 수치이다.'
(a) 상징 (b) 방법 (c) 수치

직독직해

¹What are balloons good for except your birthday party? ²Well, if you
풍선이 생일 파티 말고도 무엇에 좋을까?

are a meteorologist, // you use balloons to gather important information
아마 당신이 기상학자라면.   날씨에 대한 중요한 정보를 모으는 데 풍선을 사용할 것이다.

about the weather. ³Meteorologists are weather scientists. ⁴The balloons
기상학자는 날씨를 연구하는 과학자이다.   기상학자들이 사용하는

they use / are called *weather balloons*. ⁵Weather balloons are not like
풍선은   '기상 풍선'이라 불린다.   기상 풍선은 파티 풍선과는 같지 않다.

party balloons. ⁶They have special work to do. ⁷Every day, / weather
기상 풍선은 특별히 할 일이 있다.   매일

balloons travel into the sky / from weather stations all around the
기상 풍선은 하늘로 날아간다   전 세계의 기상청에서부터.

해석

¹풍선이 생일 파티 말고도 무엇에 좋을까? ²아마 당신이 기상학자라면, 날씨에 대한 중요한 정보를 모으는 데 풍선을 사용할 것이다. ³기상학자는 날씨를 연구하는 과학자이다. ⁴기상학자들이 사용하는 풍선은 '기상 풍선'이라 불린다. ⁵기상 풍선은 파티 풍선과는 같지 않다. ⁶기상 풍선은 특별히 할 일이 있다. ⁷매일 기상 풍선은 전 세계의 기상청에서부터 하늘로 날아간다. ⁸각각의 풍선은 낙하산과 '라디오존데'라고 불리는 작은 상자를 가지고 있다. ⁹라디오존데는 기온, 기압, 풍속 등의 측정치를 모으고 그

world. ⁸Each balloon carries / a parachute and a small box called
각각의 풍선은 가지고 있다   낙하산과 '라디오존데'라고 불리는 작은 상자를.

a *radiosonde*. ⁹The radiosonde collects measurements — temperature,
라디오존데는 측정치를 모은다

air pressure, wind speed and so on — and sends them to the weather
기온, 기압, 풍속 등의   그리고 그 측정치를 기상청으로 보낸다.

station. ¹⁰Meteorologists study the measurements // and make weather
기상학자들은 이 측정치를 연구해서   일기예보를 만든다.

forecasts. ¹¹The radiosonde keeps collecting and sending measurements
라디오존데는 계속 측정치를 모아서 보낸다

// until the balloon explodes. ¹²As the balloon rises higher, // air
풍선이 터질 때까지.   풍선이 높이 올라갈수록

pressure becomes weaker // and the balloon grows and grows. ¹³When
기압은 낮아지고   풍선은 계속 커진다.

it grows as big as a house, // it explodes. ¹⁴Then the radiosonde falls
풍선이 집 한 채만큼 커졌을 때.   풍선은 터진다.   그리고 나서 라디오존데는 천천히 지상에 내려온다

slowly down to earth / with the help of the parachute.
낙하산의 도움으로.

¹⁵If you find a radiosonde, // what should you do with it? ¹⁶Open it up!
당신이 라디오존데를 발견하면   무엇을 해야 할까?   라디오존데를 열어라!

¹⁷Inside, you will find an envelope / addressed to a weather station.
그 안에 봉투가 있을 것이다   기상청 주소가 적혀 있는.

¹⁸Simply put the radiosonde in the envelope, // and post it.
그 봉투에 라디오존데를 넣고,   우편으로 부치면 된다.

¹⁹The weather station can reuse it!
기상청은 그 라디오존데를 다시 사용할 것이다!

측정치를 기상청으로 보낸다. ¹⁰기상학자들은 이 측정치를 연구해서 일기예보를 만든다. ¹¹라디오존데는 풍선이 터질 때까지 계속 측정치를 모아서 보낸다. ¹²풍선이 높이 올라갈수록 기압은 낮아지고 풍선은 계속 커진다. ¹³풍선이 집 한 채만큼 커졌을 때, 풍선은 터진다. ¹⁴그러고 나서 라디오존데는 낙하산의 도움으로 천천히 지상에 내려온다.

¹⁵당신이 라디오존데를 발견하면 무엇을 해야 할까? ¹⁶라디오존데를 열어라! ¹⁷그 안에 기상청 주소가 적혀 있는 봉투가 있을 것이다. ¹⁸그 봉투에 라디오존데를 넣고, 우편으로 부치면 된다. ¹⁹기상청은 그 라디오존데를 다시 사용할 것이다!

구문해설

4   The balloons [(that) they use] / are called *weather balloons*.
     ‾‾‾S‾‾‾‾‾‾‾‾‾‾‾‾‾‾‾   ‾V‾   ‾C‾

   ▶ that 이하가 The balloons를 꾸미고 있다. 「A is called B」는 'A가 B라고 불리다'란 뜻으로 「call A B」가 수동형이 된 구조이다.
   능동으로 쓰면, We call the balloons they use *weather balloons*.
                S   V   O   C

17   Inside, you will find an envelope [**addressed** to a weather station].

   ▶ addressed 이하가 an envelope를 꾸미고 있다.

해설 & 해석

Before Reading

아마도 이 지문은 '(b) 퍼즐'에 관한 내용일 것이다.

(a) 이름 (b) 퍼즐

Getting the BIG PICTURE

스도쿠는 가로세로로 낱말 퍼즐 같은 인기 있는 01 ① 숫자 게임이다. 이것은 미국에서 만들어졌지만, 일본에서 처음으로 02 ⑤ 인기를 끌었다. 일본 사람들은 이것을 두문자어로 03 ② 이름을 지었다. 한 퍼즐은 아홉 개의 3x3 정사각형과 숫자를 채우도록 도와주는 몇몇 04 ④ 단서들을 가지고 있다.
〈보기〉 ① 숫자 ② 이름 지었다 ③ 실패했다 ④ 단서들 ⑤ 인기 있는

05 지문에 가장 적절한 제목을 고르는 문제이다. 유명한 수학 퍼즐인 스도쿠를 설명하는 글이므로 정답은 ④.
① 스도쿠에 관한 간단한 조언들!
② 스도쿠의 미국시장 실패
③ 최고의 숫자 게임들
④ 모두를 위한 수학 퍼즐!
⑤ 왜 일본인들은 스도쿠를 사랑하는가

Focusing on DETAILS

06 스도쿠는 ② 미국에서 만들어졌으며 ③ 일본어로 '숫자가 단 한 개만 있어야 한다(the numbers must be single)'란 뜻이다. ④ 가로세로 낱말 퍼즐처럼 생겼으며 가로, 세로로 아홉 개의 칸이 있고, 이 칸들이 아홉 개의 구역들로 나누어진다. ⑤ 빈칸에 숫자를 채우는 퍼즐로 1부터 9까지의 숫자를 가로, 세로줄에 한 번씩, 그리고 3x3 구역에 한 번씩만 쓸 수 있다. 하지만 ① 누가 스도쿠를 발명했는지는 언급한 적이 없으므로 정답은 ①.
① 누가 스도쿠를 발명했는지
② 스도쿠가 어디서 고안되었는지
③ 스도쿠의 뜻이 무엇인지
④ 스도쿠가 어떻게 생겼는지
⑤ 스도쿠를 어떻게 푸는지

직독직해

¹*Sudoku* is the famous math puzzle / with a Japanese name. ²However,
스도쿠는 유명한 수학 퍼즐이다   일본어 이름을 가진

contrary to what you might expect, / it was invented in America.
그러나 당신이 생각하는 것과 반대로,   스도쿠는 미국에서 만들어졌다.

³It was called "Number Place." ⁴But it failed in the USA. ⁵Then, it was
스도쿠는 "넘버 플레이스"라고 불렸다.   그러나 미국에서 그것은 실패했다.   그리고 나서,

introduced to Japan // and the Japanese loved it. ⁶They called it *sudoku*,
넘버 플레이스는 일본에 소개되었다   그리고 일본인들은 그것을 정말 좋아했다.   일본인들은 넘버 플레이스를 스도쿠라고 불렀는데,

// which is an acronym (a word that is made from the first letters of a
그것은 두문자어(頭文字語) (즉, 여러 단어의 첫 번째 글자를 따서 만든 단어)인데,

group of words) / for "the numbers must be single" in Japanese.
일본어로 "숫자가 단 한 개만 있어야 한다"란 의미이다.

⁷It looks like a crossword puzzle. ⁸There are nine squares across and
스도쿠는 가로세로 낱말 퍼즐같이 생겼다.   (스도쿠에는) 가로로 아홉 개의 칸과 세로로 아홉 개의 칸이 있고,

nine squares down // and those squares are divided into nine 3-by-3
이 칸들은 아홉 개의 3x3 구역들로 나누어진다.

square sections. ⁹Every *sudoku* puzzle has numbers already printed /
모든 스도쿠 퍼즐은 이미 인쇄된 숫자가 적혀 있다

in a few boxes. ¹⁰These are your clues to finish the puzzle. ¹¹You have to
몇 개의 칸에.   이 숫자들이 퍼즐을 끝내기 위한 단서이다.   당신은 찾아야 한다

discover / which numbers to write in the empty boxes. ¹²But there is a
빈칸에 어떤 숫자를 써야 할지.

rule: you can only write the numbers 1 to 9 / once in a line going
그러나 규칙이 있다. 당신은 1부터 9까지의 숫자를 쓸 수 있다   가로줄에 한 번,

across, / once in a line going down, / and once in a 3-by-3 section. ¹³It's
세로줄에 한 번,   그리고 3x3 구역에 한 번씩만.

fun, and good exercise for your brain. ¹⁴Let's play *sudoku*!
스도쿠는 재미있고 두뇌에 좋은 운동이다.   스도쿠를 해 보자!

해석

¹스도쿠는 일본어 이름을 가진 유명한 수학 퍼즐이다. ²그러나 당신이 생각하는 것과 반대로, 스도쿠는 미국에서 만들어졌다. ³스도쿠는 "넘버 플레이스"라고 불렸다. ⁴그러나 미국에서 그것은 실패했다. ⁵그리고 나서, 넘버 플레이스는 일본에 소개되었고 일본인들은 그것을 정말 좋아했다. ⁶일본인들은 넘버 플레이스를 스도쿠라고 불렀는데, 그것은 일본어로 "숫자가 단 한 개만 있어야 한다"란 의미의 두문자어(頭文字語) (즉, 여러 단어의 첫 번째 글자를 따서 만든 단어)이다. ⁷스도쿠는 가로세로 낱말 퍼즐같이 생겼다. ⁸(스도쿠에는) 가로로 아홉 개의 칸과 세로로 아홉 개의 칸이 있고, 이 칸들은 아홉 개의 3x3 구역들로 나누어진다. ⁹모든 스도쿠 퍼즐은 몇 개의 칸에 이미 인쇄된 숫자가 적혀 있다. ¹⁰이 숫자들이 퍼즐을 끝내기 위한 단서이다. ¹¹당신은 빈칸에 어떤 숫자를 써야 할지 찾아야 한다. ¹²그러나 규칙이 있다. 당신은 1부터 9까지의 숫자를 가로줄에 한 번, 세로줄에 한 번, 그리고 3x3 구역에 한 번씩만 쓸 수 있다. ¹³스도쿠는 재미있고 두뇌에 좋은 운동이다. ¹⁴스도쿠를 해 보자!

구문해설

6 They called it *sudoku*, [**which** is an acronym (a word that is made from the first letters of a group of words) for "the numbers must be single" in Japanese].

▶ which 이하가 *sudoku*를 구체적으로 설명하고 있다.

9 **Every** *sudoku* puzzle **has** *numbers* [already printed] in a few boxes.

▶ 「Every+단수명사」는 단수 취급하므로 단수동사 has가 쓰였다. already printed는 '이미 인쇄된'의 뜻으로 앞의 numbers를 꾸미고 있다.

11 You have to discover **which numbers to write** in the empty boxes.

▶ 「which+명사+to부정사」는 '어떤 것을 ~할지'의 뜻.

12 ~: you can only write the numbers 1 to 9 *once* in a line going across, *once* in a line going down, **and** *once* in a 3-by-3 section.

▶ once가 이끄는 3개의 부사구가 and로 대등하게 연결된 구조.

Grammar & Usage

본문 p.114

01 is remembered	**02** instead of	**03** to use	**04** called	**05** poorly
06 × → what	**07** × → finding	**08** ○	**09** ②	**10** ③

---

01 is remembered | 조셉 프리스틀리는 과학을 정식으로 공부해본 적이 없었다. 그러나 그는 수많은 발견을 한 사람으로 기억된다.

해설 주어 he(Joseph Priestley)는 사람들에 의해 기억되는 것이므로 수동태가 적절.

02 instead of | 휘발유 대신 공기로 가는 자동차는 연료를 가득 채우면 200킬로미터의 거리를 달릴 수 있다. 당신은 연료탱크를 채우는 데 50달러가 아니라 겨우 3달러만 필요하다!

해설 뒤에 명사 fifty dollars가 오므로 전치사 instead of가 적절. instead는 '대신에'라는 의미의 부사.

03 to use | 1922년에 리처드슨은 일기예보를 하기 위해 (미분 방정식이라 불리는) 수학 방법을 사용하는 것이 가능할 것이라 말했다.

해설 앞에 쓰인 가주어 it에 대한 진주어를 이끌고 있으므로 to부정사 형태의 to use가 적절.

04 called | 각각의 기상 풍선은 낙하산과 '라디오존데'라고 불리는 작은 상자를 가지고 있다.

해설 a small box와 call은 수동 관계이므로 과거분사 called가 적절.

05 poorly | 수메르인은 숫자 '105'를 쓰는 데 두 개의 기호를 사용했지만, 그 두 개의 기호 사이에 간격을 주었다. '1 5'를 잘못 쓰면, 실제로 그 숫자가 '105'인지 '15'인지 구별하기가 어려웠다.

해설 문맥상 동사(was written)를 수식하고 있으므로 부사 poorly가 적절.

06 × → what | 스도쿠는 일본어 이름을 가진 유명한 수학 퍼즐이다. 그러나 당신이 생각하는 것과 반대로, 스도쿠는 미국에서 만들어졌다.

해설 선행사 없이 contrary to 뒤에 오는 명사절을 이끌고 있으므로 관계대명사 what이 적절.

07 × → finding | 프리스틀리는 집 옆에 있는 맥주 제조업자의 작업장에서 가스에 대해 알아내는 데 많은 시간을 보냈다.

해설 '~하는 데 시간[돈]을 들이다'는 「spend time[money]+-ing」 형태로 표현하므로 finding이 적절.

08 ○ | 날씨를 예측하는 데 수학을 사용한 최초의 사람 중 한 명은 영국인 과학자 루이스 프라이 리처드슨이다.

해설 '~중 하나'의 의미인 「one of+복수명사」가 쓰일 때 동사는 one에 수일치하므로 단수동사 was는 적절.

09 ② | 휘발유 대신 공기로 가는 자동차는 특히 인도와 같은 나라들에 도움이 되는데, 왜냐하면 인도는 엄청난 인구로 인해 충분한 에너지를 얻지 못하게 될 수도 있기 때문이다.

해설 문맥상 앞에 나온 내용에 대한 이유를 뒤에서 설명하고 있으므로 '~때문에'라는 의미의 접속사 because가 적절.

10 ③ | 모든 스도쿠 퍼즐은 몇 개의 칸에 이미 인쇄된 숫자가 적혀 있다. 이 숫자들이 퍼즐을 끝내기 위한 단서이다.

해설 문장 내에서 다른 동사가 없으므로 빈칸은 동사 자리이다. 즉, to have와 having은 들어갈 수 없다. 「every+단수명사」는 단수 취급하며 뒤 문장의 시제가 현재이므로 현재 시제의 단수동사 has가 적절.

READING **PLATFORM**

리딩 플랫폼 1 / Intro

리딩 플랫폼 2 / 패턴편

리딩 플랫폼 3 / 테마편

리딩 플랫폼
시리즈

01 독해 집중력을 키워주는 Pre-reading activity(읽기 전 활동)

02 글의 주제 파악 능력을 자연스럽게 길러주는 단계적 요약 문제

03 주제, 요지를 비롯한 수능형, 내신 서술형, 어휘 문제 총망라

04 모든 문장에 대한 직독직해를 실은 자세하고 친절한 해설

05 모르는 어휘 의미 짐작법, 읽기를 도와주는 각종 Tip, 재미난 배경지식

지문MP3·어휘리스트·어휘테스트·어휘출제프로그램 다운로드

www.cedubook.com

쎄듀교재맵

	초 3-4	초 5-6		중등		예비 고1		고등		
	Lv. 1	**Lv. 2**	**Lv. 3**	**Lv. 4**	**Lv. 5**	**Lv. 6**	**Lv. 7**	**Lv. 8**	**Lv. 9**	**Lv. 10**
종합 (문법·어법·구문·독해·어휘)						쎄듀 종합영어				
구문	초등코치 천일문 Sentence 1, 2, 3, 4, 5			천일문 입문		천일문 기본 / 천일문 기본 문제집		천일문 핵심		천일문 완성
구문·독해							구문현답			
구문·어법						PLAN A 〈구문·어법〉				
구문·문법				천일문 기초1	천일문 기초2					
어휘	초등코치 천일문 Voca & Story 1, 2		어휘끝 중학 START	어휘끝 중학 필수	어휘끝 중학 MASTER	어휘끝 고교기본				어휘끝 수능
						첫단추 VOCA				
						PLAN A 〈어휘〉				
								EBS연계 수.고.들. 단어장		
문법	초등코치 천일문 Grammar 1, 2, 3		Grammar Q 1A / 1B	Grammar Q 2A / 2B	Grammar Q 3A / 3B					
				1센치 영문법		문법의 골든룰 101				
문법(내신)			Grammar Line LOCAL 1	Grammar Line LOCAL 2	Grammar Line LOCAL 3					
문법·어법				첫단추 BASIC 문법·어법편 1, 2		첫단추 모의고사 문법·어법편				
어법							어법끝 START 2.0 / 어법끝 START 실력다지기		어법끝 5.0	
어법·어휘							파워업 어법·어휘 모의고사			
작문			중학영어 쓰작 1	중학영어 쓰작 2	중학영어 쓰작 3					
독해		리딩 플랫폼 1, 2, 3								
			Reading 16 LEVEL 1	Reading 16 LEVEL 2	Reading 16 LEVEL 3	PLAN A 〈독해〉				
				첫단추 BASIC 독해편 1, 2		첫단추 모의고사 독해유형편		유형즉답		
								리딩 플레이어 개념	리딩 플레이어 적용	
							빈칸백서 기본편		빈칸백서	
									오답백서	
							쎈쓰업 독해 모의고사	파워업 독해 모의고사		
								EBS비연계 수능실감 SEMI FINAL		
									EBS연계 수능실감 FINAL	
듣기			쎄듀 빠르게 중학영어듣기 모의고사 1	쎄듀 빠르게 중학영어듣기 모의고사 2	쎄듀 빠르게 중학영어듣기 모의고사 3	첫단추 모의고사 듣기유형편		쎈쓰업 듣기 모의고사	파워업 듣기 모의고사		
봉투 모의									EBS연계 수능실감 봉투	

* 교재 선택 시 권장 학년과 레벨을 참고하세요. / 예비 고1부터는 난도와 학년별 성취도를 반영하여 교재 레벨을 세분화하였습니다.

500 SENTENCES Intro

중등 구문을 단 한 권으로!

500개의 기초 영어문장으로 구문학습을 가장 쉽게 시작하는 방법

구문 학습을 처음
접하는 중학생을 위한
시작 교재

구문 학습의 기초가 되는
모든 필수사항
500개 문장에 압축

세세한 문법 사항 제외,
꼭 필요한
문법 설명 강조

천일문 <기본>편과
연계되는 목차로
효율적인 후속학습 가능

강남구청
인터넷 수능방송
강의 교재

| 이해 | ■ 학습 포인트 이해
■ 대표 예문 끊어 읽기 | ❯ | 암기 | ■ 나머지 예문 학습
■ 천일비급 | ❯ | 확인 | ■ 학습 내용 체크
■ 반복 학습 |

12년
연속 베스트셀러

270만부
누적판매!

**〈천일문 입문 Intro〉의
후속 학습에 효율적인
천일문 시리즈**

천일문 기본 Basic

천일문 핵심 Essential

천일문 완성 Master